Zweiseelenstadt

Ein Else-Lasker-Schüler-Almanach

PH
V

Inhaltsverzeichnis

Ryszard Krynicki

Dobroĺ jest bezbronna

Dobroĺ jest bezbronna
ale nie bezsilna.
Dobroci nie trzeba siły.
Dobroĺ sama jest siłą.
Dobroĺ nie musi zwyciźņaĺ:
dobroĺ jest
nieśmiertelna.

(I 1982)

Güte ist schutzlos

Güte ist schutzlos
aber nicht machtlos.
Güte braucht keine Kraft.
Güte ist selber Kraft.
Güte muß nicht siegen:
Güte ist
unsterblich.

(1, 1982) Aus dem Polnischen von Karl Dedecius

Ryszard Krynicki – geboren am 28. Juni 1943 in Sankt Valentin (Lager Wimberg) in Österreich. Lyriker, Übersetzer, Verleger. In den siebziger und achtziger Jahren war er aktiv in der demokratischen Opposition tätig, von 1976–1980 mit Druckverbot belegt. Zwischen 1976 und 1989 veröffentlichte er ausschließlich in Verlagen außerhalb der Zensur (in Untergrund- und Exil-Verlagen).

1978–1981 Redaktionsmitglied der unabhängigen Zeitschrift „Zapis“ (Eintrag). 1993 Stipendiat des DAAD (Berliner Künstler-Programm). 1996 erschien seine Gedicht-Auswahl *Magnetyczny punkt* (Der magnetische Punkt).

Er ist korrespondierendes Mitglied der Akademie der Schönen Künste in München und Dresden. Krynicki übersetzte u. a. Nelly Sachs, Paul Celan, Bertolt Brecht und Reiner Kunze. Gemeinsam mit seiner Frau Krystyna führt er den Verlag *a5*, in dem u. a. eine Auswahl von Gedichten von Wislawa Szymborska sowie von Zbigniew Herbert erschienen sind. Er lebt heute in Krakau.

Im Jahre 2000 erhielt Krynicki den Friedrich-Gundolf-Preis für Vermittlung deutscher Kultur im Ausland. Sein Gedichtzitat „Güte ist unsterblich" war Titel des XI. Forums in Breslau. Er ist seit 1993 Mitglied der ELS-Gesellschaft, nachdem er 1993 in Dresden an der Schlussveranstaltung der Dichterlesungen in Asylbewerberheimen teilgenommen hatte – gegen Antisemitismus, Fremdenhass und Gewalt, für ein Zentrum der verfolgten Künste.

Der Titel des XI. Forums der Else-Lasker-Schüler-Gesellschaft *„Die Güte ist unsterblich"* ist dem Gedicht von Ryszard Krynicki „Güte ist schutzlos" aus dem Lyrikband „Wunde der Wahrheit" von Ryszard Krynicki entnommen und von Karl Dedecius ins Deutsche übertragen.

Tytuł XI-tego Forum Stowarzyszenia im. Elsy Lasker-Schüler „Dobroĺ jest nieśmiertelna" zaczerpniźty został z wiersza Ryszarda Krynickiego „Dobroĺ jest bezbronna." Wyjźte z wiersza Ryszarda Krynickiego „Rana prawdy" i przetłumaczone przez Karla Dediciusa.

Prolog – „Straßburg an der Oder" in einem „kolonisierten Staat"

So muss man sich fühlen, wenn man in ein Wespennest sticht: Unbeabsichtigt waren wir mit dem Termin des XI. Else-Lasker-Schüler-Forums in eine Auseinandersetzung geraten, die von Befürwortern und Gegnern gleichermaßen heftig geführt wurde. Soll Berlin ein „Zentrum gegen Vertreibungen" bekommen? Brauchen wir so eine Einrichtung überhaupt? Läuft ein solches Zentrum nicht auf eine Relativierung der NS-Verbrechen hinaus? Wird deutsche „Täter-Identität" damit nicht in eine „Opfer-Identität" verwandelt?

Die aktuelle Diskussion beeinflusste auch das Forum, das hochrangig besetzt mit Dichtern wie Tadeusz Różewicz und Reiner Kunze, Urzula Koziol oder Olga Tokarczuk, mit Wissenschaftlern, Musikern und Theaterleuten im polnischen Wrocław stattfand, dem einstigen Breslau. Dort hatte man uns ins Jubiläumsprogramm der 300 Jahre alten Universität einbezogen und auch sonst überaus gastfreundlich aufgenommen, Veranstaltungsräume wie die prächtige Barockaula „Leopoldina" oder das Münzmuseum großzügig zur Verfügung gestellt. Wofür wir dankbar sind.

Die Debatten über Sinn und Notwendigkeit eines „Vertreibungszentrums" fanden jedoch in einem Land statt, das sich im umstrittenen Irak-Krieg an die Seite der USA und gegen seine Partner Deutschland und Frankreich gestellt hatte, und dessen Bevölkerung zutiefst verunsichert zu sein scheint angesichts des Beitritts zur Europäischen Union. Polnische Beitrittsgegner wie Anna Walentynowicz und Andrzej Gwiazda hatten im März 2003 in Krakau das Symposium „In Sorge um das Haus der Väter" veranstaltet. Dabei forderten sie ihre Landsleute auf, in einem Referendum die Mitgliedschaft abzulehnen und sich nicht durch die „einseitige Propaganda blenden zu lassen." Den Beitritt Polens solle man nicht als Integration, sondern als Annexion bezeichnen. In ähnlich scharfem Ton war auch ein Beschluss formuliert, in dem es hieß: „Die Bedingungen für die Aufnahme Polens in die EU beweisen, dass Polen nicht als Partner, sondern als kolonisierter Staat betrachtet wird. Ferner wird die Integration die bereits bestehenden Diskrepanzen in der Wirtschaftspolitik noch weiter verstärken. Auch die Arbeitslosigkeit wird sich nicht verringern, und die Polen werden in anderen EU-Ländern keine Arbeit finden können."

Anna Walentynowicz und Andrzej Gwiazda mögen in Deutschland kaum bekannt sein – in Polen haben ihre Namen bei vielen Bürgern einen guten, fast legendären Klang als Gründungsmitglieder der ersten freien Gewerkschaft der Ostseeküste, einer oppositionellen Organisation, die bereits 1978 zum Schutz der Arbeiter ins Leben gerufen worden war. Die Streiks in der Danziger Werft, die den Elektriker Lech Wałęsa bis ins Amt des Präsidenten trugen, hatten aus Protest gegen die Kündigung der Kranführerin Anna Walentynowicz am 14. August 1980 begonnen. Sie gilt als Mutter und Herz der Solidarność, hatte aber Wałźsa für das Wohl der Sache den Vortritt gelassen, weil er ein Mann und sie „nur" eine Frau ist.

Es herrscht also eine relativ gereizte Atmosphäre zum Zeitpunkt unserer Veranstaltungen. Zu oft hat sich die Nachbarnation in den letzten Jahrhunderten als Verliererin und Betrogene fühlen müssen. Erst teilten Preußen, Russen und Österreicher das Land unter sich auf, dann wurde es von Hitler und Stalin überfallen. Sechs Millionen Polen starben im Zweiten Weltkrieg. Auch die westlichen Alliierten enttäuschten, weil sie tatenlos zusahen, wie Warschau hinter dem Eisernen Vorhang verschwand, während die Täter, zumindest die westdeutschen, ein Wirtschaftswunder erlebten. Und nun die Forderung nach einem „Zentrum gegen Vertreibungen" – für die meisten Polen eine Umkehrung der Schuld. Und dahinter die Befürchtung, dass ein solches Zentrum die Geschichte nicht so sehr verleugnen als verhüllen könnte...

Polens ehemaliger Außenminister Władislaw Bartoszewski, Schirmherr des Forums vom 12. bis 19. Oktober 2003, weigert sich bei der Eröffnungsdiskussion mit Innenminister Otto Schily und dem früheren sächsischen Ministerpräsidenten Kurt Biedenkopf in der barocken Universitätsaula eloquent, eine Stellungnahme zum „Vertreibungs-Zentrum“ abzugeben. Er besteht darauf, nur über das angekündigte Thema *„Die Ankunft des Ostens in Europa – Angst und Hoffnung der Deutschen, Hoffnung und Angst der Polen“* diskutieren zu wollen, zu dem er eingeladen worden sei. Die Tagesaktualität aber lässt sich nicht ausklammern, die Frage nicht verhindern. „Wenn ein solches Projekt Sinn machen kann, dann nur als Geschichtswerkstatt. Dann kann der Ort, wo das stattfindet, an Bedeutung verlieren“, antwortet der deutsche Minister Schily und fordert: „Tauscht die Geschichtslehrer aus!“

Einige Stunden zuvor hatte Władislaw Bartoszewski als polnischer PEN-Präsident bei der Eröffnung der Ausstellung *„Liebes- und Musengeschichten – das fragile Glück im Unglück von Verfolgung und Exil“* auf eine andere Aktualität hingewiesen, nämlich auf die heutige Verfolgung und Vertreibung von Schriftstellern. Sie sei am auffälligsten in der Nazizeit gewesen, habe sich fortgesetzt in den Totalitarismen des Ostblocks, von der DDR über Polen bis zur Sowjetunion und dauere fort in den Diktaturen von heute. Noch immer lebten mehr als die Hälfte aller Menschen auf dieser Erde ohne Presse- und Meinungsfreiheit.

In einem Nachbarsaal konnten die Besucher der Ausstellung ein Modell von Lemberg sehen, der Stadt in Galizien, aus der die Rote Armee jene Polen vertrieben hatte, die in die heil gebliebenen Häuser der aus Breslau verjagten Deutschen ziehen mussten.

Bartoszewski, Teilnehmer des Warschauer Aufstands gegen die deutsche Besatzungsmacht, Auschwitz-Häftling und Opfer der späteren kommunistischen Gewaltherrschaft, hatte sich zu seiner zweisprachigen Rede spontan entschlossen, nachdem ich für die Else-Lasker-Schüler-Gesellschaft und –Stiftung darauf hingewiesen hatte, dass wir – gemeinsam mit dem „Exil-PEN“ in London – ebenfalls ein Zentrum anstrebten: Ein Zentrum der verfolgten Künste und Intellektuellen, das die Vertreibung des Geistigen thematisiert. Sie habe 1933 begonnen, während die

Austreibung von Polen aus dem Lemberger Raum und der Deutschen aus Schlesien Folge des von Hitler-Deutschland verursachten Zweiten Weltkriegs gewesen sei.

Ralph Giordano, der 1994 mit 50 anderen Autoren wie Günter Grass, Siegfried Lenz, Wolf Biermann, Jürgen Fuchs, Herta Müller, Yehuda Amichai und Salman Rushdie den Stiftungsaufruf für das Zentrum der verfolgten Künste und Widerständigen unterzeichnet hatte, machte sich zum Fürsprecher dieses Vorhabens unter neuen Vorzeichen: Nämlich als möglichen Teil oder als denkbare Ergänzung des vom Bund der Vertriebenen forcierten Projekts in Berlin. Doch eine Antwort auf den Giordano-Brief an die BdV-Vorsitzende Jutta Steinbach blieb bislang aus. Damit erübrigt sich auch eine Stellungnahme, ob beide Anliegen überhaupt kompatibel sind.

Reizvoller dagegen ist das in die Debatte gebrachte Gedankenspiel, Wrocław als Standort eines (politisch korrekten) Zentrums der verfolgten Intellektuellen zu wählen. Könnten dort nicht sogar die späteren Vertreibungen der Bevölkerung besser thematisiert werden als andernorts? Ist nicht Breslau/ Wrocław Sinnbild der Vertreibungsgeschichte des 20.Jahrhunderts? Folgte nicht hier wie Welle auf Welle eine Flucht der anderen?: Zuerst die der von den Nationalsozialisten so genannten „entarteten" Künstler/Dichter. Dann die der Juden (von denen nur eine Minderheit fliehen konnte). Später kam die Vertreibung der Ostpolen und schließlich die der Deutschen. Die hatten mehrheitlich der Diktatur und ihrem Rassismus zugestimmt oder ihn toleriert, zumindest, solange gesiegt wurde.

Zum Zeitpunkt des Forums feierte die dezimierte jüdische Gemeinde ihr 800-jähriges Bestehen. Neben Berlin und Frankfurt war Breslau einst die größte jüdische Gemeinde in Deutschland, gewachsen als Ort des Exils und des Schutzes, als Juden nach den Pogromen ostwärts geflohen waren, vertrieben vom Antisemitismus am Rhein und anderswo in Westeuropa.

Diese Stadt Wrocław/Breslau und diese Zeit, die wir in Erinnerung rufen wollten, sind ein Spiegel der Zerrissenheit jenes einst schlesischen und heute polnischen Landstrichs, seiner Historie, seiner Menschen und ihrer Tragödien. In Breslau wurde am 9. Dezember 1886 Fritz Haber als Kind einer jüdischen Kaufmannsfamilie geboren. Der geniale Chemiker war an der Entwicklung von Giftgas-Kampfstoffen beteiligt. Er befürwortete ihren völkerrechtswidrigen Einsatz auf den Schlachtfeldern Europas und beteiligte sich sogar aktiv daran. Das könnte 1915 der Grund für den Freitod seiner Frau gewesen sein. Nach dem Ende des Ersten Weltkriegs wurde Haber als Kriegsverbrecher gebrandmarkt. Dennoch erhielt er 1919 den Nobelpreis für die Ammoniaksynthese, ein Verfahren für Explosivstoffe ebenso wie für Düngemittel. Aufgrund seiner „Abstammung" musste er nach der Machtübernahme der Nationalsozialisten die Leitung des Kaiser-Wilhelm-Instituts für physikalische Chemie in Berlin niederlegen.

„Die tausendjährige Stadt an der Oder wurde oft von der Geschichte angeweht. Es fielen Bomben, Wappen wurden retuschiert, Straßen umbenannt, Denkmäler gestürzt, Kirchen geschleift, Friedhöfe eingeebnet, die Synagoge Zum weißen Storch geplündert. Ausgerechnet die Bürgermetropole, reich durch Handel, wurde 1945 noch zur ‚Festung'. Zur Strafe wurde das Stadtvolk ausgewechselt", schrieb „Der Spiegel" in seiner Ausgabe16 im Jahr 2002. Die deutsche Militärverwaltung hatte die „Evakuierung" angeordnet, die im Januar 1945 für 90.000 Breslauer zum Todesmarsch wurde. Hitler hat die „Festung Breslau" geopfert, um die Rote Armee von strategisch wichtigeren Orten abzulenken. Die Stadt kapitulierte vier Tage nach Berlin.

Seit dem Fall des Eisernen Vorhangs suchen wir nach neuen Formen des individuellen, des politischen und gesellschaftlichen Lebens. Theoretisch wissen wir mehr als genug über alle Ursachen der größten Katastrophe, die Menschen den Menschen zufügten. Diese Ursachen sind noch virulent, die Folgen spürbar. In Breslau und andernorts. Zu den Folgen gehören die Situation und das Los von verfolgten Schriftstellern, Künstlern und Intellektuellen – auch von Lehrern und Studenten der renommierten Breslauer Akademie für Kunst und Kunstgewerbe, 1900 hervorgegangen aus der 1791 gegründeten Kunstschule.

Als Standort eines Zentrums der verbrannten und verbannten Dichter und Künste – in dem dann vielleicht die Vertreibungen von 1945 eine Dokumentation unter anderen sein könnte – brachten Teilnehmer des Breslauer Forums auch deutsch-polnische Grenzstädte wie Frankfurt/Oder oder Görlitz ins Gespräch. In jeder dieser Kommunen wäre eine übernationale Ausrichtung wahrhaftig, bekäme eine solche Einrichtung anderen Sinn als in Berlin. Mit der thematischen Einbindung der Vertreibung der Polen aus deren Ostgebieten würde zugleich die Aussöhnung im Mittelpunkt stehen. Dass aus Ostpolen geflüchtete deutschsprachige Autoren stammen, wie etwa Joseph Roth, gehört in diesen Kontext. Mit der Geliebten im Exil, Irmgard Keun, verbinden ihn gemeinsame Erinnerungen an Lemberg. Über einen polnischen Standort würden auch die Beziehungen zu anderen betroffenen Staaten mitdefiniert. Deshalb spräche viel für Breslau, das zu einem „Straßburg an der Oder“ werden könnte, so der deutsche Generalkonsul Peter Ohr.

Zugegeben, die Realisierung eines Zentrums in unserem Sinn – für das noch kein wirklich prägnanter Begriff gefunden wurde – dürfte in keiner dieser symbolträchtigen Städte politisch machbar sein. Inzwischen deutet sich jedoch an, dass Solingen mit seinem (Kunst-)Museum Standort des Projektes werden könnte. Es ist eine Chance. Exponate von Georg Meistermann gehören zum Fundus – Meistermann, vom kunstfeindlichen Naziregime bekämpft, stammt aus Solingen. Auch komplette Sammlungen stehen schon bereit. Etwa die von Gerhard Schneider mit Bildern von Künstlern, die während der Nazizeit und der DDR ihre Schwierigkeiten hatten. Oder die Bücher und Dokumente des Exils, die Jürgen Serke zusammengetragen und in Breslau unter dem Titel „Liebes- und Musengeschichten…“ ausgestellt hat.

Solingen? Wer da Provinz ruft, sitzt im nächstkleineren Ort. Ist doch Provinz weniger eine Frage der Geografie als die einer Haltung. Man denke etwa an den skurrilen, fast schon wettkampfähnlichen Streit jener selbsternannten Opfervertreter, die für ihre heute wehrlose Klientel eigene Gedenkstätten fordern mit Vorschlägen, die monströs bis peinlich anmuten. Dass sie gemeinsam Opfer waren unter einer Diktatur, scheint nicht zu interessieren. Sie sehen nur, wie es Karl Kraus so schön sarkastisch formulierte, die einzelne Welle, „aber hat ein Bach je aus Wellen bestanden"? Oder was ist von jener Scheckbuchmentalität zu halten, die Berlin deshalb als Standort für ein „Zentrum gegen Vertreibungen" das Wort redet, weil Deutschland das ohnehin bezahlen werde?

Dieser Almanach ist vor allem eine Dokumentation des XI. Else-Lasker-Schüler-Forums in Breslau/Wrocław. Von den Stimmungen in jenen Oktobertagen des Jahres 2003 war hier schon die Rede. Die dort gehaltenen Vorträge sollen jedoch nicht als gesprochenes Wort verwehen, sondern bewahrt bleiben. Nach dem Buch „Zwischen Theben und Shanghai" – einer Dokumentation des V. Forums im Berliner Oberbaum Verlag – und der Dokumentation des IX. Forums in Israel „Momente in Jerusalem" (Bleicher Verlag), ist dieser Almanach eine weitere Publikation, mit der die Else-Lasker-Schüler-Gesellschaft aufzeigt, wie ein interdisziplinäres „Zentrum der verfolgten Künste" arbeiten und was es leisten könnte: Nicht mit stummen Denkmälern wie in Berlin. Sondern mit Menschen aus Fleisch und Blut und ihren Geschichten. Mit Zeitzeugen und wortmächtigen Schriftstellern. Mit Künstlern, Wissenschaftlern, Ausstellungen, Diskussionen und Lesungen. Mit Schülern ebenso wie mit Politikern vor dem Hintergrund von Biographien verfolgter, mutiger Persönlichkeiten, die Vorbilder sein könnten in einer vorbildarmen Zeit. Erinnern ist wichtig. Aber diejenigen, die noch eine Erfahrung vor 1945 haben, werden immer weniger. Erinnerung läuft über das vermittelte Wissen, wie wir das auch in Breslau versucht haben. Aber das vermittelte Wissen, so es einen Wert haben soll, findet nur bei denjenigen Anklang, deren Lust für dieses Wissen geweckt wird – mit Stars wie Mario Adorf, mit vertonter Lyrik von Else Lasker-Schüler und anderen verbrannten Dichtern, sogar als HipHop oder Rap – und mit den Mitteln des Humors, wie es der aus Wuppertal stammende, in Polen zum Star gewordene Kabarettist Steffen Möller in einem zweisprachigen Programm „Intercity Berlin-Warszawa" zum Auftakt des Forums demonstrierte.

Während der Vorbereitungen für diesen sechsten Almanach ging das „Virtuelle Zentrum der verfolgten Künste“ online: *„www.Exil-Archiv.de“*. Dabei geht es vor allem darum, Interessierte und nachwachsende Generationen, die mit dem Internet arbeiten, mit den Themen Verbot, Verbrennen und Zensieren von Büchern, Widerstand, Verfolgung und Exil zu konfrontieren: Unter der NS-Diktatur und während des zweiten deutschen Totalitarismus, der DDR, sowie weltweit in anderen Diktaturen der Vergangenheit und Gegenwart. Gerade im Internet, dem modernsten aller Medien, breiten sich die Neonazis pestilenzartig aus. Während Intellektuelle wie Martin Walser von der „Auschwitz-Keule“ reden und es immer mehr dem Zeitgeist zu entsprechen scheint, Antisemitismus mit Kritik an der aktuellen Politik des Staates Israel zu kaschieren, wird im „Exil-Archiv“ gegengesteuert: Statt mit dem unpopulären „Nie wieder“ oder dem erhobenen Zeigefinger des Besserwissers mit den technischen Mitteln unserer Zeit.

Mit dem „Zentrum der verfolgten Künste“ können wir auf eine Vision verweisen, die ein Gedenken im Auge hat, das über museale Vorstellungen hinausgeht. Ein Schicksal, das im „Exil-Archiv“ dokumentiert wird, ist das von Edith Stein, einer Schwester im Geiste Else Lasker-Schülers. Die Jüdin aus Wuppertal wollte stets die Versöhnung der Juden mit den Arabern.
Ihr letzter Gedichtband „Mein blaues Klavier“ – 1943 in der kleinen Auflage von 300 Exemplaren in Jerusalem erschienen – trägt die Widmung: Meinen unvergesslichen Freunden und Freundinnen in den Städten Deutschlands – und denen, die wie ich vertrieben und nun zerstreut in der Welt, In Treue!
Edith Stein hatte frühzeitig vor der Barbarei gewarnt. Doch als die zum Katholizismus konvertierte Breslauerin von SS-Offizieren aus dem holländischen Kloster Echt ins KZ abtransportiert wurde, sagte sie zu ihrer Schwester Rosa, die sie in die vermeintliche Sicherheit mitgenommen hatte: „Komm, wir gehen für unser Volk“.

Die Jüdin aus Breslau ist heute Schutzheilige für Europa.

Hajo Jahn

HENRYK WANIEK

Die Ankunft des Ostens in Europa

Angst und Hoffnung der Deutschen – Hoffnung und Angst der Polen

Das Gegenüber des gestaltlosen Ostens und des konkreten Europas ist in diesem Titel schwer zu übersehen. Der Osten war immer die Schwäche Europas. Vom Norden, Westen und Süden stark von Meeresgewässern begrenzt – im Osten verschwammen die Grenzen in der unklaren Geographie der Flachlandschaft. Die Feldzüge in diese Richtung endeten immer schlecht. Auch von drüben ergossen sich vernichtende Kräfte über Europa. Die Geschichte der Begegnungen mit dem Osten hat sich im europäischen Gedächtnis als eine Serie der schmerzhaften Konfrontationen eingebrannt.

Heute aber hat Europa eine andere Bedeutung und wird als eine Union verstanden, als ein Bund, in dem die Völkerinteressen über dem politischen Egoismus der einzelnen Staaten stehen sollen. Die Tatsache, dass jetzt die Richtung seiner Erweiterung der Osten ist, also wir – eine Reihe von Ländern, die unterschiedlich groß, wirtschaftlich mäßig attraktiv, nicht einheitlich im Bezug auf die geschichtliche Erfahrung sind –, bedeutet eine Wende in der Sphäre der geschichtlichen Richtigkeit.

Unsere Annäherungen und später möglicherweise unser Nahestehen bewirken, dass sich Europas östliches Grenzland endlich geographisch, zivilisierend und politisch definiert.

Wir berufen uns auf Vertrauen und Freundschaft. Aber zwischen den Zeilen des Dialogs hört man das Echo des nicht ganz verklungenen historischen Traumas. Besonders, wenn es um eine Begegnung zwischen einem Polen und einem Deutschen geht, der – wie im Titel gewollt (*der auch Titel der Diskussion in der Aula der Universität war, mit dem das XI. Else-Lasker-Schüler-Forum eröffnet wurde und an dem Henryk Waniek teilnahm –*

die Redaktion) – Angst als Erstes und Hoffnung als Zweites hat. Interessanterweise gibt der Pole der Hoffnung angeblich den Vorrang. Ich bin dessen nicht so sicher, aber vielleicht soll das nur als rhetorisches Ornament dienen, das dem Titel der Debatte eine elegante Symmetrie verleihen soll.

Die Begegnung ist nicht leicht, weil die beiden Parteien mit einer schwierigen Rechnung im Rückstand sind. Alle Versuche sie auszugleichen werden seit Jahren von fatalen Missgeschicken verfolgt. Sie ist auch aufgrund der letzten einhundertfünfzig Jahre, die auf die vorherigen acht Jahrhunderte des Zusammenlebens der beiden Völker einen Schatten geworfen haben, schwierig. Es hatte seine Störungen – wie das zwischen den Nachbarn so ist – hatte aber auch seine Höhen. Das Finale der unglücklichen Periode wurde der 2. Weltkrieg, an dessen Folgen bis heute getragen wird. Den Krieg hat das Deutschland Hitlers verloren, aber es gab noch mehr Verlierer.

Unter ihnen auch Polen und sein „doppeltes" Opfer, trotz des Empfindens, zu den Siegern zu gehören. In einem neuen geographischen Kostüm wurde Polen in fremde politische Szenarien hineingezogen, deren dramatischer Schlüssel Deutschland war.

Angesichts des Eisernen Vorhangs, der das Publikum ersetzte, wurde 50 Jahre lang ein Theaterstück unter dem strengen Auge eines despotischen Souffleurs vorgeführt. Nachdem endlich der Rost den Vorhang durchgefressen und den Blick frei gemacht hatte, spielen die Schauspieler ihr Stück wie gewohnt weiter, ohne zu spüren, dass das Filmband schon ein halbes Jahrhundert weiter ist und man nicht immer noch das Unrecht mit Summen verrechnen kann. Es ist sehr schade – wie sich neulich ein deutscher BBC-Korrespondent geäußert hat – dass das fast einzige Thema, über das sich Polen mit Deutschland unterhalten kann – Hitler sei. Der Satz fiel in einem Gespräch bezüglich des Vertriebenenzentrums. Zu diesem Thema kocht es in Polen wie in den besten „Gomulka-Zeiten". Das Thema frisst mehr Energie auf als manche andere, vielleicht wichtigere Themen. Dennoch hat man einen *Appell für eine kritische und verständige Diskussion über die Vergangenheit* veröffentlicht. Er beginnt mit dem Satz:

„In der Geschichte der Bundesrepublik Deutschland hat man fast keinem Thema so viel Aufmerksamkeit geschenkt wie wahrscheinlich der Flucht und der Vertreibung der Deutschen nach dem 2. Weltkrieg" (meine Unterstreichungen). Das klingt fast wie eine Phrase bei einer Kundgebung und wahrscheinlich ist sie es auch. Es gibt unzählige Themen, denen Deutsche mehr Aufmerksamkeit schenken. Und die Tatsache, dass unter ihnen auch die Vertreibung eine Rolle spielt, soll Niemanden wundern, besonders die Polen nicht, die mehrmals das gleiche Schicksal erfahren haben.

Entsetzt war ich, als ich mir vier Tage nach der Veröffentlichung des Appells in der Tageszeitung „Gazeta Wyborcza" eine im Internet publizierte Liste mit Meinungen von 38 deutschen und ebenso vielen polnischen, 13 tschechischen, zwei englischen und acht amerikanisch-kanadischen Unterschriften anschaute. Ich bin zwar weit davon entfernt, Internetforen als maßgebende oder relevante öffentliche Meinung zu betrachten, hier war ich aber erschüttert. Alle, mehr als 40 Aussagen waren mit einem Ton der antideutschen Aggression geladen, der am Meritum vorbei in eine vulgäre Gossensprache führte. Der Hass, den ich hier nicht einmal als Nationalismus bezeichnen will, klingt lauter, auch wenn er nur von Wenigen zum Ausdruck gebracht wird. Das war zwar mit dem Appell nicht beabsichtigt, so ist es aber geschehen. Hinter dem Postulat der verständigen Diskussion über die Vergangenheit ist eine schreckliche Gegenwart hervorgekommen. Ich möchte hier die autoritär klingenden, aber nah an den kollektiven Dämonen der Phantasie befindlichen Stimmen derjenigen übergehen, die in sicheren, hervorragenden gesellschaftlichen oder wissenschaftlichen Positionen stehen. Also, wie ist es mit der polnischen Hoffnung, welche die Ängste überholt? Habe ich selbst welche? Ich habe vielleicht nur die Hoffnung, dass außer denjenigen, die mit einer schrecklichen Erinnerung belastet sind und denjenigen, die sich darauf wie auf Fraß stürzen, Polen kein Land des Hasses ist. Auch hier assoziiert man Deutsche mit Beethoven, Friedrich, Mann oder Jaspers und nicht nur mit Auschwitz und Waffen SS. Und das ist mein ganzer Kredit der Hoffnung.

Ich bin ein Schlesier. In Oberschlesien, wo ich geboren und aufgewachsen bin, ist die Achtung für die Nachbarn – oft war das ein Pole und ein Deutscher – abgesehen von wenigen Ausnahmen, ein Teil der Tradition. Das hat sich zwar ein wenig nach dem 1. Weltkrieg geändert, aber selbst der 2. Weltkrieg hat es nicht vermocht, diese ganz zu vernichten. Wir treffen uns in der Hauptstadt der schlesischen Fürstentümer, die über die Jahrhunderte ein Ort der deutsch-polnischen Begegnung war. Nicht weit von hier wurde der erste Satz in polnischer Sprache geschrieben. Hier reifte die Poesie des deutschen Barocken, leider auch die Denkmale des politischen Irrsinns – Groß-Rosen, Festung Breslau, Łambinowice. Sie existieren und sprechen. Aber eben hier haben wir Kreisau, heute Krzyņowa, das Familienhaus von Helmut von Moltke, wo sich der Knoten der deutsch-polnischen Versöhnung gebildet hat. Mit diesem Geist würde ich die neuen Wege suchen. Ich würde zum Beispiel diejenigen Deutschen in Erinnerung rufen und die Erinnerung an sie pflegen, die trotz der nationalsozialistischen Atmosphäre das Leben von Polen beschützt und gerettet haben, ganz unabhängig davon, wie viele es waren.

Ich äußere jetzt hier meine Meinung, die in meinem Land nicht auf Zuspruch stößt. Aber ich halte die Aussiedlung der Deutschen aus Schlesien für einen historischen Fehler, der weder eine polnische Idee noch im Interesse von Polen war.

Im Jahr 1946 wäre ich nicht so vorhersehend gewesen, heute aber zweifle ich nicht daran, dass wir wirtschaftlich und kulturell mehr von Schlesien hätten profitieren können.

Schon früher haben wir nach den schlesischen Aufständen den gleichen Fehler gemacht. Er hat sich an Polen nicht nur in der Zwischenkriegszeit gerächt, sondern auch unter der deutschen Besatzung, auch danach, bis heute.

Meine politische Naivität lässt mich an eine Möglichkeit zur Versöhnung glauben. Unter einer scheinbar unrealistischen Bedingung, dass wir uns nämlich im Dialog über die Kleingeistigkeit gerissener Spieler erheben, die in keinem Land fehlt, auch in meinem nicht, welche sogar gewillt sind, Leid in Geld umzurechnen. Meine Naivität brauche ich mir nicht vorwerfen zu lassen, im Gegenteil, wenn sogar der Papst in seinem Segen an die Teilnehmer des Tages der Heimat das Recht des Menschen, in seiner Heimat zu leben, anerkennt und es für den Grundstein einer gerechten, menschlichen Welt hält. Die polnischen Medien haben seine Worte mehr als zurückhaltend aufgenommen. Ähnlich wie seinen Appell in der Irakfrage, den man einfach ignoriert hat. Der Weg zu Europa mit geballten Fäusten bedeutet in erster Linie nicht Hoffnung, sondern Neurose. Ich verstehe also die Ängste und kann sie irgendwie auch teilen.

KAROL JONCA

Jüdisches Breslau im 20. Jahrhundert

Blüte, Zerstörung und Neubeginn

„Breslau antwortet“ hieß die Schlussveranstaltung des XI. Else-Lasker-Schüler-Forums am 19. Oktober 2003 im Münzmuseum, dem Ort der Ausstellung „Liebes- und Musengeschichten. Das fragile Glück im Unglück von Verfolgung und Exil“. Renommierte polnische Wissenschaftler waren die Referenten, darunter Prof. Karol Jonca. Seinem Vortragstext setzen wir hier den stark gekürzten und kursiv gesetzten Artikel voran, den er im „Aufbau“, der renommierten deutsch-jüdischen Emigrantenzeitung in New York, am 24. Mai 2001 publiziert hat:

Wer in der schlesischen Odermetropole Breslau – Wrocław die Belle Epoque des wilhelminischen Kaiserreichs miterlebte, wusste, was diese Zeit zu bieten hatte: Sicherheit und Prosperität. Den „prahlerischen Glanz“ des alten, malerischen Breslau erschütterten noch nicht die Ereignisse des großen Krieges. Sicherheit und Prosperität schwanden zusehends im braunen Alltag der Nazis und fanden ihr jähes Ende in der völligen Vernichtung einer einst herrlichen, blühenden Stadt in den letzten Kriegswochen anno 1945.

Die Juden Schlesiens spielten seit dem Mittelalter, besonders nach der Emanzipation im 19. Jahrhundert im Gesamtbild des jüdischen Lebens in Deutschland eine zunehmend hervorragende Rolle. Die jüdische Bevölkerung Schlesiens erreichte um 1800 mit 52.000 ihren Höchststand, fiel im Laufe der Industrialisierung auf 44.000 im Jahre 1910. Breslau hatte im Jahre 1933 die drittgrößte jüdische Gemeinde (20.202) des Dritten Reichs – nach Berlin (160.000) und Frankfurt am Main (26.000).

In Niederschlesien gründeten jüdische Unternehmer Baumwoll-Textilfabriken und renommierte Handelshäuser, in Oberschlesien Bergwerksgesellschaften, Unternehmen in der

Montan- und Schwerindustrie, im Transportwesen, Bank- und Handelsgesellschaften. Weltbekannt wurden Namen jüdischer, aus Schlesien stammender Nobelpreisträger wie Fritz Haber, Max Born, Paul Ehrlich, Otto Stern und Konrad Bloch. Namen berühmter Breslauer jüdischer Universitätsprofessoren wie Christlieb Brannis, August Henschel oder Edith Stein gingen in die Geschichte ein.

Der anschwellende Antisemitismus und Rassismus gab bereits in der Weimarer Republik eine Vorahnung der trüben Vorgänge, die in der Naziideologie ihren Höhepunkt fanden. Ende der zwanziger Jahre öffnete der aus der Waldenburger Gegend stammende Pastor Joachim Hossenfelder die Tore der protestantischen Kirche für Hitlers nationalsozialistische Weltanschauung. Seine Glaubensbewegung „Deutsche Christen" begrüßte in ihren „Richtlinien" Rasse, Volkstum, Nation als „Gottesgeschenk". Reichsleiter Hossenfelders Programm vom 6. Juni 1932 entsprach Hitlers Parteiprogramm und galt insofern als bahnbrechend für die spätere Rassengesetzgebung, da er sich entschieden gegen Mischehen mit Juden und den gesetzlichen Schutz des deutschen Volkes vor „minderwertigen Elementen" einsetzte. Bereits in den ersten Wochen nach Hitlers Machtübernahme kam es in Breslau zu Judenverfolgungen, deren strategisches Ziel darauf gerichtet war, die „Nichtarier" aus der deutschen „Volksgemeinschaft" mit rechtlichen, politischen und wirtschaftlichen Mitteln zu verjagen. Sie wurden durch sozialen Druck, „Verwaltungsmaßnahmen" und unzählige Boykotte ergänzt.

Der ersten wirtschaftlichen Boykottwelle vom 1. April 1933 ging am 13. und 14. März eine „Aktion" der Breslauer SA-Einheiten voraus, die gröhlend ins Gerichtsgebäude am Stadtgraben eindrangen und jüdische Rechtsanwälte und Richter aus dem Gericht vertrieben. Laut „Beamtengesetz" vom 7. April wurden von 564 jüdischen Rechtsanwälten in Schlesien nur 239 zur weiteren Ausübung ihres Berufs zugelassen.

In Breslau wütete die SA unter Führung des neuen Nazi-Polizeipräsidenten Obergruppenführer Edmund Heines, bis ihm im „Röhm-Putsch" Nazi-Häscher ein klägliches Ende bereiteten. Noch am 10. Mai 1933 inszenierten seine SA-Männer auf dem Breslauer Schlossplatz unter der begeisterten Leitung des evangelischen Theologen Karl Bornhausen eine riesige Bücherverbrennung – Bücher und Schriften jüdischer Autoren, die aus öffentlichen Bibliotheken entfernt wurden. In Breslau-Dürrgoy errichtete Heines ein „privates" Konzentrationslager, in welches seine, mit Polizeigewalt „ausgerüsteten" SA-Männer, lokale „Volksfeinde", Kommunisten, „Sozis", „politisch unzuverlässige Elemente", unter anderem den bisherigen Polizeipräsidenten, einlieferten. Walter Tausk, ein jüdischer Handelsvertreter, schreibt in seinem Tagebuch: „Die SA und SS, vor allem die SA, haust in ganz Deutschland, aber vor allem in Schlesien, schlimmer als die Horden im Dreißigjährigen Krieg (...) die Bevölkerung wird malträtiert."

Die Einführung der Nürnberger Rassengesetze (1935) und die Welle von Ausführungsverordnungen gab den Nazis Ansporn zur „Legalisierung" der antijüdischen „Säuberungsmaßnahmen".

Nach den großen Auswanderungswellen, unter anderem nach der „Kristallnacht" verblieben in Breslau von einst über 25.000 nur noch 9.184 Juden (am 31. März 1941). Es gelang unter anderem den Cohns, den Biebersteins, den Laqueurs, den Jokls auszuwandern – zum Teil nach Übersee, Südafrika, Brasilien, Shanghai.

Mit der Kennzeichnung der Juden mit dem „Davidstern" laut Reinhard Heydrichs Erlass vom 1. September 1941 begann die letzte Etappe der Judenverfolgung – die Vertreibung und totale Ausmerzung jüdischen Lebens.

Der letzte von der Breslauer Gestapo verordnete Fußmarsch einer Gruppe „Nichtarier" in Richtung Konzentrationslager Groß-Rosen fiel in die kalten Januartage 1945. Nur wenige in Mischehen lebende Juden überlebten die Belagerung der „Festung Breslau", die sich nach fast drei Monaten am 6. Mai 1945 den Sowjets übergab.

Der Leiter der Staatspolizeileitstelle Breslau, Dr. jur. Ernst

Gerke, Gestapobeamte, sowie Beamte der NSDAP-Gauleitung, die die Deportationen Breslauer Juden organisierten, bestritten in richterlichen Voruntersuchungen nach dem Krieg ihren Anteil an der völligen Liquidierung der Breslauer jüdischen Gemeinde. Die Verfahren wurden eingestellt.

In der Weimarer Republik machten die Juden kaum ein Prozent der Bevölkerung Deutschlands aus. Sie waren mit den Deutschen stark assimiliert und integriert. Nach dem siegreichen Preußisch-Französichen Krieg 1870/71 konvertierten etwa 25.000 Juden zur evangelischen Konfession und bahnten sich damit in der Monarchie der evangelischen Hohenzollern einen Weg zum sozial-wirtschaftlichen und politischen Aufstieg. Ihr Einflechten in die Schichten des reichen Bürgertums, des Junkertums, ja sogar in die elitäre kaiserliche Kriegsmarine, beschleunigte den Assimilations- und Integrationsprozess mit der deutschen Bevölkerung.

Signifikant für den hohen Grad der Assimilation war die steigende Zahl der Mischehen. 1911 kamen auf 100 jüdische Ehen bereits 31 Mischehen. Fritz Teilhaber, aber auch andere jüdische Soziologen schreiben über einen *Auflösungsprozess*, ja sogar vom *Untergang der deutschen Juden*, was natürlich keinesfalls eine Anspielung auf Hitlers Politik der Judenvernichtung war.

Herbert Strauss ermittelte, dass die Zahl der Juden in Deutschland 1925 bereits 564 379, doch im Januar 1933, zu Beginn der Machtübernahme nur 525. 000 betrug. Von da an sank diese Zahl rasant und betrug im September 1939 – nach den Auswanderungen – nur 185 000. Vielsagend war die Tatsache, dass der entschieden größere Teil der Juden in großen Agglomerationen lebte. Die meisten jüdischen Bürger lebten in den Großstädten wie Berlin: 1933 waren es 160 564 Juden (3,8% aller Hauptstadtbewohner), in Frankfurt a.M. 26 158 (4,7% der Stadtbevölkerung), in Breslau 20 202 (3,2%), in Hamburg 16 885 (1,5%), in Köln 14 816 (2,8%) und in Leipzig 11 564 (1,1%). In den übrigen 46 Großstädten lebten 1933 insgesamt 103 931 Juden.

In Breslau war seit dem Mittelalter das traditionelle Hauptsiedlungsgebiet der jüdischen Bevölkerung die südwestliche Altstadt (Wallstrasse/P.Włodkowica, Goldene Radgasse/Złote Koło, Karlstr./Kazimierza Wielkiego). Dort wurde u.a Ferdinand Lasalle geboren, dort befanden sich die Synagogen, vor allem die *Storch-Synagoge*, dort blühten Handel, Handwerksbetriebe usw. Doch seit Ende des 19. Jahrhunderts, als die Stadt sich in südlicher Richtung auszubreiten begann, gaben die Juden den reichen Stadtteilen im Süden wie Krietern/Krzyki oder dem Villenviertel Kleinburg/Borek den Vorzug, wo auch Krankenhäuser, Altersheime, Waisenhäuser und ähnliche Einrichtungen entstanden, während sich Kaufhäuser und Banken weiterhin in der Altstadt und Stadtmitte konzentrierten. Noch im Januar 1939 waren in den Händen jüdischer Eigentümer am Breslauer Ring vierzehn Grundstücke, in der Reuschestr./Ruska achtzehn und in der Schmiedebrücke/Kužnicza zwölf Grundstücke usw.

Die Anfänge von Hitlers Politik der Judenvernichtung reichen in die ersten Wochen der Naziherrschaft zurück. Die Einführung des „Arierparagraphen", d.h. des Gesetzes zur Wiederherstellung des Berufsbeamtentums vom 7. April 1933, ermöglichte den Nazis, Juden aus dem öffentlichen Dienst zu entfernen. Die einzige Enklave, in der die Rassengesetzgebung des Dritten Reiches nicht galt, war bis zum 15. Juli 1937 das fr. Abstimmungsgebiet im Oppelner Regierungsbezirk, wo die jüdische Bevölkerung als Minderheit galt und der „legalen" Unterdrückung der Nazigesetzgebung nicht unterworfen war. Schon die erste Repressionswelle bewirkte die Emigration von etwa 37.000 Juden aus Deutschland im Jahr 1933, und im Zeitraum 1934-37 emigrierten bereits 92.000 Juden. Eine große Auswanderungswelle hatten natürlich die Pogrome der „Reichskristallnacht" und die Arisierungsmaßnahmen ausgelöst. Die erste hatte ebenfalls das Breslauer Akademikermilieu erfasst. Damals emigrierten: von der Breslauer juristischen Fakultät Ernst Cohn und Eugen Rosenstock-Huessy sowie der bekannte Historiker Richard Koebner; von der Universität entfernt wurde der bekannte Mikrobiologe und Direktor des Biochemischen Institutes Felix Ehrlich. Damals emigrierte der 26-jährige – spätere Professor – Ernst Jokl und nach Lambaréne in Afrika emigrierte der Arzt Heinz Barasch, der dort Mitarbeiter von Albert Schweitzer wurde.

Der breit angelegte Boykott jüdischer Geschäfte, Handelsfirmen etc. – geschickt gesteuert vom Herausgeber der NS-Zeitung „Der Stürmer“, Gauleiter Julius Streicher – dann der Boykott von jüdischen Anwaltskanzleien und Ärztepraktiken im April 1933, konnte schon als Ankündigung künftiger Repressalien der Nazis gelten.

Der am 1. April 1933 ausgelöste Boykott, bei dem die SA-Männer ihr brutales „Geschäft“ erledigten, dauerte in ganz Schlesien ebenso wie in Breslau ganze fünf Tage. Im Wirbel des gesteuerten „Volkszorns“ beseitigte man an den Breslauer Straßen und Plätzen alle Namen von Juden – wie Karl Marx, Ferdinand Lasalle – sowie die der fortschrittlichen und demokratischen Politiker. Das Präludium zu den gesamtdeutschen Ereignissen spielte sich in Breslau ab, wo SA-Einheiten am 11. März 1933 mindestens zweimal jüdische Richter und Rechtsanwälte aus den dortigen Gerichten vertrieben, ohne auf die gerade stattfindenden Justizverhandlungen Rücksicht zu nehmen. Einige Rechtsanwälte wurden misshandelt. Am 13. März drangen erneut SA-Männer in die Gerichte ein, um mit Gewalt alle jüdischen Rechtsanwälte zu vertreiben, wie Walter Tausk in seinem Tagebuch verzeichnete. Die Breslauer „Schlesische Volkszeitung“ informierte in einem Artikel mit der Überschrift *Säuberung im Stand der Rechtsanwälte* über das Resultat der auf Anordnung des Innenministers im Bezirk des Breslauer Oberlandesgerichtes erfolgten „Personalaktendurchsicht“. Unter den 1056 in diesem Gerichtsbezirk zugelassenen Rechtsanwälten waren 564 jüdischer Abstammung. Unverzüglich wurde 98 Rechtsanwälten das weitere Berufsausübungsrecht entzogen, andere wurden zeitbedingt zugelassen, und 13 erhielten nur deshalb Berufsverbot, weil sie es gewagt hatten, angeklagte Kommunisten zu verteidigen.

Antijüdische Boykotts und Demonstrationen wurden immer häufiger, übrigens nicht nur in Breslau, auch in anderen niederschlesischen Städten. So waren z.B. in Frankenstein/Ząbkowice Verhaftungsfälle wegen „Rassenschande“ bekannt. In Öls/Oleśnica wurde vor dem Geschäft Carl Zweigs, dem Lager von Friedländer und vor Schwenks Destillationsfabrik demonstriert.

Antijüdische Sonntagsdemonstrationen wurden in Breslau von der 20. SA-Brigade initiiert. Der Präsident der Breslauer Landesregierung informierte sogar darüber den Innenminister und forderte deren Einstellung. Die Aufmärsche der insolenten SA-Männer sowie die Plakate mit den Namen „demoralisierter Frauen und deren jüdischer Freunde“ an der Staupsäule vor dem Rathaus erfreuten sich zwar großen öffentlichen Interesses – so der Präsident – doch seien in letzter Zeit vor der Staupsäule lauter Juden erschienen und hätten sich „provokativ aufgeführt“ (Schreiben vom 2.8.1935). Bei der Ausweiskontrolle der vor der Staupsäule demonstrierenden Juden stellte sich heraus, dass es sich um ungarische Staatsbürger handelte. Da der Präsident diplomatische Interventionen ausländischer Vertretungen befürchtete, kündigte er an, die sonntäglichen Propagandaveranstaltungen der SA zu verbieten. Wir wissen nicht, ob das Verbot des Präsidenten Erfolg hatte. Auf jeden Fall verbot Minister Wilhelm Frick laut Verfügung vom 20.08.1935 „Einzelaktionen“ gegen Juden durch die NSDAP und deren angegliederten Organisationen.

Die Breslauer Staatspolizeistelle (Gestapo) richtete in den ersten Monaten nach Erlass der berüchtigten Nürnberger Gesetze vom September 1935 und deren Ausführungsbestimmungen ihre Aufmerksamkeit auf die Gewerbstätigkeit der Juden sowie auf die Realisierung der gesetzlichen Maßnahmen selbst. Im Dezember 1935 resümierte die Gestapo ihre Beobachtungen folgendermaßen: „Ein sehr belebter Vorweihnachtsverkehr wurde in den Geschäften der jüdischen Inhaber verzeichnet, wobei die entschiedene Mehrheit der Kunden Nichtjuden waren. Etliche jüdische Kaufleute in Breslau wurden wegen Überschreitung der Höchstpreise mit Geldbußen bestraft“. Man stellte zudem fest, dass Verstöße gegen das Gesetz über den Schutz deutschen Blutes und deutscher Ehre vom 15. September 1935 an der Tagesordnung seien. Einige Juden wurden verhaftet. Die Gestapo verzeichnete auch „rege Aktivitäten im Unterhaltungsbereich", organisiert vom Jüdischen Kulturbund, und überdies Aktivitäten der jüdischen Kabaretts und Unterhaltungstheater. Schon damals forderte die Gestapo eine Kennzeichnung jüdischer Geschäfte und Betriebe, wobei sie zum Ausdruck brachte, dass auf diese Weise „die Kulturposition der Juden" bestimmt werden könne. Laut Erlass des Innenministers vom 17. August 1938 waren die Juden verpflichtet, zwei Vornamen zu führen, wobei der zweite typisch jüdisch sein musste – für Männer war es der Name „Israel", für Frauen der Name „Sarah", damit man sie in der amtlichen und geschäftlichen Korrespondenz leichter identifizieren könne. In der Praxis wurde jeder Jude dazu verpflichtet, im Standesamt eine Erklärung „über die Wahl" des zweiten Vornamens (Israel oder Sarah) abzugeben und darüber die Polizeiorgane schriftlich zu informieren.

Laut Verfügung von September 1935 wurden alle sogenannten *Volljuden* ohne Rücksicht auf ihre Kriegsverdienste aus ihren Ämtern entlassen. Diese Verfügung wurde durch die Vollzugsanordnung vom 21. Dezember 1935 sowie durch das Gesetz über das Beamtentum vom 26. Januar 1937 noch verschärft. Die nächste Säuberung betraf Berufe wie Apotheker, Ärzte und Rechtsanwälte. Die vierte Ausführungsbestimmung zum Reichsbürgergesetz vom 30. September 1938 verfügte, dass alle jüdischen Ärzte zu entlassen seien. Von nun an durften sie nur den Titel *„jüdischer Krankenbehandler"* benutzen. Am 27. Juli 1937 erfolgte die weitere Diskriminierung der jüdischen Jugend, indem Sonderschulen oder Sonderklassen für jüdische Schüler eingerichtet wurden (schon vorher, am 25.04.1933, hatte man an den Hochschulen den *„numerus clausus"* eingeführt.). Mit dem 25. April 1938 war die Annahme an den Hochschulen von der Vorlage des *Ahnenpasses*, also von der „arischen Abstammung" abhängig. An der Breslauer Universität entzog der Dekanenausschuss im Zeitraum 1940–41 mindestens 63 Akademikern, die an dieser Lehranstalt zwischen 1898 und 1932 promoviert hatten, den Doktortitel. Diese Prozedur wurde von den Universitätsbehörden in den nächsten Jahren fortgesetzt. So entzog man im Zeitraum 1938 bis 1942 insgesamt 211 Doktoren, die aus Deutschland ausgewandert waren, ihren Titel. Auf Antrag der Gestapo (1940) wurde der Doktorgrad vielen Akademikern – nach eingereichter Personenliste – abgesprochen. Darunter waren Martin Biberstein und Hermann Cohn.

Im April 1938 gingen die Verwaltungsbehörden auch in Breslau an die Erfassung jüdischen Eigentums: Diese breit angelegte „Arisierungsaktion", d.h. der Raub dieser Besitztümer hatte sich bereits in den nach der „Reichskristallnacht" erlassenen Ausführungsbestimmungen angekündigt. Diese Erfassung ist mit der am 17. August 1935 von der Berliner Gestapozentrale angeordneten Anlegung einer „Judenkartei" zu verknüpfen. Aus der Kartei des Breslauer Regierungspräsidenten ging hervor, dass zum 27. April 1938 insgesamt 4089 „Juden deutscher Staatszugehörigkeit" in Breslau ein Vermögen von über siebentausend Reichsmark besaßen, was nach Abzug der Schulden einen Wert von 185 067 760 Reichsmark ausmachte. Die Daten dieser Kartei wurden in der Breslauer Nazipresse veröffentlicht, wobei man auf den angeblich auf Kosten des deutschen Staatsbürgers erworbenen Reichtum der Breslauer Juden verwies. Dem Reichtum der jüdischen „Plutokratie" stellte man den bescheidenen Lebensstandard des durchschnittlichen Deutschen gegenüber.

Heftige antijüdische Repressionen setzten die Nazibehörden ebenfalls im Frühjahr 1938 innerhalb des dem Deutschen Reich eingegliederten Österreich ein. Rassengesetze und Unterdrückung trafen die dortige jüdische Bevölkerung fast mit einem Schlag, im Gegensatz zum Altreich, wo die antijüdischen Gesetze allmählich, über etliche Jahre, eingeführt worden waren. Doch auch im Altreich sollten sich die Repressionen in jenem Jahr verschärfen. In Breslau brachen am 25. Juni 1938 Aufgebote der SA in Wohnungen von Juden ein und verhafteten die völlig überraschten Bewohner. Die Verhafteten brachte man in Konzentrationslager, u.a. nach Buchenwald, aus dem nach einigen Wochen viele von ihnen verwundet und krank zurückkamen. Der Breslauer Arzt S. Hadda beschrieb diese Ereignisse und gab zu, er wäre sich damals nicht bewusst gewesen, dass ein solches Verbrechen sich wiederholen, ja sogar zur systematischen Praxis werden könne. Er selbst wurde übrigens später ins Lager Theresienstadt deportiert.

Mit der Verfügung des Chefs des Sicherheitsdienstes, Reinhard Heydrich, der berühmten „Polenaktion" vom 26. Oktober 1938, nahmen die Ereignisse einen blitzartigen Verlauf an. Während dieser „Aktion" nahm die deutsche Polizei in der Nacht vom 27. zum 28. Oktober ca. 15-17 Tausend polnische Juden fest, entzog ihnen den Aufenthalt in Deutschland und deportierte sie in der Nähe der offiziellen Grenzübergänge in Zbąszynek, bei Konitz in Pommern, bei Fraustadt und bei Beuthen in Oberschlesien auf polnisches Gebiet. (Die „Aktion" hat bereits ihre Literatur und wird hier nur beiläufig erwähnt.) Die Reaktionen auf die antihumanitären Aussiedlungen sollten in den nächsten Wochen die Welt erschüttern: Der in der deutschen Botschaft in Paris auf Botschaftsrat Ernst vom Rath verübte Anschlag des jungen Juden Herschel Grynszpan, nachdem dieser von seinen aus Hannover nach Zbąszynek deportierten Eltern und Geschwistern über ihr Schicksal informiert worden war. Dem Tod des deutschen Diplomaten, der seinen Schussverletzungen erlag, folgte schließlich der von Hitler und Goebbels verfügte Pogrom in der „Reichskristallnacht" vom 9. zum 10. November 1938.

Der Verlauf des größten in der neuzeitlichen Geschichte Europas erfolgten Pogroms unterschied sich in Breslau und der gesamten Provinz Schlesien kaum von den Ereignissen im übrigen Deutschen Reich. In Breslau empfing der SS-Oberabschnitt Südost in der Nacht vom 9. zum 10. November 1938 ein Funktelegramm vom SS-Hauptamt in Berlin, das bereits etwas früher aus München über die Durchführung des gigantischen Pogroms instruiert worden war. Das Funktelegramm war auch unverzüglich mit dem von Reinhard Heydrich gezeichneten Befehl an alle Gestapo- und lokalen SS- und SD-Stellen ergänzt worden, auf welche Art und Weise die antijüdische „Demonstration" als Vergeltungsmaßnahme für die Ermordung des Diplomaten Ernst vom Rath in Paris verlaufen sollte. Die aus dem Breslauer SS-Oberabschnitt Südost stammenden Unterlagen weisen auf die hervorragende Rolle des Befehlshabers jenes SS-Abschnitts hin, der kein anderer war als der SS-Obergruppenführer und General der Polizei Erich von dem Bach-Zelewski (der selbe, der 1944 in Ożarów den Kapitulationsakt unterzeichnete).

Kaum eine Stunde, nachdem der Befehl zum Pogrom in Breslau eingetroffen war, brannte um 2 Uhr nachts die „Neue Synagoge" Am Anger, das Werk von Edwin Oppler. Die noch brennende Ruine sprengte man gegen Mittag mit etlichen Ladungen in die Luft. Den dramatischen Pogromverlauf hielt Walter Tausk in seinem Tagebuch fest. Er bestätigte, dass die Synagoge in dem Moment, als er dort ankam, nur noch eine rauchende Ruine war. Gerettet, doch ebenfalls ausgeraubt, wurde die alte Synagoge „Zum Weißen Storch" in der Wallstraße, die orthodoxen Gottesdiensten diente. Sie wurde nicht angezündet, da man befürchtete, das Feuer könne auf die dicht bewohnten Wohnhäuser übergreifen. Nach Meinung von Walter Tausk war das Verhalten der deutschen Bevölkerung in Breslau während des Pogroms unterschiedlich. Er beobachtete das Verhalten „der von Gaffern wimmelnden Straße", herumstrolchender Halbwüchsiger, doch notierte auch, dass „das ältere Publikum sehr geteilter Ansicht war. Die allgemeine Stimmung war entschieden gegen diese Ereignisse." Der polnische Konsul Leon Koppens informierte das Innenministerium in Warschau über den Breslauer Pogrom. Er verzeichnete auch massive Verhaftungen der Juden und deren Deportation ins Lager Buchenwald. Dr. Hadda, der Direktor des jüdischen Krankenhauses, notierte indessen, dass man die normale Krankenbetreuung in diesem Hospital erst wieder im Februar 1939 aufnehmen durfte, nachdem die Ärzte aus Buchenwald zurückgekehrt waren. Man entließ ihn erst, nachdem sich der anglikanische Bischof George Bell aus Chichester für ihn eingesetzt hatte. Dank diesem konnte er dann nach England auswandern.

Die wahrhaft beängstigenden Pogromeffekte vom 9./10. November 1938 hatte SS-Oberführer Katzmann vom VI. SS-Abschnitt in einer am 10. November um 15.00 Uhr erfolgten Meldung geschildert. Es genügt, wenn wir hier nur die Breslau betreffende Teilmeldung anführen: „Breslau – 1 Synagoge niedergebrannt, 2 Synagogen demoliert, 1 Haus ‚*Gemeinschaft der Freunde*' demoliert, mindestens 500 Geschäfte völlig verwüstet, mindestens 10 jüdische Gasthäuser demoliert, etwa 600 Männer mit Hilfe der Polizei verhaftet, ca. 35 jüdische Betriebe verwüstet. Ergänzende Bemerkung: 150 SS-Männer bis 20.00 Uhr als Hilfspolizisten eingesetzt. Ab 20.00 Uhr weitere 150 zur Hilfspolizei abkommandiert".

In einem der Nachkriegsprozesse gegen Erich von dem Bach (1951) hat Oberstaatsanwalt Sauter vom Landesgericht Nürnberg/Fürth, eine Meldung zitiert, in der Von dem Bach nach dem Pogrom Heinrich Himmler zitiert: „In dem ihm obliegenden Führungsbereich seien ... 80 Synagogen in Flammen aufgegangen".

Reaktion und Stimmung der vom Pogrom betroffenen jüdischen Bevölkerung charakterisierte u. a. Charlotte Singer aus Neiße: „Tag und Nacht zerbrach ich mir den Kopf, wie man am schnellsten die Auswanderung bewerkstelligen könnte... Ein Londoner Verwandter erbarmte sich nach meinem Telefongespräch und schickte mir ein peruanisches Visum. An dem Problem des peruanischen Visums biss ich mir die Zähne aus, das Visum war praktisch nutzlos ... es war schwierig aus Berlin auszuwandern, noch schwieriger aus Breslau, unwahrscheinlich aus Neiße, völlig, ja völlig unmöglich aus ... Ziegenhals". Das mag seltsam klingen – die deutschen Behörden unterstützten gemäß der Verfügung des Reichsministerpräsidenten Hermann Göring die Auswanderungen, doch, wie selbst Tausk schreibt, außer den hohen Emigrationsgebühren war es ungemein schwer, englische, amerikanische und andere Visa zu erhalten.

Tausk selbst hat übrigens kein Visum mehr erlebt. Ein Gebiet, wo kein Visum erforderlich war, war das siebentausend Kilometer entfernte Schanghai, wohin auch Breslauer Juden flüchteten. Die wahrscheinlich letzten Emigranten nach Schanghai waren der 10-jährige Wolfgang Margoliner und seine 6-jährige Schwester Rose, denen es noch im Oktober 1940 gelungen war, legal auszuwandern.

Bevor wir weiter über die Folgen des Pogroms in der „Reichskristallnacht“ berichten, muss erwähnt werden, dass es in Breslau noch gegen Jahresende 1938 jüdische Kultur- und Sportorganisationen gab, die aber in den darauf folgenden Monaten infolge der Auswanderung ihrer Mitglieder allmählich verschwanden.

Nach der großen Emigrationswelle am Jahresende 1938 und von 1939, zählte die jüdische Bevölkerung in Breslau am 31 März 1941 nur noch 9184 Personen. Noch im Kriegsjahr 1940 hatten 544 Juden Breslau verlassen. Die Verfügung Heydrichs vom 23. Oktober 1941 setzte der legalen Auswanderung aus dem deutschen Reichsgebiet ein Ende.

Direkt nach dem Judenpogrom hatte Ministerpräsident Göring unter Mitbeteiligung Josef Goebbels, Reinhard Heyrichs und Vertretern hoher Dienststellen sowie bei stillschweigendem Einverständnis des Reichsjustizministers auf einer ins Berliner Luftfahrtministerium einberufenen Tagung die Richtlinien der antijüdischen Politik festgelegt. Die Aussagen dieser Teilnehmer vom 12. November 1938 zitierte im Nürnberger Prozess gegen die Hauptkriegsverbrecher der englische Richter Sir Hartley Shawcross, indem er feststellte, der Zynismus dieser Nazifunktionäre hätte jegliche Grenzen überschritten. Die Einzelheiten der bei der o.g. Tagung geführten Diskussion außer Acht lassend, muss nur erwähnt werden, dass damals etliche diskriminierende Erlasse und Verfügungen herausgegeben wurden, und zwar: 1) die Verordnung zur Wiederherstellung des Straßenbildes, 2) die Verordnung zur Sühneleistung der Juden deutscher Staatszugehörigkeit, sowie 3) die Verordnung zur Ausschaltung der Juden aus dem deutschen Wirtschaftsleben. Die erste legte der jüdischen Bevölkerung die Pflicht auf, unverzüglich sämtliche Spuren nach der Verwüstung der Geschäfte, Lager, Synagogen etc. zu beseitigen. Die zweite Verordnung legte der gesamten jüdischen Bevölkerung die Pflicht auf, eine Geldkontribution in Höhe von einer Milliarde Reichsmark (später noch erhöht) zu zahlen. Die an diese Verordnung anknüpfende Verfügung des Finanzministers trieb Tausende jüdische Familien in Not und Elend.

In Breslau belegte das Finanzamt ca. 3500 Juden in Breslau-

Süd, 527 in Breslau-Mitte, 116 in Breslau-Nord und 51 Juden im Landkreis Breslau (und überdies die jüdische Bevölkerung in 36 weiteren niederschlesischen Orten) mit diesem Tribut. Allein aus der Stadt Breslau flossen in die Kassen der Finanzämter 33 862 000 Reichsmark, davon 30 031 000 aus dem Stadtbezirk Breslau-Süd. Opfer des Tributs wurde beispielsweise auch das (auf 211 000 Reichsmark geschätzte) Vermögen des bekannten Prof. Ludwig Fränkl, der 1936 aus Montevideo nicht zurückgekehrt war.

Die Verordnung vom. 12 November 1938 über die Ausschaltung, der Juden aus dem deutschen Wirtschaftsleben führte dazu, dass die Juden von der Herstellung materieller Güter, von Handwerk und Dienstleistungen sowie vom Kleinhandel ausgeschlossen wurden. *De iure* und *de facto* erfolgte die völlige Ausschaltung der jüdischen Bevölkerung aus dem wirtschaftlichen und gesellschaftlichen Leben, aus „der deutschen Volksgemeinschaft“. Der Reichsführer SS und Chef der Deutschen Polizei erließ etliche Verordnungen, um die deutschen Juden aus dem öffentlichen Leben zu entfernen. Es wurde verboten, jüdische Zeitschriften zu veröffentlichen. Den Juden wurde verboten Schlafwagen zu benutzen und bestimmte Hotels zu betreten. Sie hatten kein Recht, öffentliche Schwimmbäder zu besuchen und sich auf bestimmten öffentlichen Plätzen aufzuhalten. Die Verordnung vom 28. November 1938 befugte die Regierungspräsidenten dazu, den Juden „territoriale und zeitliche Einschränkungen“ aufzuerlegen, d.h. sie hatten kein Zutrittsrecht zu bestimmten Gebieten und durften sich zu bestimmten Zeiten nicht öffentlich sehen lassen. Die Juden wurden nur in ausgesonderten Geschäften bedient. Wenig später, während des Krieges, folgte eine Lawine weiterer Einschränkungen. So verbot man z. B. den Juden, Luftschutzkeller zu benutzen. Ein Rundschreiben Martin Bormanns erinnerte daran, dass laut Himmlers früherer Verfügung Juden, die sich weigern, die erlassenen Verordnungen zu befolgen, unverzüglich zu verhaften und in Konzentrationslager zu überliefern seien. Eine Geheimverfügung des Ministers für Ernährung vom 1. Dezember 1939 schloss die jüdische Bevölkerung von Sonderzuteilungen aus.

Auf Befehl der Gestapo gab der Vorstand der Beraslauer Synagogengemeinde am 8. November 1940 eine Liste derjenigen Spielplätze und Parks bekannt, die von Personen jüdischer Herkunft nicht mehr betreten werden durften. Das Zutrittsverbot betraf u.a. den Benderplatz/pl. Staszica sowie die Promenade am Stadtgraben. Im Laufe der Deportationsaktion wurde die jüdische Gemeinde ihrer Krankenhäuser und deren bislang an etlichen Stellen der Stadt (z.B. in der Viktoriastr. 61, Viktoriastr. 107, Wallstr. 9 usw.) bestehenden Krankenstationen enteignet. 1943 organisierte man eine Krankenstation in der Flughafenstraße/ul. Lotnicza 51. Im Namen des Vorstandes der Breslauer Synagogengemeinde gab Dr. Georg I. Kohn bekannt, dass gemäß einer amtlichen Verordnung ab 1 Mai 1942 Juden – „Davidsternträgern“ – nicht erlaubt sei, die städtischen Straßenbahnen ohne schriftliche Erlaubnis der Polizeibehörde zu benutzen. Um diese Erlaubnis dürften sich nur Personen bemühen, die im Arbeitseinsatz stehen, wenn ihr Arbeitsbetrieb mehr als 7 km vom Wohnort entfernt sei, außerdem „Konsulenten“, Krankenbehandler, Hebammen sowie Kinder, wenn ihr Schulweg mehr als 5 km betrage. Kohn fügte hinzu, dass solche Genehmigungen nur „in beschränkter Menge“ und „in den dringendst notwendigen unbedingt erforderlichen Fällen“ erteilt werden. Mit dem 15. September 1941 wurden Juden gezwungen, den „Davidstern“ als Erkennungszeichen an ihrer Kleidung zu tragen, wodurch sie auch an öffentlichen Orten leicht bemerkbar waren. Damals ermahnte der Breslauer Kardinal Bertram in einem Rundschreiben alle Geistlichen und Gläubigen vom 17. September 1941, die zum Gottesdienst in den Kirchen erscheinenden Juden nicht zu diskriminieren. Unabhängig von dem Aufruf des Kardinals sprach sich die bekannte Stadtvikarin an der Magdalenen-Kirche (in der Schuhbrücke/ul. Szewska), Katharina Staritz gegen die Diskriminierung der Juden in den evangelischen Kirchen aus (was sie mit ihrer Einlieferung ins Konzentrationslager Ravensbrück büßte).

Göring befahl am 31. Juli 1941 Heydrich, breit angelegte Vorbereitungen zur „Gesamtlösung der Judenfrage“ in Europa zu treffen. Ebenso informierte Himmler im Sommer 1941 den Kommandanten des Konzentrationslagers Auschwitz, Rudolf Hoess, über die Vernichtungspläne der europäischen Juden und über die Vorbereitung des Lagers Auschwitz für diesen Zweck. Anfang Oktober 1941 legte Himmler Hitler den Deportierungsplan für einen Teil der deutschen Juden aus Hamburg, Berlin, Köln, Bremen, Düsseldorf und aus anderen Städten in die von den deutschen Truppen frisch eroberten Gebiete von Litauen, Lettland und Weißrussland vor. Diese Pläne wurden also noch vor der berüchtigten *Wannseekonferenz* vom 2. Januar 1942 gründlich in Erwägung gezogen.

Der Verwirklichung der generellen Pläne für die „Endlösung der Judenfrage“ gingen lokale, von den Gauleitern und den mit ihnen arbeitenden örtlichen Staatspolizeistellen, also dem Sicherheitsdienst, den Polizeiformationen u.ä. angeordnete lokale „Aktionen“ voraus. In Breslau war der Aussiedlungsaktion der jüdischen Bevölkerung schon im Frühjahr 1941 die Umsiedlung und Ausquartierung der Juden aus ihren bisherigen Wohnungen vorausgegangen. Eine solche Aktion verfügte am 26. April 1941 der Regierungspräsident, und am 26. Juli 1941 unternahm der Breslauer Polizeichef auf Befehl des Gauleiters und Oberpräsidenten Karl Hanke die sog. „Judenaktion in Breslau“: Entfernung der Juden aus ihren Wohnungen und ihre Deportation ins Lager Tormersdorf in der Lausitz „bis spätestens 31. Juli“. Während dieser hastigen „Judenaktion“ deportierte man ca. 550-600 Menschen. Im Herbst wurde für den Empfang eines weiteren Transportes der Breslauer Juden das Kloster in Grüssau/Krzeszów vorbereitet. Ab dem 5. Oktober trafen in die dort zu diesem Zweck gegründete „Judenwohngemeinschaft“ 796 Personen ein. Ein weiterer Transport mit Breslauer Juden wurde ins primitive Durchgangslager in Riebnig/Rybna bei Brieg/Brzeg „abgeschoben“. Nach einigen Monaten wurden die in Tormersdorf, Grüssau und Riebnig untergebrachten Juden wieder zu „Sammelstellen“ in Breslau gebracht, von wo aus sie „nach dem Osten“, entweder in den Distrikt Lublin oder auch direkt ins KZ Auschwitz-Birkenau transportiert wurden.

Die Breslauer Staatspolizeileitstelle begann am 21. November 1941 die Vorbereitungsarbeiten für die Verhaftung und Deportierung der lokalen jüdischen Bevölkerung. Man darf davon ausgehen, dass diese gigantische Aktion viel früher in enger Mitarbeit mit den Parteiorganen, der Ordnungspolizei sowie den Finanzämtern vorbereitet worden war. Zunächst verhaftete man ca. 1000 Personen und brachte sie zu den Sammelstellen in der Gerichtsstr./ul. Sądowa und im Hof der Synagoge „Zum Weißen Storch" in der Wallstr./Włodkowica, von wo aus sie nach Erledigung der Formalitäten zur Endsammelstelle Schießwerderplatz/pl. Strzelecki in der Nähe des Odertorbahnhofs transportiert wurden. Von einem Nebengleis dieses Bahnhofs ging dann der Transport weiter „nach Osten". Ihnen folgten weitere Transporte.

Nochmals möge der erste Transport der am 25. November 1941 „nach Osten" deportierten Juden erwähnt werden. Die vorhandene Personenliste der Deportierten ist unvollständig. Sie erfasste nämlich nicht die Familienmitglieder – Ehefrauen und Kinder – der Deportierten. So enthält die Liste beispielsweise zwar den Namen Willy Cohn, doch fehlen die Namen seiner Ehefrau und seiner beiden Töchter, die mit ihm am gleichen Tag deportiert worden sind. Der Transport ging nach Kowno/Kaunas, wo das Operationskommando Dr. Jäger, das zur Einsatzgruppe A des Generals Stahlecker gehörte, unverzüglich die Hinrichtung durch Erschießen vornahm. Die Exekution erfasste ebenfalls einen Judentransport aus Wien, so dass insgesamt etwa 2000 Juden erschossen wurden. Im „FORT X" in Kowno erschoss man am 29. November 1941 Juden aus Breslau und aus Wien, und zwar 693 Männer, 1155 Frauen und 152 Kinder. Die Massenhinrichtung in Kowno hat niemand überlebt.

Im Januar 1942 bestätigte Hitler seinen früheren Entschluss der „Endlösung" der Judenfrage, indem er sie der „Ausrottung" gleichsetzte. Er war der Meinung, „Ausrottung" sei das Kriegsziel des Dritten Reiches. Ein Jahr später sollte er dazu erklären, dass in diesem Krieg „der Jude ausgerottet" werde. Mindestens fünfmal im Zeitraum 1941–45 hat Hitler bei „Tischgesprächen" seinen Gäste versichert, er sei fest entschlossen, alle europäischen Juden zu vernichten. Zu dieser Aufgabe wurden auch die Teilnehmer der Wannseekonferenz vom 20. Januar 1942 verpflichtet, den von Heydrich vorgelegten detaillierten Plan, „Europa von West nach Ost durchzukämmen" und alle Juden zu vernichten, zu verwirklichen.

Die Nachricht von deutschen Judenvernichtungsplänen erhielt der Vorsitzende der Fuldaer Bischofskonferenz, der damalige Breslauer Kardinal Adolf Bertram. Aus dem vertraulichen, dem Kardinal (von einer bislang unbekannten Person) am 14. Februar 1942 vorgelegten Bericht geht hervor, dass die Deportationsaktionen die Juden fast aller deutschen Städte umfassten. An dieser Stelle wollen wir uns nur auf die Angaben über die Breslauer Deportationen beschränken. Sicher ist, dass noch zwei Transporte – im April und im Mai 1942 – aus Breslau „nach Osten" abgingen. Ein Transport mit ca. 1000 Juden aus Breslau und Niederschlesien wurde ebenfalls vom Odertorbahnhof am 13. April 1942 in den Distrikt Lublin „abgeschoben", wo vorher im März aus etlichen Orten (Kazimierz, Wąwolin, Opole Lubelskie usw.) polnische Juden ausgesiedelt worden waren. Nach der Selektion der dort angekommenen Breslauer Juden kam ein Teil zum Arbeitseinsatz, während der Rest in Bełżec und Sobibór umgebracht wurde. Noch in der zweiten Aprilhälfte bereitete die Breslauer Gestapo den nächsten Transport vor, der ebenfalls Juden aus ganz Niederschlesien erfasste. Dieser Transport ging am 3. Mai 1942 „nach Osten". Nachweislich gelang es in Einzelfällen Deportierten auf Postkarten, Verwandte in Breslau über ihren Aufenthaltsort zu informieren (zwei Listen der nach Kowno und in den Distrikt Lublin Deportierten wurden in Band 22/1999 der „Studien über Faschismus und Hitlerverbrechen" S. 252-283 veröffentlicht). Mit den immer häufigeren Deportationen erlosch das Leben der Breslauer Jüdischen Gemeinde. Im Juni 1942 wurden die Schulen für jüdische Kinder geschlossen.

In den Sommermonaten 1942, als der Ausrottungsprozess bereits in vollem Gang war, begann man Juden im Vernichtungslager Auschwitz-Birkenau, wohin auch aus Breslau Transporte gesandt worden waren, mit Gas zu töten. Am 18. Juli 1942 beobachtete Heinrich Himmler persönlich in Begleitung des Kattowitzer Gauleiters Bracht und des SS-Obergruppenführers Schmauser aus Breslau die Vergasungen. In vertraulicher Mission, unter Einsatz des Lebens, begab sich am 29. Juli 1942 der Breslauer Dr. Eduard Schulte in die Schweiz, um dort den Abwehrdienst der Alliierten über den dramatischen Ausrottungsprozess im Lager Auschwitz-Birkenau zu informieren. Die Schweizer Mission von Eduard Schulte schilderte ein anderer Breslauer – Walter Laqueur (gemeinsam mit R. Breitmann) im Buch Breaking the Silence (New York 1986).

Ab dem 27. Juli 1942 wurden die Judentransporte nach Theresienstadt in Nordböhmen gesandt, von wo sie dann schließlich nach Auschwitz-Birkenau weiter deportiert wurden.

Aus Breslau gingen so folgende Transporte nach Theresienstadt:

am 27. Juli 1942	*1100 Personen*
am 31. August 1942	*1065 Personen*
am 24. Februar 1943	*102 Personen*
am 2. April 1943	*277 Personen*
am 11. Juni 1943	*161 Personen*
am 16. Juni 1943	*18 Personen*
am 27. Oktober 1943	*1 Person*
am 9. Januar 1944	*73 Personen*
am 11. Januar 1944	*3 Personen*
am 27. April 1944	*17 Personen*
am 8. November 1944	*1 Person*

Gegen Ende Februar 1943 nahm die Breslauer Gestapo Juden fest, die für einen Transport direkt nach Auschwitz bestimmt waren. Am 27. Februar brachte man diese Breslauer Juden in den Hof der Synagoge „Zum Weißen Storch“ in der Wallstraße. Der – nach den Formalitäten – am 5. März 1943 aus Breslau startende Transport zählte 1405 Personen. Unverzüglich nach ihrer Ankunft in Auschwitz-Birkenau kamen 809 Juden direkt in die Gaskammern, 596 wurden zum Arbeitseinsatz aussortiert. Eine

Augenzeugin der Vorgänge im Sammelpunkt in der Wallstrasse, die 15-jährige jüdische Krankenpflegerin Karla Wolff, schreibt in ihren Memoiren, der 5. März sei der Tag des totalen Untergangs der Breslauer Jüdischen Gemeinde gewesen. Ein wahrhaft „schwarzer Tag". Viele Juden begingen Selbstmord vor der Abfahrt des Transports. (Eine Liste derjenigen, die im Zeitraum 1941 – 44 Selbstmord begingen, veröffentlichte Daniel Bogacz im Band 13 der „Studien über Faschismus..."). Den letzten Transport mit Breslauer Juden leitete die Gestapo Anfang 1945 als Fußmarsch ins Konzentrationslager Groß-Rosen/ RogoŔnica. (Vergl. Die Forschungsergebnisse von M. Sadowski über die Deportationen nach Theresienstadt sind veröffentlicht in Band 18 der „Studien über Faschismus...").

Nach den großen Deportationswellen lebte in Breslau nur noch eine Handvoll Juden in den sogenannten „Mischehen". Während der Belagerung Breslaus, die bis zum 6. Mai 1945 dauerte, war es der Gestapo nicht mehr gelungen, ihren Plan zu realisieren, die letzten Juden auf einem Oderkahn zu versenken.

Regina S. (Ruth) Sternberg war die Einzige aus der großen Sternbergfamilie, die überlebt hatte: Die Deportation vom 5. März 1943 nach Auschwitz-Birkenau, die Auschwitz-Hölle und den „Todesmarsch" nach der Evakuierung des Lagers im Januar 1945. In ihren erschütternden Memoiren *In the Hell of Auschwitz* stellte sie fest, dass nur 38 Breslauer Juden in Auschwitz am Leben geblieben waren. Als sie nach dem Krieg in die Trümmer ihrer Heimatstadt, in die Trinitasstraße 4/ul. Pawłowa zurückgekehrt war, hat sie in den Ruinen niemanden mehr vorgefunden, weder Verwandte noch Bekannte. Kurt Schwerin schrieb retrospektiv, dass das Leben der alten jüdischen Gemeinschaft in Schlesien unwiederbringlich verloren sei und nur diejenigen, die geflüchtet waren oder überlebt haben, Zeugen ihrer Größe seien.

Literaturhinweise

1. Bogacz Daniel, Samobójstwa niemieckich ŋydów we Wrocławiu. Ze studiów nad zagładą ŋydów w okresie „ostatecznego rozwiązania „kwestii ŋydowskiej /1941–1944/,in: Studia nad Faszyzmem i Zbrodniami Hitlerowskimi" /weiter: SPZH, Bd. 13/1990.
2. Jonca Karol, Kościół katolicki na Śląsku wobec problemu oznakowania niemieckich ŋydów /1941/, in: Studia Śląskie Bd.41, 1983.
- Deportacje niemieckich ŋydów z Wrocławia w świetle relacji naocznych świadków/1941–1944/, SFZH Bd. 17/1994.
- Schlesiens Juden unter nationalsozialistischer Herrschaft 1933–1945 in: Geschichte der Juden in Schlesien im 19. und 20.Jahrhundert, Hannover 1995.
- Deportations of German Jews from Breslau 1941–1944 as Discribed in Eyewitness Testimonies, in: Yad Vashem Stu-dies, Bd 25/1996.
- Adolf Kardinal Bertram und die Behandlung der Judenfrage, in: Archiv f. schlesische Kirchengeschichte, Bd. 54/1996.
- „Noc kryształowa" i casus Herschela Grynszpana, Wrocław 1998/ 2.Ausgabe/.
- Gmina ŋydowska we Wrocławiu i martyrologia wrocławskich ŋydów 1933–1945, in: Edyta Stein-Patronka Europy, Wrocław 2002.
- Nazistowska polityka „ostatecznego rozwiązania kwestii ŋydowskiej", in: SPZH, Bd. 22/1999/hier Transportlisten/
- Spory o holocaust. Rzeczywistość czy mity?, in: SFZH, Bd. 23/2000.
3. Konieczny Alfred, Pozbawienie niemieckich ŋydów-emigrantów stopni" doktorskich Uniwersytetu Wrocławskiego w latach 1938–1942, in: SFZH Bd. 17/1994.
- Tormersdorf, Grüssau, Riebnig. Obozy przejściowe dla ŋydów z Dolnego Śląska z lat 1941–1943, Wrocław 1997.
- VIII wrocławska akcja deportacji ŋydów z 31 marca/ 1. kwietnia 1943, in: SFZH Bd. 25/2002.
4. Połomski Franciszek, Deportacje ŋydów z Dolnego śląska w latach 1941–1944. Próba rekonstrukcji, in: Historia, Bd. 84/1991.
- Kontrybucja ŋydów śląskich po pogromie z 9-10 listopada 1938 roku, in: SFZH Bd. 15/1992.
5. Sadowski Mirosław, Deportacje niemieckich ŋydów z Wrocławia do KZ Theresienstadt w styczniu i kwietniu 1944 r., in: SPZH, Bd. 18/ 1995.
- Scheffler Tomasz, Ze studiów nad śmiertelnością ludności ŋydowskiej we Wrocławiu w latach 1941–1945, in: SFZH, Bd. 24/ 2002.
6. Sternberg-Newman, In the Hell of Auschwitz, 2.ed. New York 1978.
7. Strauss H., Jewish Emigration from Germany. Nazi Policy and Jewish Responses, in: Year Book Leo Baeck Institute, Bd. 25/ 1980.

8. Tausk Walter, Breslauer Tagebuch 1933–1940, Berlin 1975. 9. Wolf Karla, Ich blieb zurück, Langen 1990.

Karol Jonca
ist Professor für Rechtswissenschaft an der Universität Wrocław am Lehrstuhl für politische Wissenschaften und Rechtsphilosophie, korrespondierendes Mitglied der Polnischen Akademie der Wissenschaften in Krakau und Herausgeber der Serie „Studien zu Faschismus und Naziverbrechen".

ANNA WOLFF-POWĘSKA

Ungebetene Gäste im christlichen Haus

Das Alte Testament überliefert uns eine vielsagende Beschreibung des Zuges der Juden in das gelobte Land. Gegen Ende ihrer vierzigtägigen Wanderung durch die weglose Wüste Ägyptens holten die Juden 12 Steine aus dem Jordan, auf dass sie als Symbol für die 12 Stämme Israels als ein einzigartiges Denkmal auf ewig an dieser Stelle *„ein Zeichen seien unter euch“*. Der Charakter und die Lage dieses Denkmals symbolisieren die Notwendigkeit, die Erinnerung als Warnung und als Zeichen der Dankbarkeit wachzuhalten. Die Steine am Weg sollten sich in das Alltagsbewusstsein senken und zu einem Element der menschlichen Existenz werden.

Bei dem Versuch, die Einstellung der Menschen zur Shoah zu erklären, wirft das Verhalten der Kirchen und ihrer Gläubigen besondere Probleme auf. Denn hier haben wir es mit der subjektivsten Sphäre der menschlichen Natur zu tun – mit seinem Glauben und mit der Empfindsamkeit seines Gewissens, aber auch mit öffentlichen Emotionen. Das sind Dinge, die sich mit eindeutigen logischen Kriterien einfach nicht erfassen lassen. Denn für echte Christen hielten sich sowohl diejenigen, die den Verfolgten konkrete Hilfe leisteten, als auch die, die im Namen eines eigenartig interpretierten Evangeliums ein für allemal die Trennung der jüdischen von der christlichen Welt forderten. Wie traumatisch die Erfahrungen des Kirchenvolks waren, zeigt schon die Tatsache, dass es gleichzeitig Opfer und Zeuge des außerordentlichen zivilisatorischen Kollapses war.

Wenn wir uns gemeinsam mit Vertretern der Kirchen über den Holocaust und über ihre Gewissensprobleme den Kopf zerbrechen, so dürfen wir die Tatsache nicht übersehen, dass jede Diktatur dazu führt, dass ihre Bürger bis zu einem gewissen Grade Kompromisse eingehen müssen; denn die Diktatur zerstört die frühere Lebensordnung und die ihr zugrunde liegenden Werte und zwingt den Menschen neue Werte auf. Zwischen dem Heroismus einzelner, die aufgrund ihrer inneren Unabhängigkeit ihre Angst überwanden, und jenen Gläubigen, die das Hakenkreuz der Naziverbrecher mit dem Kreuz Christi gleichsetzten wollten, lag das weite Feld , in dem die Masse der Menschen mit ihren Hoffnungen und Sorgen des Alltag fertig zu werden suchten. Sie alle waren Kinder ihrer Epoche, geprägt von den Traditionen ihres Elternhauses und ihrer Schule sowie von der sozialen und politischen Umwelt. Wenn wir versuchen, die Einstellung der Kirchen zur Politik der Judenvernichtung zu verstehen, stoßen wir auch auf die Frage, ob die Zugehörigkeit zur Gemeinschaft der Christen ihre Einstellung zu den Juden beeinflusst hat. Was hat *Auschwitz* auf das Wissen von den christlich-jüdischen Beziehungen beigetragen?

Die historische Reflexion der eigenen Rolle, das Gefühl einer Mitschuld und die Notwendigkeit, sich zu ihr zu bekennen, sind langfristige Prozesse. Die menschliche Mentalität ändert sich nicht von einem Tag auf den anderen. Die Beruhigung des Gewissens ist immer eine Abwehrreaktion. Auch die gläubigen Christen stellten sich anfangs nicht der biblischen Frage „Wo ist Dein Bruder Abel?“ Beherrscht von den unmittelbaren Alltagssorgen um das tägliche Brot, um Wohnung und Arbeit, fragten sie nicht nach dem Verbleib ihrer verschwundenen Mitbürger. Sie standen unter dem Schock des verlorenen Krieges, des Todes von Angehörigen an der Front oder im Bombenkrieg, der Vertreibungen. Die Verlautbarungen der Siegermächte stießen nach den Jahren der Goebbels-Propaganda vielfach auf Skepsis. Dass Deutsche so ungeheuere Verbrechen wie die planmäßige Ausrottung ganzer Völkerschaften, der Juden, der Sinti und der Roma, und den Massenmord an anderen unschuldigen Menschen im Osten Europas begangen haben sollten, war für viele einfach unvorstellbar. Andererseits war der Antisemitismus zwar als offizielle Ideologie beseitigt, doch blieben Spuren in den Vorstellungen der Menschen lebendig. Die Überprüfung der „Judenfrage“ erforderte eine Revision der ganzen kirchlichen Lehre wie auch der persönlichen Mythen. Dazu brachten anfangs nur wenige die

Kraft auf. Das Gewissen blieb angesichts der Ungeheuerlichkeit des Bösen, das den Juden angetan worden war, ratlos.

Die leitenden Vertreter der Kirchen in Deutschland standen nach Kriegsende vor ähnlichen Herausforderungen wie andere gesellschaftliche Gruppen: Die materiellen Zerstörungen mussten ausgeglichen werden; die Gläubigen mussten unter den neuen Bedingungen zusammengehalten werden – all das verlangte ihren Einsatz. So gingen die von außen an sie herangetragenen Erwartungen, vor allem die der derVernichtung entgangenen Juden, an den Alltagsaufgaben der kirchlichen Hierarchen vorbei. Die Juden aber waren nach der Katastrophe noch gar nicht wieder zu sich gekommen; sie standen noch im Bann ihrer schrecklichen Erlebnisse. Aus ihrer Sicht hätte sich die christliche Welt in tiefe Trauer begeben, ihre Schuld bekennen und Reue zeigen sollen. Die Kirchenvertreter dagegen waren mit ihren existentiellen Problemen und mit dem Wiederaufbau der kirchlichen Institutionen beschäftigt und begannnen den neuen Abschnitt mit der Registrierung der eigenen Verluste, mit Selbstmitleid und mit der Betonung ihrer eigenen Verdienste in der Auseinandersetzung mit der Hitler-Diktatur.

Die Auseinandersetzung der beiden Kirchen mit ihrer Einstellung zur nazistischen Rassenpolitik weist zwei Etappen auf, die durch das Zweite Vatikan-Konzil voneinander geschieden werden. Die bis 1965 erschienenen Erklärungen und Dokumente, in denen das eigene Schweigen und die Gleichgültigkeit gegenüber dem Leiden der Juden als Schuld bezeichnet wurden, waren zumeist von ökumenischen Gruppen veranlasst worden, dienten der Befriedigung einer kollektiven Vorstellung von historischer Gerechtigkeit und entsprachen gewöhnlich den Erwartungen an political correctness. Für eine Auseinandersetzung mit dem seit fast zwei Jahrtausenden existierenden Antijudaismus sah man keine Veranlassung. Im Laufe der Jahrhunderte hatte sich in der ganzen Christenheit eine Denkweise herausgebildet, nach der Judas jüdischer war als Maria, Kaifas jüdischer als Petrus und der Pöbel, der die Kreuzigung Christi forderte, jüdischer als die Jesus beweinenden Töchter Jerusalems. Diese Vorstellungen ließen sich nicht in wenigen Jahren verändern. Man hätte die Sprache der Verachtung aufgeben und sich von ihr distanzieren sollen. Die Ansicht, die noch Jahre nach dem Kriege herumgeisterte, Auschwitz sei eine Strafe, ein Ergebnis der Empörung über die Juden gewesen, könnte man als einen Treppenwitz der Weltgeschichte bezeichnen, als einen postumen Sieg Hitlers, wenn der Gegenstand nicht so tragisch gewesen wäre.

Für viele Theologen blieben die Juden weiterhin nur ein antiquiertes Phänomen, das lediglich für die Erklärung der neutestamentarischen Geschichte von Interesse sei. Die Juden als ebenbürtige Partner anzuerkennen, war außerordentlich schwierig; und die Zeitumstände begünstigten nicht gerade eine so schwierige Fragestellung, die eine Vertiefung des Nachdenkens erfordert hätte. Eine Annäherung von Juden und Christen im Schatten von *Auschwitz* erschien unmöglich. Die neuen Umstände riefen bei den Kirchen gewisse Sorgen hervor. Die Angst vor einer ungewissen Zukunft und vor den Konsequenzen des Sieges des bolschewistischen Imperiums legte eine Konzentration auf die Tagesaktualität nahe. So schob man die Vergangenheit so weit wie möglich von sich. Wer etwa erwartet hatte, die Nachkriegsgeschichte der deutschen Kirchen beginne mit Akten der Besinnung, musste schon aus psychologischen Gründen enttäuscht werden. Selbst wenn die Geistlichen ein Bewusstsein einer Mitschuld und die Überzeugung gehabt hätten, dass sich die Kirchen in der „Judenfrage“ nicht gerade von einer heroischen Seite gezeigt hätten, – hätten sie die in der Kirche versammelten Gläubigen, die von der Trauer um den Verlust von Angehörigen oder von Hab und Gut gezeichnet waren, die unter der Niederlage und der Besetzung ihres Landes durch fremde Truppen litten und die der Kirche in der Hoffnung auf Trost zustrebten, – hätten sie diese mit dem Vorwurf passiven Verhaltens gegenüber den in den Tod gehenden Juden und mit dem Aufruf zu Reue begrüßen können? Es lässt sich schwer abschätzen, was die Kirche gewonnen und wieviele Mitglieder sie verloren hätte, wenn sie in der ersten Nachkriegszeit verlangt hätte, das Haupt in Reue zu senken.

Manches deutet darauf hin, dass die Kirchenfürsten damals die

Menschen mehr fürchteten als Gott. Sie waren bereit, sich untereinander die Wahrheit zuzuflüstern, nicht aber, öffentlich Verantwortung zu übernehmen. Bevor ein kirchliches Dokument das Licht der Welt erblickte, tauschten die Hierarchen Deklarationsentwürfe aus, in denen sich Vorsicht mit Pragmatismus und Entschlusslosigkeit mit Kompromisslosigkeit mischten. Die „Stuttgarter Erklärung“ vom 19.10.1945 vermied das Wort „Jude“, das als schmählicher Vorwurf an das Gewissen hätte verstanden werden können. Die Protestanten sagten jedoch zum ersten Male: „...wir klagen uns an, dass wir nicht mutiger bekannt, nicht treuer gebetet, nicht fröhlicher geglaubt und nicht brennender geliebt haben.“

Zwar mangelte es nicht an Theologen, die vor apologetischen Tönen warnten und an die Pflicht der Kirchen erinnerten, sich der eigenen Schwächen und Irrtümer bewusst zu sein; die Masse der Gläubigen jedoch verhielt sich gegenüber den Juden gleichgültig, wenn nicht ablehnend. Es hrrrschte Unsicherheit.Die erste gründliche und kritische Analyse der Einstellung der katholischen Kirche zu den Juden in der Nazi-Zeit stammte nicht von Würdenträgern der Kirche, sondern von der kleinen Kirchlich-Theologischen Gesellschaft in Württemberg am 9. April 1946. Ohne die eigene Verantwortung zu relativieren, stellten die Autoren einfach fest: „ Wir haben uns feige und passiv verhalten, als Glieder des Volkes Israel unter uns ihrer Ehre beraubt, bestohlen, gedemütigt und ermordet wurden.“ In dem gleichen Jahre wiederholte der Vorläufige Ausschuss des Ökumenischen Rates der Kirchen nach Dietrich Bonhöffer die Wahrheit, dass das Judenproblem vor allem ein Christenproblem ist, und rief dazu auf, intensiv an einer gegenseitigen Verständigung zu arbeiten.

Mit dem Kriegsende begann auch für den Katholizismus in Deutschland ein neuer Abschnitt der Auseinandersetzung mit der Vergangenheit. Die Schätzung der eigenen Verluste, eine Großaktion zur Sammlung von Dokumenten über die eigene Widerstandsbewegung, die Vertuschung der eigenen Verantwortung – alles gab es in der katholischen Kirche ebenso wie den Versuch zu verstehen, „wie das geschehen konnte“. Den Hierarchen war nicht nach einer Reflexion über die christlich-jüdischen Beziehungen zumute. Die dramatischen Berichte über die Gaskammern änderten die Einstellung der Menschen nicht. In der Kirche dominierte die alte Wertehierarchie, in der ihre eigenen Interessen an erster Stelle standen. Die nach dem Kriege zunehmenden Anzeichen eines Antisemitismus und die Schändung jüdischer Friedhöfe stießen bei der Kirche auf taube Ohren. Max Bachmann, damals Dolmetscher der amerikanischen Militärregierung in Bayern, wandte sich im Juli 1947 an Michael Kardinal Faulhaber mit dem Ausdruck des Bedauerns über den Mangel an Solidarität mit den Juden „jetzt, wo dies keinen Mut verlangt". „Unverständlich ist mir, und vielen tausenden meiner Brüder im Glauben, wie es möglich ist, dass die Deutschen angesichts dessen, was uns in den vergangenen zwölf Jahren in Deutschland widerfahren ist, ihren Antisemitismus bewahren und die katholische Kirche nichts tut, um dieser Entwicklung entgegenzutreten."

Die Anregung zu einem echten Wandel in der Abrechnung der katholischen Kirche in Deutschland mit dem eigenen Judenproblem kam von oben. In der Stadt, in der Papst Paul IV das Ghetto hatte einrichten lassen, unterschrieb Paul VI die Konzilsdokumente. Die Erklärung über das Verhältnis der Kirche zu den nichtchristlichen Religionen *„Nostra aetate"* vom 28. 10. 1965 ist ein Dokument, das eine kopernikanische Wende in den christlich-jüdischen Beziehungen einleitet. Zu einer Zeit, da die moralischen und intellektuellen Grundlagen, auf denen der Reichtum des christlich-jüdischen Erbes errichtet worden war, brüchig geworden waren, wurde es nötig, neue Voraussetzungen für Annäherung und Verständigung zu schaffen. Es begann ein Prozess allmählicher Umerziehung, der neue Horizonte eröffnete und einen Weg bestimmte, von dem man nicht mehr abweichen kann. Die vatikanische Erklärung stieß alle seit fast zweitausend Jahren im Umlauf befindlichen antijüdischen Mythen um und erinnerte an die grundsätzliche Gemeinschaft des geistigen Erbes von Christen und Juden. Sie stellte die Gleichheit von Israel und der Kirche gegenüber Gott wieder her und eröffnete damit die Chance für einen Dialog.

Im Gefolge des Konzils belebte sich die Diskussion über die Vergangenheit im Kontext der Judenvernichtung. Die Initiatoren und Hauptverfechter waren christliche Intellektuelle sowie gebildete katholische und protestantische Laien. Es erwies sich, dass der Holokaust nicht nur für die europäische Zivilisation, sondern vor allem für die gesamte christliche Welt eine große Herausforderung darstellte. Der Völkermord stellte zwangsläufig die Frage, welche Art von Seelsorge die Ausrottung der Juden (und anderen) hinnehmen konnte. Hätte die Kirche den Glauben der Christen stärken oder sie zur Fortsetzung des Krieges ermutigen sollen? Ist es unter extremen Bedingungen wichtiger, die Symbole des Glaubens zu verteidigen oder Menschenleben zu retten? Welche Aufgaben hatten die Kirchen im Unrechtssystem? Wie soll man verstehen, dass viele Geistliche die Nazithese akzeptierten, dass „auf der Erde für zwei auserwählte Völker kein Platz ist"? Auf der Tagesordnung standen auch Fragen nach dem Sinn des Leidens. Die Frage der Juden „Wo war Gott, als sie in die Gaskammer geführt wurden?" ist eine Wiederholung der Frage Hiobs, die nach jedem Pogrom und jeder bestialischen Tat neu gestellt wird.

Vertrauen zu dem Mitmenschen konnte man nach dem Kriege nur durch die Begegnung mit ihm wiederfinden. Für den christlich-jüdischen Dialog bedeutete dies die Forderung, die Evangelien neu zu lesen, um herauszufinden, dass das Wesen des Christentums in der Bereitschaft liegt, dem anderen zu helfen. Die Gemeinschaft des Glaubens muss daher die Gemeinschaft der Liebe bedeuten. Zum Nachdenken regt gewiss die Tatsache an, dass erst, als die Tore der Konzentrationslager geöffnet wurden und die Hölle des Nazismus in vollem Umfang sichtbar wurde, zu erkennen war, wohin der Hass den Menschen treiben kann. Hier wurde der Sinn der Pflicht zur Nächstenliebe deutlich, die für den Christen eigentlich eine Grundwahrheit ist. In den Begegnungen und Gespächen erwies sich die Notwendigkeit, aus dem Holokaust zu lehren und zu erziehen. Bald jedoch kamen beide Seiten zu der Erkenntnis, dass es nicht genügt, die Bedeutung von Treffen der Kinder der Täter und der Opfer zu betonen. Viel wichtiger ist, nach einer Phase der gemeinsamen Klage die Grundlagen für eine gemeinsame Verantwortung in der Zukunft zu errichten. Zu diesem Ziel sollte man sich auf eine Grundwahrheit verständigen, nämlich darauf, dass es , wie Hermann Cohen gesagt hat, „am wichtigsten ist, dass die Menschen menschlich bleiben, selbst wenn sie Gott nicht anerkennen".

Die Geschichte der Einstellung der Kirchen in Deutschland zur sogenannten Judenfrage, besonders in der Hitler-Zeit, bekräftigt die Grundwahrheit der menschlichen Natur: Weder der Verstand noch das Gewissen, das irregeleitet sein kann, noch der Katalog der christlichen Werte, den die Kirchen vertreten, haben die Menschen in der Diktatur vor Gleichgültigkeit gegenüber der Verletzung der Rechte anderer Menschen bewahren können. Eine erdrückende Mehrheit der Christen, ein Teil der Geistlichkeit, haben sich vom Nazismus verführen lassen. Dass aber ein tiefer Glaube, verstanden als Dienst am Mitmenschen, einen soliden Schutz vor dem Bösen darstellen kann, zeigen die Beispiele wie von Dietrich Bonhoeffer. Er stellte eine Ausnahme dar, die gewiss nicht als Wertmaßstab für andere dienen kann, die aber die Motive reifer Persönlichkeiten erhellt; denn diese haben die Treue zu ihrer Überzeugung über bequemen Konformismus gestellt.

In den Zeiten, da die individuellen Werte dem Ansturm einer kollektiven menschenverachtenden Ideologie nicht gewachsen sind, hatte die Einzelpersönlichkeit wenig Chancen auf Kompromisse zu verzichten. Aus der Reihe der Durchschnittsmenschen ragen die unbeugsamen Kämpfer heraus, die ihre Überzeugung verteidigt haben. Ihre Haltung beweist, dass heroisches Verhalten nur in einer Umwelt reifen konnte, wo nicht die Theologie, sondern der Inhalt des Evangeliums der wichtigste Gegenstand des Interesses war. Nur er gab die Kraft, sich einer feindlichen Umwelt entgegenzustellen und die Bedrohten zu verteidigen.

Die Mehrheit der Christen war der Situation nicht gewachsen, weil ihre eigene Einstellung zu den Juden, die auf einer jahrhundertealten Tradition sowie auf theologischer und literarischer

Überlieferung beruhte, nie Gegenstand einer tieferen Reflexion oder gar eines Zweifels gewesen war. Die Christen passten sich wie alle anderen den neuen Bedingungen des Dritten Reiches an. Damit stellt sich die Frage: Wohin sind sie gekommen, nachdem sie von den Grundlagen ihres Glaubens abgewichen sind oder den Glauben im Sinn der Rassenpolitik benutzt haben? Die außerordentliche Reife und Unbeugsamkeit von Menschen wie Bonhöffer liegt ja gerade darin, dass sie ihre christliche Identität unter den Bedingungen der Unfreiheit verteidigt haben, weil sie die Pflicht, die Menschenwürde zu respektieren, nicht nur zu einer politischen, sondern zu ihrer ganz persönlichen Aufgabe gemacht haben.

Die Christen in Deutschland besprechen jetzt mit den Juden gemeinsam das Problem Auschwitz für theologische Studien. Für sie gibt es nicht die Alternative, ob man Gott oder die Menschen für das Böse verantwortlich machen soll; denn sie haben verstanden, dass es hier um den Glauben geht, um Hoffnung und um Liebe des einen zu dem anderen. Damit sich aber das Vergangene nicht mehr wiederholt, müssen wir den Holokaust trotz seiner Außerordentlichkeit als ein Glied in der Kette der Geschichte verstehen. Denn wie unterscheidet sich, was Haman zu Ahasver, dem ersten König von Persien, im 6. Jahrhundert vor Christi Geburt sagte, von den Worten des KZ-Kommandanten in Auschwitz? Haman hatte gesagt: „Es ist ein Volk, zerstreut und teilt sich unter alle Völker in allen Ländern Deines Königreichs, und ihr Gesetz ist anders denn aller Völker, und tun nicht nach des Königs Gesetzen; es ziemt dem König nicht, sie also zu lassen. Gefällt es dem König, so lasse er schreiben, dass man sie umbringe…“ Und der Auschwitz-Kommandant sagte: „ Sieh Dir diese Menschen doch an! Sie sind nicht wie wir. Sie sind anders. Sie sehen ganz anders aus. Sie haben kein menschliches Benehmen. Sie tragen Ziffern auf dem Arm. Sie sind hier, um zu sterben.“ Fallen nicht ähnliche Urteile überall in den Befehlen verschiedenener religiöser und weltlicher Fürsten, wo unter anderem die Religion die Menschen trennt? So stellen wir jedenfalls ständig wie die Helden von Max Frischs „Andorra“ die Frage, worin die Schuld der Unschuldigen bestanden hat, und wie sie fragen wir: „Wo warst Du, Vater Benedikt, als unsere Brüder wie Vieh zur Schlachtbank getrieben wurden?" Auf diese Frage müssen wir – jeder für sich – eine Antwort finden.

Die Herausforderungen der Gegenwart zwingen uns, Antworten in der Vergangenheit zu suchen und sie uns als Warnung vor Augen zu halten. Die Analyse der Einstellung und des Verhaltens zu den Juden bestätigt die Erfahrung, wie brüchig die Grundlagen unserer Zivilisation sind. Vor ihrem Zusammenbruch haben uns weder das internationale demokratische Umfeld noch die Ideale der Aufklärung noch das christliche Gebot der Nächstenliebe bewahrt. Wir müssen darüber nachdenken, wie wir die allgemein-menschlichen Erfahrungen und das im Neuen Testament verkündete Ideal der Vollkommenheit des Menschen in eine allgemeingültige Moral ummünzen können. Den Christen im sich integrierenden Europa stellt sich immer wieder die Frage: Wer ist der „Gast" und der „Besucher", und wer ist der „Hausherr" auf dem Alten Kontinent? Sollte das Symbol des heimatlosen, nur vorübergehend auf der Erde lebenden Menschen nicht aus einer transzendentalen Perspektive ein Gegenstand ständiger Reflexion im Bewusstsein von Christen und Juden sein?

Anna Wolff-Powęska
hat an der Adam-Mickiewicz-Universität in Posen Geschichte und Pädagogik studiert. Seit 1976 hat sie mit einem Stipendium der Alexander-von-Humboldt-Stiftung Forschungsaufenthalte in Bonn absolviert. 1980 habilitierte sie in Posen in der Abteilung für Recht und Verwaltung. 1986 ist sie zur Professorin ernannt worden. Ihr besonderes Forschungsinteresse gilt der deutschen Geistesgeschichte und den deutsch-polnischen Beziehungen. 1969 ist sie als wissenschaftliche Mitarbeiterin in das West-Institut (Instytut Zachodni) in Posen eingetreten, zu dessen Direktorin sie 1990 gewählt wurde.

Folgende Bücher (jeweils in polnischer Sprache) stammen aus ihrer Feder:

1979	Die Doktrin der Geopolitik in Deutschland
1984	Politische und philosophische konservative Strömungen in der Bundesrepublik Deutschland
1988	Das deutsche politische Denken im Zeitalter der Aufklärung
1991	Das Verhältnis der Polen zu den Deutschen. Aus der Geschichte der politischen Kultur der Polnischen Volksrepublik 1945–1989
1998	Die gezähmte Revolution. Ostmitteleuropa im Prozess der Demokratisierung

Außerdem erschien 1990 ein Sammelband unter ihrer Federführung: Das gemeinsame Europa. Mythos oder Realität? Im April 2003 ist als Ergebnis eines deutsch-polnischen gemeinsamen Forschungsprojekts unter ihrer Leitung ein Buch erschienen, dessen deutsche Ausgabe den Titel trägt: „Polen in Deutschland. Integration oder Separation?". Anna Wolff-Powęska hat eine erwachsene Tochter. Nach dem Tode ihres ersten Ehemannes hat sie den deutschen Politikwissenschaftler Eberhard Schulz, Honorarprofessor der Universität Bonn, geheiratet, der jetzt bei ihr in Posen lebt.

KRZYSZTOF RUCHNIEWICZ

Die Zukunft der Vergangenheit – über die Deutschen

In den letzten Monaten häufen sich die Diskussionen über die Vergangenheit in Deutschland. Den Anfang machte der Essay „Im Krebsgang“ von Günter Grass. Am Beispiel der Tragödie der versenkten „Wilhelm Gustloff“ sprach Grass das Thema des Schicksals von deutschen Flüchtlingen und die Frage des Umgangs mit ihnen im Nachkriegsdeutschland an. Fast zur selben Zeit erschien das Buch von Jörg Friedrich, „Der Brand“, das auf eine noch suggestivere Weise dem zerstörerischen Charakter der alliierten Bombardierungen der deutschen Städte, aber auch der Tragödie von Millionen von Zivilisten, die sich in unterschiedlichen Lufschutzbunkern, Kellern vergebens verstecken wollten, große Aufmerksamkeit gewidmet hat. In seinem Buch wagte sich Friedrich – wie bisher kein anderer – bei der Beschreibung der deutschen Opfer von Bombardierungen die Sprache, die für die Beschreibung des Holocaust der Juden und anderer Nationalitäten während des Zweiten Weltkrieges vorbehalten war, zu benutzen. Neue Elemente brachte darüber hinaus die Diskussion über die Gründung des Zentrums gegen Vertreibungen, die als ein strikt nationales Zentrum, von Frau Erika Steinbach, der Vorsitzenden des Bundes der Vertriebenen, forciert wird. Die Frage der deutschen Opfer ist zum Gegenstand lebhafter Diskussionen im heutigen Deutschland geworden, was vorher in diesem Ausmaß nicht bekannt war. Es gibt kein Medium, das dieser Problematik nicht sehr viel Platz einräumen würde. Die Fernseh- und Radiosendungen, Diskussionen, Zeitungsartikel sind schwer zu zählen. Auch das diesjährige Treffen der Else-Lasker-Schüler-Gesellschaft in Breslau sprach mehrmals die Fragen der deutschen Vergangenheit an. Was ist in Deutschland in den letzten Jahren passiert, dass die Vergangenheit nach wie vor eine große Rolle spielt und den Verlauf der Diskussionen bedingt? Mehrmals wird dabei betont, dass es endlich gelungen ist, ein gewisses Tabu zu brechen, das bisher in Deutschland herrschte. Zum ersten Mal darf man in Deutschland über die deutschen Opfer offen sprechen, aber auch ihre besondere Behandlung fordern.

Nachfolgend versuche ich auf diese Frage teilweise zu antworten. Aufgrund der kurzen Zeit, die mir die Veranstalter für meine Ausführungen zur Verfügung gestellt haben, muss ich mich nur auf aufgewählte Aspekte konzentrieren. Nicht ohne Grund habe ich vor kurzem ein Paar Namen von Teilnehmern dieser Diskussion erwähnt. Sowohl Grass, als auch Friedrich und Steinbach gehören einer Generation der Deutschen an, die entweder noch vor dem Zweiten Weltkrieg (Grass, Jg. 1927), oder während des Krieges (Steinbach, Jg. 1943, Friedrich, Jg. 1944) geboren sind. Ein Teil der Diskutanten ist allerdings in den ersten Jahren nach dem Zweiten Weltkrieg geboren, wie z.B. die bekannte Journalistin und Politologin, Helga Hirsch (1948), obschon zweifelsohne in seinem Schatten. Es gibt ein gemeinsames Merkmal dieser Personen. Jede von ihnen unterstützte die Veränderungen des Jahres 1968 wärmstens. Zum ersten Mal in der Bundesrepublik forderte die junge Generation der Deutschen eine Auseinandersetzung mit ihren Eltern über die jüngste Vergangenheit, die mit dem letzten Krieg eng verbunden war. Man hat das auf eine idealistische Weise getan. Das Böse wurde im Nationalsozialismus und seinem Verbrechen gesucht. Gleichzeitig waren diese Personen auf dem linken Auge blind, sie übersahen den anderen Totalitarismus, der – ähnlich wie der Nationalsozialismus – Millionen von unschuldigen Menschenopfer gefordert hatte. Die damals geführten Diskussionen über das historische kollektive Gedächtnis fruchteten bald mit einer Unzahl von Publikationen, die das deutsche Verbrechen während des Krieges angeprangert haben. Man kann diesem Versuch zur Wiedergewinnung des kollektiven historischen Gedächtnis gewisse Erfolge nicht absprechen. Es gibt z.Zt. in Deutschland keine Person, die die Tragödie der Juden nicht ansprechen würde, der die auf den Deutschen lastende Schuld für den Holocaust nicht bewusst wäre. In dem Gedenken an den Holocaust konnte man sogar damals bestimmte Disproportionen feststellen. Obschon man an den Holocaust erinnerte und sein besonderer Charakter betont wurde, wurden andere Opfer der nationalsozialistischen Verbrechen aus dem kollektiven Gedächtnis der Deutschen verdrängt. Aus diesem Grund ist es nicht verwunderlich, dass das Schicksal der polnischen Opfer keine Rolle in den öffentlichen Diskussionen in Deutschland spielte und nach wie vor spielt.

Es ist betonenswert, dass die Diskussionen der 68-Generation in einer besonderen Atmosphäre in der Bundesrepublik stattfanden. Die Ostpolitik von Willy Brandt und die Öffnung nach Osten schufen neue Möglichkeiten. Auch Willy Brandt selbst, ein führender Politiker der SPD und Verfolgter des nationalsozialistischen Regimes, führte in die deutsche Politik neue Elemente, moralische Elemente, ein. Ein Ausdruck dieses neuen politischen Denkens war sein spontaner Kniefall vor dem Ghetto-Denkmal in Warschau im Dezember 1970 und die Erweisung der Ehre an die Ermordeten durch das nationalsozialistische Regime. Allerdings stellten die innere Probleme in Deutschland Anfang der 70er Jahre, vor allem die Zunahme des politischen Terrorismus, solche Handlungen unter ein großes Fragezeichen. Außerdem hatte diese Diskussion nicht nur aufgrund der Blindheit auf dem linken Auge einen beschränkten Charakter. Sie war nur auf die Bundesrepublik beschränkt. In dem zweiten deutschen Staat, der DDR, wurden solche Themen nicht angesprochen, man hat keine Verantwortung für das Verbrechen aus dem Zweiten Weltkrieg übernehmen wollen. Abgesehen von diesen Schwierigkeiten verfestigte sich in der Bundesrepublik ein gewisses Bild, das bis zur Vereinigung gegolten hat. Es gab eine übereinstimmende Grundregel, dass die Deutschen für das ganze Unglück des Krieges verantwortlich waren und die Tragödie eines Teils von ihnen, wie z.B. der Vertriebenen, die Folge des ausgebrochenen Krieges, eine gerechte Strafe für diesen Krieg, war.

Lassen Sie mich an dieser Stelle eine kleine Digression aussprechen. Es ist interessant, dass bis heute die Vertreter des Bundes der Vertriebenen und der Landsmanschaften nicht bereit sind, die Frage der Verantwortung für das nationalsozialistische Verbrechen aufzunehmen. Vor Jahren hat sich mit dieser Frage Gesine Schwan beschäftigt, die eine interessante These formulierte, dass sich diese Bevölkerung, die ihre Heimat infolge der Vertreibung verloren hat, für das Leiden entschuldigt fühlte, das die Deutschen den anderen Nationen zugefügt haben. In diesem Zusammenhang gibt es keine Notwendigkeit zur besonderen Sühne gegenüber der Verfolgten. Das ist das Problem, das auch heute in Zusammenhang mit der Diskussion über das Zentrum gegen Vertreibungen nach wie vor eine große Rolle spielt, vor allem in Polen. Vor einigen Tagen habe ich die Gelegenheit gehabt, mit dem Vorsitzenden des Bundes der Vertriebenen, Frau Erika Steinbach, zu sprechen und ich sprach die Frage der kritischen Sicht nicht nur auf die Geschichte ihrer Organisation, sondern auch ihrer Mitglieder an. Meine Bemühungen blieben ohne Antwort.

Das kollektive Gedächtnis der Deutschen begann sich zusammen mit der Vereinigung zu verändern. Zum ersten Mal seit dem Zweiten Weltkrieg konnte das bisher geteilte historische Gedächtnis der Deutschen von Anfang an zusammenwachsen. Es ist ein Prozess, der noch lange Jahre dauern wird. In diesem Kontext entsteht die Frage, ob dieses Denken an das bisherige Denken über das Volk der Täter anknüpft, oder im Gegensatz zu dieser These sich weiterentwickelt. Die Antwort ist nicht einfach. Es unterliegt keinem Zweifel, dass Deutschland im Zuge der Vereinigung zu einem der größten Länder Europas geworden ist. Es dominiert in allen Bereichen. Nach den Jahren der Niederlage und der zwangsweisen Reedukation bildete es Grundlagen für einen demokratischen Staat, einer gut funktionierenden parlamentarischen Demokratie. Es ist nicht übertrieben zu sagen, dass Deutschland zum Muster für andere Länder, auch für die Staaten Ostmitteleuropas geworden ist. Die Distanzierung von der nationalsozialistischen Vergangenheit ist selbstverständlich kein offener Vorgang (Prozess), es kommt zu einem Nachvornedrängen von Problemen, die in der Rezeption der Nachbarn, z.B. der Polen, der Relativierung der „deutschen Schuld“ dienen, einer unberechtigten Verlängerung einer Liste von Opfern des Krieges um die Deutschen selbst, seiner Auslöser. Die Diskussionen über die Bücher von Grass, Friedrich und das Zentrum gegen Vertreibungen stellten sehr gute Beispiele dar. Gibt es aber nur ein Deutschland? Sind diese an der Diskussion beteiligten Personen imstande, ihre Meinung den Eliten, der deutschen Gesellschaft diese Sichtweise der Geschichte aufzudrücken? Solche Befürchtungen sollten nicht Gang und Gebe sein. Es gibt viele kritische Stimmen über die erwähnten Diskussionen. Zur Zeit entstehen alternative Projekte. Zu solchen Projekten gehört zweifelsohne die Idee zur Gründung eines Zentrums der verfolgten Künste, das von der Else-Lasker-Schüler-Gesellschaft gemeldet worden ist. Es wird mit Recht betont, dass von der Tragödie der Vertreibung auch vor dem Zweiten Weltkrieg Deutsche betroffen waren. Dieser Vorgang betraf viele Schriftsteller, Künstler, Schauspieler und viele andere mehr. Der Widerstand, den diese Personengruppen dem Nationalsozialismus geleistet haben, war für die Machthaber sehr gefährlich, er beraubte sie des Restes von einem Anschein eines demokratischen Systems. Sicherlich war darüber hinaus dieser Widerstand für die passive Gesellschaft nicht angenehm. Das Gedenken an das Schicksal dieser Personen gehört auch zur Geschichte unseres Kontinents, auch zur deutschen Geschichte.

Ein scharfsinniger Beobachter des politischen Lebens in Deutschland, der ehemalige Bundespräsident, Richard von Weizsäcker, dachte vor wenigen Jahren über die heutige Verfasstheit der Deutschen nach. „Doch was sind wir Deutschen nun? Die Gründung unseres Nationalstaats hat nicht, wie 1871, neue Krisen nach sich gezogen. Vielmehr wurde es am Ende eine Wiedergründung zur Beilegung langer Krisen. Wir sind nicht mehr eine postnationale Demokratie unter Nationalstaaten [...]. Der ideologische Begriff einer sozialistischen Nation für die DDR ist untergegangen. Nach der Vereinigung sind wir jetzt eine Nation unter Nationen in Europa, unterwegs zu einer Föderation europäischer Nationalstaaten [...]. Dies bedeutet: Wir werden uns in Europa weiter und enger zusammenschließen, aber wir werden nicht aufhören, Nationalstaaten zu sein. Jede Nation wird ihre Eigenart bewahren, so wie sie von ihrer Geschichte bestimmt bleibt". Zwar wird die Vergangenheit nach wie vor in der Zukunft eine große Rolle spielen, wird es aber schwer fallen sie zu pflegen, ihr Denken in Loslösung von anderen europäischen Denken zu kultivieren. Der Historiker weiß, dass die Geschichte niemals sterben wird. Aus diesem Grund ist eine völlige Verdrängung von traumatischen Erlebnissen, wie Vertreibung, unmöglich. Die Menschen tragen ihr Erinnern an die Vergangenheit in ihren Köpfen und Herzen. Die Veränderungen, denen das Erinnern an die Vergangenheit unterliegt, verursachen, dass es in gewissen Situationen für die Zukunft, für die eigene Zukunft und die anderen Nationen gefährlich sein kann. Die Deutschen wissen das sehr gut. Dieses heutige Verlangen eines Teils der Deutschen nach dem Recht zum Erinnern an die eigenen Opfern, und nicht immer an die Opfern, die direkt durch die Nazis verfolgt waren, stellt eine solche Rückkehr der Vergangenheit dar, die stark verdrängt worden war. Diese Stimmung und das Streben sind nicht nur eine Herausforderung für die Deutschen selbst, sie sind auch eine für die von den Nationalsozialisten beschädigten Nationen. Man muss einen neuen Weg wagen, um die deutsch-polnischen festgefahrenen Wege zu verändern. Sind wir bereit, über 60 Jahre nach dem Abschluss des Krieges in den Deutschen geschändete und verfolgte Personen zu sehen? Sehen wir in ihnen Menschen mit unterschiedlichen Schicksalen, Handlungsmotiven, Benehmen und nicht nur eine Masse von Mitläufern? Und schließlich – haben wir tatsächlich vergeben? Wenn wir nach wie vor keine Antwort wissen, müssen wir über die Aktualität dieses Fragments der Vergangenheit, und seiner begründeten Zukunft sprechen.

Krzysztof Ruchniewicz,
geb. 1967 in Wrocław, Historiker, amtierender Direktor des Willy-Brandt-Zentrums für Deutschland- und Europastudien an der Universität Wrocław, wissenschaftlicher Mitarbeiter am dortigen Historischen Institut, Mitglied des Präsidiums der Deutsch-Polnischen Schulbuchkommission; Mitglied der Copernikus-Gruppe, Forschungsgebiete: Geschichte Deutschlands im 20. Jahrhundert, insbesondere Widerstand

im Dritten Reich, Adenauer-Ära, deutsch-polnische Beziehungen nach dem Zweiten Weltkrieg, europäische Integration, internationale Schulbuchforschung. Mehrere Publikationen. Zuletzt veröffentlichte Dr. Ruchniewicz: Berlin-Warszawa-Bonn. Stosunki polityczne w latach 1949-1958 [(Ost)Berlin-Warschau-Bonn. Die politischen Beziehungen in den Jahren 1949-1958], Wrocław: Wydawnictwo Uniwersyteckie, 2003.

MAREK ZYBURA

Warum Wrocław auch Breslau ist

„Die Identität des Ortes, welcher derselbe ist wie vor dreihundert, vor neunhundert Jahren, behauptet sich gegen den Fluß der Zeit, der darüber hingeht und vieles fortwährend verändert [...]". Dieser Ausspruch des Chronisten Serenus Zeitblom aus Thomas Manns Roman „Doktor Faustus" ruft/rief, bezieht man ihn auf die tausend Jahre alte Oderstadt, bei so manchem seiner (vorzugsweise älteren) deutschen Leser Widerspruch hervor, während er in Polen nur helle Zustimmung ernten kann/konnte. Beide Seiten gehen nämlich (oder gingen bis vor kurzem) von der jeweils eigenen, extrem national orientierten Identität dieser Stadt aus. In dieser Sicht markierte das Jahr 1945 den Endpunkt der städtischen Entwicklung für die einen beziehungsweise den Neuanfangspunkt dieser Entwicklung für die anderen.

Die fortan auf deutscher Seite dominierende Haltung der Stadt gegenüber war die der Ablehnung ihrer polnischen Inbesitznahme. Die Geschichte Breslaus hörte demnach im Mai 1945 auf; Wrocław erschien in dieser Optik als Fremdkörper am alten Stadtorganismus. Konzentriert auf das erfahrene Leid der Flucht und Vertreibung und dessen konservierende Pflege, blendeten allerdings die Betroffenen aus ihrem historischen Selbstverständnis als Breslauer den slawisch-polnischen Anteil an der Stadtgeschichte aus, der – ohne ihn haltlos überbewerten zu wollen – doch die atmosphärische Eigenart dieses wichtigen urbanen Transittores zwischen dem Reich und Polen jahrhundertelang mitgeprägt hatte. Die Fähigkeit des Vergessens liegt bekanntlich (mag das auf den ersten Blick noch so paradox klingen) dem Gedächtnis und dem Gedenken zugrunde. Um so leichter avancierte Breslau dann auch in der die Stadt durch den Verlust verklärenden selektiven Erinnerungsarbeit zu einem „urdeutschen" Juwel in der Städtekrone Deutschlands, was es als Hauptstadt einer multikulturellen und -nationalen Grenzprovinz nie gewesen war. Bezeichnend für diese Tendenz (die, toutes proportions gardées, an das Verhältnis der aus dem Osten vertriebenen Polen Lemberg und Wilna gegenüber erinnert) ist etwa die Tatsache, daß es z.B. Vergeblich wäre, in der neuesten „Geschichte Breslaus“ (1993) von Günter Elze oder in Gerhard Scheuermanns zweibändigem „Breslau-Lexikon“ (1994) – beide Autoren sind gebürtige Breslauer – nach der Reflexion über den polnischen Anteil im deutschen Breslau zu suchen. Das Bewußtsein dafür war aber in Deutschland noch im 19.Jahrhundert durchaus vorhanden, mochte es sich auch manchmal aus unwägbaren Eindrücken speisen, wie dies etwa in der „Lebensgeschichte“ (1861/62) der Schriftstellerin Fanny Lewald der Fall war.

Blieb nun für die Deutschen im Fanal des Untergangs der Festung Breslau und der darauffolgenden Vertreibung der Bevölkerung die geschichtliche Uhr der Stadt stehen (so z.B. der Schlußtenor des Buches von Elze), so begann sie für die hierher einströmenden, meist aus ihrer östlichen Heimat ebenfalls vertriebenen Polen quasi wieder im alten, d.h. „piastisch-polnischen“ Takt zu gehen. Dieser „Mechanismus“ wurde von mehreren Faktoren angetrieben. Zuallererst war es der staatliche Apparat, der sofort massive piastisch-polnische Propaganda ins Rollen brachte. Sie statuierte den Mythos der Zurückholung „dieses Stückes des Piastenerbes“ bzw. seiner „Rückkehr zum Mutterland Polen“, wie man ebenfalls zu sagen pflegte. Der staatlichen Propaganda eilten hierbei die Intellektuellen, allen voran: die Schriftsteller, zu Hilfe. Der piastische Mythos brachte in der Literatur eine Flut historischer Erzählwerke hervor, denen die offen eingestandene Prämisse zugrunde lag, dem breiten Lesepublikum unmissverständlich nahezubringen, daß die jetzige polnische Inbesitznahme Schlesiens durch die Geschichte determiniert war und obendrein – in Anbetracht des angeblichen jahrhundertelangen deutschen „Drangs nach Osten“ – die Erfüllung der historischen Gerechtigkeit darstellte, lag doch die Wiege der piastisch-polnischen Staatlichkeit im Westen. Neben der offiziellen Propaganda und der literarischen wie kulturellen („Aufklärungs“-)Arbeit der Intellektuellen bildete die politisch einlenkende Haltung der polnischen katholischen Kirche die weitere gewichtige Komponente des Polonisierungsprozesses der Stadt (und der Region). Die Kirche akzeptierte nämlich sofort und vollends die von den offiziellen Ideologen und Praktikern der geistigen und kulturellen Angliederung neuer Gebiete an Polen an sie gerichtete Forderung, sich mit der (auch institutionellen) Installierung des polnischen Katholizismus im Westen an diesem Werk zu beteiligen. Beredt brachte das anläßlich der 1965 abgehaltenen 20-Jahr-Feier der Neuordnung des polnisch-kirchlichen Lebens im Westen und Norden Polens der Primas Stefan Wyszyński während des Pontifikalamtes am 15. August im Breslauer Dom zum Ausdruck.

Dem intensiven Heraufbeschwören der halbmythischen piastisch-polnischen Zeit aus der Geschichte Breslaus (und Schlesiens) – das auch im Polonisierungswerk der sog. „wiedergewonnenen Gebiete“ durch die katholische Kirche eine große Rolle spielte – lag ein von dem amerikanischen Sozialwissenschaftler David Lowenthal in seinem Buch „Past is a Foreign Country“ (1985) analysiertes Phänomen zugrunde, daß nämlich „die temporalen Grenzen der Vergangenheit dehnbar sind. Je nach den Bedürfnissen endet die Vergangenheit vor einem Augenblick oder gar vor Jahrhunderten. Das sogenannte erweiterte Präsens läßt uns „unser Jahrhundert“ sagen, als ob das Jahr 1901 zur „Jetzt-Zeit“ gehören würde. [...] Manche Fragmente der Vergangenheit liegen im immer gleichen Abstand von uns, andere entfernen sich oder bewegen sich auf uns zu.“ Das resultiere daraus, so Lowenthal, daß die wichtigste Funktion des Gedächtnisses nicht so sehr in der Aufbewahrung der Vergangenheit liege, sondern vielmehr in deren auf Bereicherung und Beherrschung der Gegenwart ausgerichteter Adaption. Adaptiert wurde deshalb selektiv: Um die graue piastisch-polnische Vorzeit den neuen Bewohnern Wrocławs möglichst gegenwärtig zu machen, raffte man mit allen nur erdenklichen Mitteln die siebenhundert Jahre deutscher Präsenz in der Stadt auf ein schnell zu vergessendes Intermezzo zusammen.

Das Umdenken im Umgang mit der Vergangenheit der Stadt

kam in den 70er Jahren in Gang. Vorerst war dies ein Wandel in der mentalen Haltung der (jungen) Einwohner Breslaus, die die offizielle Einstellung der Behörden langsam zu unterwandern begann. Die bis dahin betriebene offizielle Verdrängung des Deutschtums zeitigte mitnichten die gewünschte Folge, daß die Vertriebenen Breslauer Deutschen samt ihrer Kultur und Geschichte auch aus dem lokalen Bewußtsein der neuen Stadtbevölkerung spurlos verschwunden wären. Sie verschwanden aus dem Straßen- und Stadtbild , aber sie waren trotzdem immer noch da: nicht nur in den (begreiflichen) rationalen Diskursen und den (noch verständlicheren) neurotischen Phantasmen der Polen. In ihrem Alltag waren sie da: in den verlassenen deutschen Habseligkeiten, all dem, was „poniemieckie" war – eine Erfahrung („Jesus Maria! Wir wohnen doch auf gestohlenen Sachen!"), die der Breslauer Autor Stanisław Nowicki (alias St. Bereś) in seinem in den 80er Jahren entstandenen bekenntnishaften Text „Der Breslauer Amarcord" (veröff. 1993) zur Sprache brachte. Die verordnete Tabuisierung dieses Sachverhalts, das darüber ausgebreitete öffentliche Schweigen lastete immer unerträglicher auf der mentalen Atmosphäre der Stadt. Dabei, hier geboren und aufgewachsen, kannten die Kinder der hier nach dem Krieg angesiedelten Ostpolen, eine andere Heimat nicht, wollten auch keine andere haben. Die Barriere, auf die sie beim Versuch, sich der Vergangenheit vor 1945 zu nähern, stießen, schmerzte und sorgte für Identitätsschwierigkeiten bei diesen unzweifelhaft gebürtigen Breslauern, zu deren prägendem Generationserlebnis zwangsläufig das Gefühl der Uneigentlichkeit wurde. Die offiziell oktroyierte >piastische< Stadtpropaganda verfehlte bei ihnen ihre identitätsstiftende Wirkung, büßte sie doch im Falle dieser vom Krieg nicht betroffenen Generation(en) ihre kompensatorische Funktion ein.

„Wrocław – eine Stadt ohne Gedächtnis" – diese Losung machte in den 80er Jahren in den immer noch inoffiziellen, aber eigentlich schon halboffenen diesbezüglichen intellektuellen Debatten in der Stadt die Runde. Als der einzige Ausweg aus dieser Sackgasse, sprich: aus dem den jungen polischen Breslauern anerzogenen kulturgeschichtlichen Deprivationssyndrom, erwies sich die Rückbesinnung auf das deutsche individuelle (genährt durch persönliche Kontakte) und kollektive Gedächtnis (deponiert in der Literatur und in den Erzeugnissen der materiellen Kultur). Dieser Versuch, sich der Stadtvergangenheit über das deutsche Gedächtnis zu nähern, war von dem (un)bewußten mnemotechnischen Mechanismus mitgetragen, daß „uns immer Zweifel bezüglich der Erinnerungen befallen, die nur unser persönliches Eigentum sind", so auch Lowenthal, der hierzu den folgenden Ausspruch des Schriftstellers Wallace Stegner zitiert: „Wenn das Gedächtnis kein gemeinsames Gut ist, scheint sein Inhalt unwahr zu sein". Maurice Halbwachs hat in diesem Kontext darauf hingewiesen, daß uns die fremden Kenntnisse (so in seinem Buch „Das kollektive Gedächtnis", 1967) „bald vertraut erscheinen, weil sie mit unseren Eindrücken übereinstimmen und sich mühelos in das bestehende Dekor eingliedern [...] So bereichert sich das Gedächtnis mit fremden Beiträgen, die sich, sobald sie Wurzel gefaßt und ihren Platz gefunden haben, nicht mehr von anderen Erinnerungen unterscheiden".

Das offizielle Klima dafür, sich in aller Natürlichkeit und von der geschichtlichen und kulturellen Vergangenheit Breslaus unbeschwert des deutschen Gedächtnisses vergewissern zu können, entstand mit der politischen Wende der Jahre 1989/90. Zum bahnbrechenden Ereignis in dieser Hinsicht wurde in Breslau die am 19. Juni 1990 durch einen Beschluß des Stadtrates erfolgte Abschaffung des 1948 zwangsverordneten neuen Stadtwappens (das recht unbeholfenerweise an Breslaus piastisch-polnische Vergangenheit erinnern sollte) und die Wiedereinführung des alten deutschen Karlswappens von 1530. In diesem symbolträchtigen Akt tat sich der Wille zu einer Haltung kund, der Heinz W. Sabais in seinem Gedicht „Brief von Breslau nach Wrocław" beredten Ausdruck gab:

Brief von Breslau nach Wrocław
Heinz Winfried Sabais
*(*1922, †1981 Darmstadt)*

Lieber Tadeusz Różewicz, Sie leben
in Wrocław, ich bin in Breslau geboren.
Die Samenflüge, die Flockenfälle,
die Jahreszeiten, die ehrwürdigen Steine
begegnen uns, den Passanten, freundlich.
Aber die Stadt nennt uns Kinder.
[...]
Lieber Tadeusz Różewicz, wir beide
Sind Cives Wratislavienses, Gott will es.
Die Stadt hat uns beide in ihre Geschichte
Genommen. Die heraklitische Oder
Umfriedet Ihre und meine Jahre.
Wir müssen uns leiden. Oder wir sterben.

Drogi Tadeuszu Rózewiczu, mieszka Pan we Wroclawiu,
ja urodzilem sie w Breslau.
Opadajace z drzew liscie, pylki nasion,
pory roku, czcigodne kamienie, odnosza sie do nas przyjaznie,
jak przechodnie.
Ale samo miasto uwaza nas za swoje dzieci .
[...]
Drogi Tadeuszu Rózewiczu,
Jestesmy cives Wratislavienses, Bóg tak chcial.
Miasto wlaczylo nas obu do swej historii.
Heraklityczna Odra przeplywa
przez Panski pokój.
Musimy sie lubic. Inaczej umrzemy.

(Uebers. B. Danowicz)

Das Bewußtsein, Kinder *einer*, der gleichen Stadt und Erben auch ihrer deutschen Tradition zu sein, verwurzelt sich immer tiefer und fester in den Herzen und Gemütern der heutigen polnischen Breslauer. *Nomen est omen*: „Bresław“ – diesen deutsch-polnischen Titel trägt der 1996 erschienene Essayband des Schriftstellers Andrzej Zawada (Jg. 1948), der darin dem deutsch-polnischen Erscheinungsbild seiner Stadt nachgeht, indem er die alte Fixierung auf das Nationale und die Fragmentierung der Stadtgeschichte in deutsche und polnische Phasen fallen läßt. Denn – um mit dem jüngsten Stadtmonographen, dem deutschen Historiker junger Generation Gregor Thum zu sprechen – „erst wenn die ganze Vergangenheit der Stadt Teil des Heimatbewußtseins ihrer heutigen Bürger geworden ist, wenn die Namen der Straßen und Plätze auch an die deutschen Breslauer erinnern, ist Breslaus Polonisierung – im Sinne einer echten kulturellen Aneignung – vollendet“.

Marek Zybura,
geb. 1957; Germanist, Kunsthistoriker, Übersetzer; in den 70er und 80er Jahren in den Strukturen der demokratischen Opposition tätig, u.a. Sprecher des 1977 gegründeten Studentischen Solidaritätskomitees (SKS), ist seit 1998 Inhaber des Lehrstuhls für deutsche Literaturgeschichte und Kulturwissenschaft an der Universität Oppeln; lehrte an den Universitäten Breslau, Leipzig, Düsseldorf, z.Z. Gastprofessor an der TU Dresden; zahlreiche Veröffentlichungen in Polen und Deutschland.

MATTHIAS KNEIP

Zweiseelenstadt: Bresław

Zwei Seelen wohnen ach in dieser Stadt... Und die Entscheidung für eine von beiden wird verlangt. Immer. In Deutschland. In Polen. Im Reisebüro, am Bahnhofsschalter, im Buchhandel, wo auch immer. Breslau oder Wrocław? Sage mir, welchen Namen du benutzt, und ich sage dir, auf welcher Seite du stehst. Und jedes Mal winde ich mich um diese Entscheidung herum, benutze mal diesen, mal jenen Namen, weiß schon selber nicht mehr, wie es sich gehört. Gehört es sich überhaupt irgendwie? Dieser Streit hat längst seinen Reiz verloren, seine politische Brisanz, denn die Parteien der Streithähne haben sich aufgelöst, die Älteren kämpfen nicht mehr, die Jüngeren suchen eher eine praktische als historische Lösung. Aber irgendwie muss man die Stadt ja beim Namen nennen. Ich nenne sie Bresław.

In den vergangenen Jahren konkurrierten Berlin und Breslau verbissen um den Titel „größte Baustelle der Welt". Dann hat Breslau eines Tages aufgegeben. Die 1000-Jahrfeier stand vor der Tür, konnte nicht verschoben werden. Außerdem war man allen Prognosen zum Trotz fast fertig geworden. Das Gerüst am Bahnhof wurde eingepackt, der Piłsudski-Ring dem Verkehr übergeben, die Schweidnitzer Straße begehbar gemacht und – der Rathausplatz den Blitzlichtern überlassen. Jetzt sind die prunkvollen, auf das ganze Jahr 2000 verteilten Feiern längst vorbei, nur in einigen vergessenen Ecken finde ich noch ein vergilbtes Plakat, das vom Jubiläum übrig geblieben ist. Auf dem Bild ist ein Frauenkopf mit Sonnenbrille abgebildet, in der sich die Landkarte Europas widerspiegelt. Die Frau trägt eine Krone mit der Fassade des berühmten Rathauses und den Kirchtürmen vom Dom St. Johannes. Darunter steht geschrieben: Treffen wir uns in Wrocław! Während ich noch das Plakat studiere, bleibt hinter mir eine ältere Frau stehen. *„Die Stadt heißt Breslau und nicht Wrocław"* Geht weiter. Ich sage nichts. In keiner anderen heute polnischen Stadt begegne ich so vielen deutschen Reisebussen wie hier. Die meisten der Touristen haben die Entscheidung für eine der beiden Seelen dieser Stadt längst getroffen. Breslau. Die Erinnerung an die Kindheit hat ihnen die Entscheidung aufgezwungen. Nun, wo es möglich geworden ist, kehren sie meist in hohem Alter zurück, um noch einmal Kind sein zu dürfen. Die meisten Teilnehmer der Gruppenreisen wurden hier geboren, gingen hier zur Schule und wurden dann nach dem Krieg aus ihrer Heimatstadt vertrieben. Vertrieben aus ihrer deutschen Stadt Breslau, nicht aus dem für sie unaussprechlichen polnischen Wrocław. Für viele ist es der erste Besuch seit Kriegsende in ihrer Heimatstadt, und trotz Vorbehalten gegenüber Polen sind sie positiv überrascht von den Farben und dem Leben in der Stadt. Das polnische Breslau hatten sie sich doch ganz anders vorstellt. Irgendwie trauriger, verwahrloster. Fast möchten sie sich hier wie zu Hause fühlen, ja wenn, wenn nur der neue Name nicht wäre... Für mich dagegen sind die beiden Namen austauschbar. Keiner ist an die Erinnerung gekettet, das macht die Entscheidung so schwer.

Meine Beziehung zu Breslau war keineswegs Liebe auf den ersten Blick. Als ich in den 80er-Jahren die Stadt mit meinen Eltern besuchte, irrten wir über eine Stunde mit dem Auto durch die zahllosen Einbahnstraßen, um letztendlich ein Taxi mieten zu müssen, das uns vorausfuhr. Obwohl die Stadt auf dem Stadtplan recht ‚ordentlich' aussieht, werde ich bis heute das Gefühl nicht los, dass sich die Straßen und Gassen von Mal zu Mal verschieben, umstellen, Namen austauschen. In keiner anderen polnischen Stadt habe ich mich so oft verlaufen wie in Breslau, von keiner habe ich so viele Stadtpläne zu Hause. Aber mit der Zeit habe ich mich mit der – oder meiner – Orientierungslosigkeit abgefunden und mir ein paar unverrückbare Schneisen durch das Labyrinth geschlagen. Dabei half mir die Vorstellung der Schweidnitzer Straße als Wirbelsäule, die über den Marktplatz als Herz der Stadt Richtung Kopf verläuft, der in Form der Dominsel ein würdiges, freilich katholisches Haupt der Stadt bildet. Obwohl ich mich, wenn ich mit dem Zug anreise, der Stadt von hinten her nähere, hat der im Tudorstil erbaute Bahnhof nach seiner Renovierung keineswegs etwas mit einer Kehrseite zu tun. Im Gegenteil, er bietet dem Besucher einen würdigen Empfang. Der Weg zum Marktplatz über die Schweidnitzer Straße ist ein Panoptikum des Nebeneinanders von Jung und Alt, konservativ und modern, Arm und Reich, das Polens Charakter in dieser Zeit ausmacht. Die Schweidnitzer Straße hat zunächst nichts von der Eleganz der Floriańska-Straße in Krakau, sie wirkt eher unaufgeräumt, unfrisiert, Lockenwickler im Haar neben zierlichen Ohrringen. Erst nach der Unterführung, quasi auf der Ziellinie, stellt sie sich in Positur, nimmt Haltung an für die letzten Momente, bevor den Touristen beim Anblick des Marktplatzes plötzlich eine einzige Frage durch den Kopf schießt: schöner als Krakau? Auch hier jedenfalls ist aus der Baustelle ein Schmetterling geschlüpft, dem ich mit der Zeit den Irrgarten drumherum verziehen habe. Freilich, der eine oder andere Fleck hat sich eingeschlichen zwischen den geschlossenen Reihen der wiederaufgebauten Bürgerhäuser, aber der Wiedergeburt einer alten Schönheit in neuen Farben tut dies keinen Abbruch. Besonders angetan haben es mir zwei kleinere Häuser an der Nordwestecke des Platzes, die im Volksmund „Hänsel und Gretel“ genannt werden und, als würden sie Händchen halten, mit einem Barocktor verbunden sind. Im Innern betreibt ein alter Breslauer Grafiker sein Handwerk, meist hinter verschlossenen Türen, um sicherzugehen, dass niemand die Zeit in Bewegung setzt, die anzuhalten ihm in seiner Werkstatt gelungen ist. Draußen dagegen läuft die Zeit weiter, hält auf der anderen Seite des Platzes, an der Ostfassade des gotischen Rathauses, eine astronomische Uhr in Bewegung. Polenvergessen steht unter ihr eine Klasse deutscher Schüler und betrachtet voller Bewunderung das farbenprächtige Kunstwerk. Um Paris oder London beneiden sie keinen ihrer Kameraden, schließlich ist Polen doch viel weiter weg und viel gefährlicher. Umso überraschter sind sie, wenn sie von den Lehrern erfahren, dass in dieser Stadt die deutschen Dichter Hofmann von Hoffmannswaldau und Angelus Silesius, oder der Begründer der Sozialdemokratie, Ferdinand Lassalle, geboren wurden. Doch die vergangenen Zeiten setzen sich nicht durch gegen den Trubel auf dem Platz, die Schmuckgeschäfte, Drehorgelspieler, Fastfood-Restaurants oder Edellokale. Alles steht nebeneinander, bietet sich unüberhörbar an, übertönt das leise Flüstern, das ich in Warschau und Krakau noch vernehmen kann. Die Stadt ist herausgetreten aus dem Schatten der Vergangenheit, den die Zerstörungen im Krieg und die Vertreibung der deutschen Bewohner nach 1945 über sie gelegt haben. Sie schaut nicht zurück mit dem Blick der Touristen aus den Bussen, sondern nach vorne, mit dem europäischen Blick der Jugend, die sich auf dem Marktplatz um einen Händler schart, der an einem kleinen Stand Modeschmuck verkauft.

Hinter der berühmten Breslauer Universität betrete ich über eine kleine Brücke die Sandinsel, auf deren Grünflächen sich Studenten tummeln, Prüfungen vorbereiten, oder auf der Wiese liegend in den Himmel starren. Hier gibt es kein Deutschland oder Polen mehr, das Bild, das sich mir bietet, hat ein europäisches Gesicht, in dem die nationalen Züge verblasst sind, weil sie niemand mehr schminkt. Auch im alten Breslauer Dom, der dem Schutzpatron der Stadt, Johannes dem Täufer geweiht ist, begegne ich dem Wandel der Zeit. Links neben dem Eingang zur Kirche weist mir ein Pfeil den Zugang zu einem Aufzug, der mich für ein kleines Entgeld in die Höhen des Kirchturms trägt. Stolz erzählt mir der nicht mehr ganz junge ‚Liftboy' während der Fahrt, dass dieser Aufzug, der erst seit wenigen Jahren existiere, der einzige seiner Art in einem polnischen Gotteshaus sei und dass bei seiner Installation nicht ein Stein alter Bausubstanz beschädigt wurde. Ich bin allein in der kleinen Kabine, doch der ältere Herr spricht, als stünde er vor einer versammelten Touristengruppe, verliert sich in seinen Ausführungen über den Aufzug, als spräche er über sein Leben. Irgendwann ist die Fahrt zu Ende und der Herr entlässt mich mit einem Seufzer auf die Aussichtsplattform. In jeder anderen Stadt müsste ich diesen herrlichen Blick mit zahllosen Touristen teilen, Schlange stehen auf dem schmalen Weg um den Turm. Aber den Aufzug gibt es noch nicht so lange, und die Gruppenreisen machen hier meist nur einen kurzen Stopp, um sich das Innere der Kirchen anzusehen. Irgendwo habe ich gelesen, dass Breslau nach Sankt Petersburg und Venedig die Stadt mit der drittgrößten Anzahl von Brücken ist. Erst jetzt, mit dem Blick auf das Netz aus Wasser, das die Stadt wie Adern durchfließt, kann ich es glauben. Es ist totenstill hier oben, nicht einmal der Wind weht seine übliche monotone Melodie. Ich hätte Lust, hier und jetzt die Geschichte dieser Stadt aufzuschreiben, aus der Vogelperspektive, so nackt und deutlich liegt sie vor mir. Unten, am Boden, erscheint mir die Geschichte Breslaus immer verworren, vielsträhnig, undurchschaubar. Hier oben dagegen klar, in sich ruhend, als wäre nie etwas passiert. In nordöstlicher Richtung, irgendwo hinter dem Horizont, liegt Warschau. Die wenigen alten Breslauer, die hier noch leben, blicken nicht gerne in diese Richtung. Als die politischen Machthaber nach dem Krieg anordneten, die zerstörte Hauptstadt wieder aufzubauen, wurden nicht wenige Steine dafür aus Breslau abtransportiert. Eine Steintransplantation, die niemand hier verzeiht. Aber die Stadt hat sie überlebt, geht nun ihre eigenen Wege, lässt die Vergangenheit in Frieden und blickt nach vorne. In den Westen. Wo ich vom Kirchturm aus Schornsteine rauchen sehe...

In seiner Breslauer Wohnung besuche ich den Dichter Tadeusz Różewicz Wie fast überall in Polen stehen unten an der Türe des Mehrfamilienhauses keine Namensschilder, sondern nur Zahlen neben den Klingeln. Obwohl ich schon oft hier war, bin ich mir nie sicher, den richtigen Knopf zu drücken, und atme jedes Mal erleichtert auf, wenn sich die mir vertraute Stimme seiner Frau durch die Anlage meldet und der Türöffner surrt.

Als ich Tadeusz Różewicz zum ersten Mal sah, war ich 8 Jahre alt und wusste nicht, dass dieser ältere Herr mit seinem verschmitzten Lächeln in seinem Land ein berühmter Dichter ist. Meine Eltern nannten ihn „Tadeusz“ aber für uns Kinder hatte der Herr lange Zeit keinen Namen, weil wir uns nicht trauten, ihn beim Vornamen anzusprechen, den Nachnamen uns aber nicht merken konnten. Wir wussten immer, wer gemeint war, wenn unsere Eltern sagten „Tadeusz kommt“, und freuten uns auf den Besuch des „polnischen Onkels“, weil er gut deutsch sprach und ab und zu mit uns auf den Fußballplatz ging, um ein ‚Länderspiel' auszutragen. Diese ‚Spiele' waren für uns umso mehr von Bedeutung, als mein Vater sie aus uns damals noch völlig unverständlichen Gründen häufig vom Spielfeldrand aus mit der Filmkamera aufnahm und wir Kinder uns unter dieser medialen Beobachtung natürlich besonders anstrengten. Bei einem Besuch im Sommer 1979 schenkte mir „Herr Tadeusz" ein kleines, deutschsprachiges Taschenbuch, auf dessen Umschlag ich erstmals seinen vollständigen Namen las: Tadeusz Różewicz. Das Buch hieß *Schattenspiele* und enthielt auf der ersten Seite eine handgeschriebene Widmung für mich: „Maciejowi z prośbą, Ŕeby nie zaczął pisać wierszy przed 60. rokiem Ŕycia".

Mit zehn Jahren hielt sich meine Begeisterung für polnische Lyrik, selbst wenn sie mir in einer geheimnisvoll aussehenden Fremdsprache gewidmet war, freilich in Grenzen, so dass ich mich, ohne weiter nachzufragen, artig bei „Herrn Tadeusz" für das Geschenk bedankte und es auf kürzestem Wege in die zweite Reihe eines Bücherregals beförderte. Erst 20 Jahre nach dieser ‚Schenkung', als ich selber schon mehrere Gedichtbände veröffentlicht hatte, kramte ich das Buch wieder hervor, weil Różewicz ein darin enthaltenes Gedicht nachsehen wollte, und mein Entsetzen war groß, als ich die Widmung von damals nun verstand: „Für Matthias mit der Bitte, dass er nicht vor seinem 60. Lebensjahr anfängt Gedichte zu schreiben..."

Seine Frau Wiesława steht an der Tür und freut sich über die Rose, die ich ihr bringe. Aus seinem Arbeitszimmer kommt „Herr Tadeusz" mit seinen kleinen, zusammengekniffenen Augen hinter der Brille und diesem verschmitzten Lächeln, das mir schon so lange vertraut ist. Wir gehen ins Wohnzimmer, wo der Tisch gedeckt ist für Kaffee und Kuchen, reden über zu Hause, meine Eltern, meine Brüder. Außerdem über aktuelle Nachrichten, Kriege, Katastrophen, über die Różewicz spricht, als wären sie eine Familienangelegenheit, also eine ernst zu nehmende Sache. Er spricht nicht viel und in kurzen Sätzen, aber jeder Satz ist notwendig, um seinen Gedankengang nachzuvollziehen, denn er wiederholt nichts, schiebt nichts ein, schweift nicht ab. Es hat viele Jahre gedauert, bis ich mich an diese Art von Gespräch gewöhnt habe, denn sie erfordert hohe Aufmerksamkeit, Wachsamkeit, erlaubt keinen Smalltalk dazwischen, keine Denkpause.

Die Literatur ist nur selten ein Thema, denn Różewicz spricht nicht über sie, sondern schreibt sie nur. Versteht sich nicht als Teil einer abstrakten Literaturgeschichte, die Stars und Sternchen hervorbringt, im Scheinwerferlicht gelesen oder in der Schule abgefragt wird. Seine Kunst dient keinem Zweck, der einer Interpretation durch den Autor bedarf, erwartet keine Beurteilung durch Preisrichter. „Meine Lyrik übersetzt nichts/ erklärt nichts/ sagt nichts aus", heißt es in einem seiner Gedichte. Und er meint es ernst. Nicht als Metapher oder Wortspiel des Intellekts. „Rose heißt eine Blume / oder ein totes Mädchen". Entweder oder. Mehr nicht. Daher gibt es bei ihm keinen Unterschied im Stil zwischen Unterhaltung und Poesie, zwischen Wahrheit und Dichtung.

Gestern habe ein Schüler bei ihm angerufen, erzählt er, der vom Autor eine Interpretationshilfe wünschte und sich für die Störung entschuldigte. Dann ein Journalist, der etwas über seinen neuen Film wissen wollte, den freilich sein Bruder Stanisław, ein bekannter Regisseur, gedreht hat. Dabei lacht er über die Lächerlichkeit dieser Ereignisse, schiebt Verwunderung vor und vermittelt dennoch zwischen den Zeilen, wie ernst es ihm ist. Häufig erzählt er mir Kleinigkeiten, die auf den ersten Blick vergessen werden wollen, doch so, wie er sie mir erzählt, entwickeln sie plötzlich ein Eigenleben, blasen sich auf, beginnen zu schillern und werden plötzlich stärker und kräftiger als jede scheinbar bedeutungsschwangere Phrase.

Von Różewicz habe ich das Lesen gelernt. Das richtige Lesen. Jedes einzelne Wort eines Textes mit den Augen auszuziehen und seine Bedeutung bis auf den Grund auszuleuchten, so dass es den Buchstaben peinlich sein muss. Oft saß er bei uns zu Hause im Schaukelstuhl in die Zeitung vertieft, bis er plötzlich einen Satz laut vorlas. Einen banalen Satz, den ich übersehen hätte, hätte „Herr Tadeusz" ihn nicht laut vorgelesen. Und plötzlich, umgeben von Stille, gewann dieser Satz an Größe, bekam Substanz, formte sich zu einer Nadel, die zustach. Dieser Art entspricht auch sein Humor, der nichts mit Pointiertheit oder Effekt zu tun hat. Der Witz grinst bei ihm immer hinter der Fassade des Ernstes hervor, so wie die Tragik hinter der Fassade des Witzes durchscheint.

Das Telefon klingelt. Seine Frau ruft ihn. Ein Redakteur einer großen polnischen Zeitung bittet um ein Interview, das er nicht bekommt, wie die meisten Journalisten, denn Różewicz gibt nicht gerne Interviews, exhibitioniert sich nicht vor dem Mikrofon oder der Kamera. Erzählt nicht über sich selbst, denn jenseits seiner Texte gibt es für ihn nichts zu erzählen. Er mag keine Journalisten, sagen Journalisten, die nicht in der Lage sind, seinen Namen richtig zu schreiben, seine Werke mit anderen verwechseln oder das Interview mit der Frage beginnen: Wie fühlen Sie sich als berühmter Schriftsteller? Und sie waren gekränkt, als Różewicz ihnen mit Augenzwinkern in dem Gedicht „Ruhm" ein Denkmal setzte: „der lokalredakteur / des hiesigen blättchens / der über mich schrieb / ‚der bekannte Wrocławer dichter' / und der mich mit ‚Herr Stanislaw' / anspricht fühlt sich gekränkt / das nette mädchen / auch journalistin / aus der regionalbeilage / der hauptstädtischen ‚Gazeta' / hat nur eine frage / stellt aber drei / ohne eine antwort abzuwarten."

Ich frage „Herrn Tadeusz" heute, warum er mir als damals 10-jährigem Jungen diese merkwürdige Widmung in die Schattenspiele geschrieben hat. Er verweist mich auf ein Märchen von Hans Christian Andersen mit dem Titel Tante Zahnweh, in dem ich die Antwort auf meine Frage finden würde. Wir verabschieden uns, und am nächsten Tag suche ich das Märchen in der Bibliothek. Einem jungen Mann, der ständig an Zahnschmerzen leidet, wird von seiner Verwandtschaft eine Karriere als großer Dichter prophezeit. Eines Nachts begegnet ihm im Traum die mächtige Tante Zahnweh, die ihn mit Schmerzen quält und ihm verkündet: „Ein großer Dichter soll großes Zahnweh haben, ein kleiner Dichter kleines Zahnweh!" Er verzichtet auf seine Karriere...

Matthias Kneip,
1969 in Regensburg geboren, studierte Germanistik, Ostslawistik und Politologie an der Universität Regensburg. 1995/96 arbeitete er als Lektor für deutsche Sprache und Literatur an der Universität Oppeln, 1999 promovierte er an der Universität Regensburg. Seit März 2000 ist Kneip, dessen Eltern aus Oberschlesien stammen, als wissenschaftlicher Mitarbeiter am Deutschen Polen-Institut in Darmstadt tätig.

Kneips Erfahrungen mit Polen, aber auch seine kritisch-distanzierte Sicht auf die Verhältnisse in Deutschland spiegeln sich sowohl in seiner Lyrik als auch in seinen publizistischen Veröffentlichungen wider. Zuletzt erschien sein Buch „Grundsteine im Gepäck. Begegnungen mit Polen", ein Mosaik aus Gedichten und Prosastücken, in dem Kneip Szenen des polnischen Alltags ebenso feinfühlig und liebevoll beschreibt wie die Atmosphäre polnischer Städte. Seine Gedichte, für die Kneip zahlreiche literarische Auszeichnungen erhielt, u.a. den Gedok-Literaturpreis 1997 und den Kulturförderpreis der Stadt Regensburg 2001, wurden ins Polnische, Russische und Japanische übersetzt. Kneip lebt in Regensburg und Darmstadt.

HASIA BERLINER

Utopias Steine

Durch Trümmer stolperte ich. Ein zehnjähriges Mädchen allein und fremd. Plötzlich flogen Steine. Warum? Ich war eine Deutsche. Mein Vater war der erste deutsche Konsul nach dem Krieg. Vielleicht kehren die Deutschen ja zurück und verwandeln Wrocław wieder in Breslau, meinten die Leute und ließen die Stadt noch 1958 in Schutt und Trümmern liegen. Doch man gewöhnte sich an uns, und die Kinder kamen zum Spielen.

Ein zehnjähriger Junge mit schwarzen Haaren und tiefbraunen Augen sagte mir: Denk nicht, daß ich ein Jude bin, bloß weil ich so dunkle Haare habe. Aber ich bin Jüdin, antwortete ich erstaunt. Daran mochte man sich nicht gewöhnen. Vom nächsten Tag an kam kein polnisches Kind mehr zum Spielen.

Ich besuchte die deutsche Schule, ein winziges Unternehmen mit zwei Räumen im obersten Stockwerk eines polnischen Schulgebäudes. Die Kinder und Lehrer der polnischen Schule straften die Kinder und Lehrer der deutschen Schule mit Verachtung. Deshalb verbrachten wir die Pausen nicht wie sie auf dem Schulhof, sondern in den Klassenräumen. Die deutsche Sprache wurde uns von einer alten verkrümmten jüdisch-polnischen Lehrerin beigebracht. War die wortkarge Frau, die mit dem wärmsten Lächeln der Welt jedem Kind am Schuljahresende einen Kuß auf die Wange gab, im Lager gewesen? Bestimmt. 1959 wanderte sie nach Israel aus.

Ich, das deutsche Kommunisten-Kind, saß gemeinsam mit einer Handvoll deutscher Kinder auf der Schulbank, Kinder, die sich mit ihren Eltern zur späten Auswanderung nach Westdeutschland bereit machten und sich weder deutsch noch polnisch fühlten. Wenn der katholische Religionsunterricht begann, saß ich allein, aber stolz auf den Treppenstufen. Manchmal nahm mich der jüdische Schuldirektor zu sich ins Zimmer.

So wie er und meine Lehrerin war auch der Mann einer polnischen Konsulatsangestellten Jude, mein Onkel in Wrocław war ein ehemaliger jüdischer Partisan – doch über Jüdisches und die Vergangenheit sprach niemand von ihnen. Man schwieg und lebte zurückgezogen. Genug war man gebrandmarkt durch Aussehen und Namen.

Währenddessen veranstaltete die Kirche eine riesige Prozession direkt vor unserem Konsulat. War die Geste anti-deutsch? War sie anti-atheistisch? Die Stadt und ihre Einwohner – ein ideologischer Trümmerhaufen. Erst in den sechziger Jahren pflanzten die Studenten auf dem Denkmal aus Ruinen und Vernachlässigung Leben und Ziele. Und das stärker als in jeder anderen polnischen Stadt.

Anfang der siebziger Jahre heiratete ich einen polnischen Musiker aus Wrocław. Konnte ich die geistige Enge Ostberlins nicht mehr ertragen, genoß ich die polnische Freiheit in Wrocław. Dann lauschten wir in den Cafés der Musik aus dem Westen, diskutierten im Studentenclub Palacyk die Möglichkeiten der Unabhängigkeit im Westen und lasen im Presseclub die kapitalistischen Tageszeitungen. Konnte man sich mehr wünschen?

Einmal suchten wir Freunde in der Musikagentur Impart auf, da schauten die plötzlich aus dem Fenster und machten sich über Leute draußen lustig. Was war denn so komisch? Gegenüber standen die Überreste einer alten zerstörten Synagoge und ein paar bejahrte Männer in schwarzen Mänteln und Hüten gingen in die Ruine, einige blieben auf den Treppenstufen stehen, weil es eigentlich kein wirkliches Drinnen mehr gab. Sie begannen zu beten, die Körper zu für uns unhörbaren Worten wiegend. Kurz darauf gingen sie wieder, ganz still, den Platz öde zurücklassend, als wären sie nie dagewesen. Diese dreckigen alten Juden, bemerkte ein junger Mann verächtlich und fügte hinzu: Aber zumindest verschaffen sie uns erheiternde Abwechslung. Alle Anwesenden lachten zustimmend. Mein Mann beruhigte mich: Wir sind keine Antisemiten, wir sind Realisten.

Den aus Litauen stammenden Vater meines Mannes hatten Deutsche in Uniform während des Krieges vor den Augen seiner Frau und Kinder scheinaufgehängt. Ein deutscher Scherz, feixte man und ließ ihn leben. Jede Frau darfst du bringen, jedoch keine Deutsche, bat die aus der Ukraine stammende Mutter den Sohn. Als er mich vorstellte, schaute sie mich aufmerksam an. Ein Knopf sprang mir von der Jacke, und sie nahm mir lächelnd Nadel und Faden aus der Hand. Ich wurde zu ihrem „Töchterchen". Wrocław ist mir Heimat – jener vergessene Platz für die im Widerspruch aus Liebe und Haß verfangenen Heimatlosen der Geschichte.

Einen Riß im Herzen hat Wrocław. Aus allen östlichen Himmelsrichtungen nahm die Stadt neue Bewohner auf. Die deutsche Bevölkerung hatte bis auf Wenige das Weite gesucht. Die jüdische Bevölkerung hatte bis auf Wenige das Grauen nicht überlebt. Den Menschen liegen Steine im Weg. Gekreuzigte, braune und rote Steine aus Utopia. Doch neue Generationen werden ein Bauwerk der Realität errichten – die Realität des respektvollen Zusammenlebens. Das ist meine Hoffnung.

Hasia Berliner
wuchs in der DDR (Ostberlin) und Polen auf. Dort war ihr Vater ab 1958 in Wrocław Konsul „und die Stadt eben nicht mehr Breslau". In dieser Beziehung „bin ich ganz polnisch aufgewachsen, hab jede Nennung des Namens Breslau kämpferisch abgelehnt. Daß wir Kinder nach dem Bezug des Konsulatsgebäudes im Keller der ehemaligen Supervilla deutsche Stahlhelme und Unmengen von Munition fanden und Angst hatten, über Leichen zu stolpern, ist noch immer ein Alptraum von mir. Zumal die Polen uns berichteten, daß an der das Gebäude und Garten umgebenden hohen Mauer zum Schluß des Krieges eine große Gruppe von Polen von den Deutschen erschossen wurde."

Hasia Berliner war Co-Autorin einer nur in der BRD publizierten Dokumentation über den Untergang des KZ-Häftlingsschiffes „Cap Arcona". Aufgrund zunehmender Differenzen mit der offiziellen Politik gab sie die journalistische Laufbahn auf, begann eine erfolgreiche Karriere als Sängerin, Texterin und Komponistin und gründete die erste deutsch-polnische Band „Katia und Roman". Ihre kritische Haltung zu den Zuständen in der DDR vertiefte sich und zwang sie, 1977 illegal das Land zu verlassen. In der BRD erhielt sie einen Plattenvertrag und veröffentlichte mehrere LP's. 1983 wanderte Hasia Berliner in die USA aus und arbeitete seit 1992 als Auslandskorrespondentin unter dem Namen Katia Davis für das „Neue Deutschland" und andere Zeitungen. Sie hat das z.Z. noch unveröffentlichte Manuskript „Herzl der Baumträger" – jüdische Kurzgeschichten der Gegenwart – beendet und arbeitet derzeit an ihren Memoiren.

KLAUS GOEBEL

Dietrich Bonhoeffer und Jochen Klepper

Parallele Biographien. Widerstand und Untergang im Nationalsozialismus

Dietrich Bonhoeffer und Jochen Klepper haben sich nicht gekannt, aber voneinander Kenntnis genommen. Davon berichtet der Pädagoge Oskar Hammelsbeck, mein akademischer Lehrer. Am 11. Dezember 1942 erfährt Hammelsbeck auf dem überfüllten Bahnhof in Halle im Vorübergehen von Bonhoeffer, Klepper sei „in der Nacht zuvor mit Frau und Stieftochter freiwillig aus dem Leben geschieden." Die Nachricht verbreitet sich offensichtlich in Windeseile, obwohl über Kleppers Tod strenges Stillschweigen verhängt worden ist. Hammelsbeck hatte sich mit Bonhoeffer und Klepper bereits verabredet, um sie miteinander bekannt zu machen.[1]

Was hätten sich Bonhoeffer und Klepper zu sagen gehabt? Hätten sie über die Bekennende Kirche angesichts des Krieges gesprochen? Über Hanni und Renate Klepper, deren Deportation bevorstand? Über die jüdischen Mitbürger insgesamt, deren Auslöschung sie mit ansehen mußten? Hätte Bonhoeffer seinem Gesprächspartner Klepper von seinen Aktivitäten berichtet, die Diktatur Hitlers zu stürzen, er, der bereits im April 1933 gefragt hatte, „ob nicht unmittelbares politisches Handeln der Kirche" erforderlich sei, wenn z.B., wie die Judenchristen, „eine Gruppe von Menschen rechtlos wird", also „nicht nur die Opfer unter dem Rad zu verbinden, sondern dem Rad selbst in die Speichen zu fallen."[2]

Zwei Lebenswege sind zu betrachten, die in der nationalsozialistischen Verfolgung enden. Der eine führt von Schlesien in die Welt und nach Deutschland zurück. Der andere bleibt Schlesien stärker verhaftet und vollendet sich in Berlin. Beide, der Theologe und der Journalist, erweisen sich als begabte Schriftsteller und Lyriker von Rang.

Bonhoeffer ist in der aktuellen Diskussion präsent, wie das folgende Beispiel zeigt. Angesichts des drohenden Irakkrieges setzen sich im Frühjahr 2003 ein amerikanischer und ein deutscher Kirchenmann, Richard Land, Präsident der Kommission für Ethik und Religionsfreiheit der Baptistischen Kirche des Südens, und der Berliner Bischof Wolfgang Huber, in einem E-mail-Wechsel[3] mit den Gründen für die angekündigte Irakinvasion der USA auseinander.

Den geplanten Angriff begründet Land mit einem Zitat von Martin Luther King jr.: „Falls dein Gegner ein Gewissen hat, folge Gandhi in die Gewaltlosigkeit. Wenn dein Feind kein Gewissen hat so wie Hitler, dann folge Dietrich Bonhoeffer." Bonhoeffer sei ein christlicher Pazifist gewesen. Er habe es als ethische Pflicht eines Christen angesehen, so Land, an Verschwörung und Attentatsversuch gegen Hitler teilzunehmen. Der amerikanische Theologe nimmt Bonhoeffer als Gewährsmann für die amerikanische Irakpolitik in Anspruch. Daß er ausgerechnet ihn ins Gespräch bringt, unterstreicht das hohe Ansehen Bonhoeffers in den USA, das z.B. Präsident Bush in einer Rede vor dem Deutschen Bundestag am 23.Mai 2002 veranlaßt, Dietrich Bonhoeffer einen der größten Deutschen des 20. Jahrhunderts zu nennen.[4]

Huber erscheint in seiner Antwort die Parallele untauglich, die zwischen dem Beispiel Bonhoeffers und den Kriegsvorbereitungen der USA gezogen wird. Für Bonhoeffer seien Frieden und Gerechtigkeit untrennbar gewesen. Die Beseitigung Hitlers sollte der Beendigung des Weltkriegs dienen. Ein Krieg gegen den Irak als eine Art Todesstrafe für Saddam Hussein sei jedoch unannehmbar. Saddam müsse vor einem internationalen Gerichtshof erscheinen und dürfe von den Vereinigten Staaten nicht ohne Prozeß hingerichtet werden. Den Feind zu töten, so Huber weiter, bedeutet nach Bonhoeffer, schuldig zu werden. Die Botschaft Jesu Christi heiße aber: Liebe deine Feinde. Bonhoeffer habe sich damals selbst in einer Situation befunden, in der er mit Notwendigkeit schuldig werden mußte, um noch größeres Unheil zu vermeiden. Zudem: Wer fremde Gewalt kritisiere, müsse zunächst kritisch gegenüber der eigenen Gewaltneigung sein.

Wer ist dieser Christ Bonhoeffer, der Schuld auf sich nimmt, um sich an der Beseitigung des Tyrannen zu beteiligen?

Familie, Jugend und Studium

Bonhoeffer wird am 4. Februar 1906 in Breslau geboren.[5] Kürzlich ist die Taufe in der Ende des Krieges zerstörten Lutherkirche nachgewiesen worden.[6] Mutter Paula geb. von Hase unterrichtet ihre sieben Kinder, zu denen auch Dietrichs Zwillingsschwester Sabine gehört, als examinierte Lehrerin anstelle der Grundschule. Vater Karl ist Professor für Psychiatrie und Neurologie. Trotz einer nicht übermäßig kirchlichen Haltung der Familie nimmt sich der Junge schon mit 14 Jahren vor, Theologie zu studieren. Als Karl Bonhoeffer zum Direktor der Psychiatrischen Klinik an der Berliner Charité berufen wird, zieht die Familie um. Dietrich legt in Berlin ein glänzendes Abitur ab. Mit 17 Jahren beginnt er das Studium und promoviert 1927, noch nicht 22 Jahre alt. Es folgt das Erste theologische Examen, sodann das Vikariat in der deutschen evangelischen Gemeinde Barcelona.

Dort hält er im Winter 1928/29 drei Gemeindevorträge. Der Theologe versucht sich als Analytiker der Zeit. Im ersten über „Not und Hoffnung in der religiösen Lage der Gegenwart“ kennzeichnet er eine gesellschaftliche Krisis infolge der Ereignisse der letzten Jahrzehnte. Sie drücke sich „in einer unklaren politischen Ideologie“ nicht weniger aus als „in der völligen Ratlosigkeit gegenüber pädagogischen, ethischen und religiösen Fragen [...] Wir werden Antwort suchen dort, wo wir glauben, Gottes Spuren auf der Erde zu finden [...] wir hoffen Antwort zu bekommen, wenn wir uns der scheinbar so überholten Sache des Christentums einmal ernsthaft annehmen.“[7]

1930 habilitiert er sich an der Berliner Universität. Er ist 24. Ein Stipendium ermöglicht ein Studienjahr in New York. Dort beeindrucken ihn Ethik, Pazifismus und die Probleme der

Schwarzen mehr als Theologie und Philosophie. Zurückgekehrt, fasziniert ihn 1931 der evangelisch-reformierte Theologe Karl Barth in Bonn. Kurz darauf wählt der Weltbund für Freundschaftsarbeit der Kirchen den 25jährigen zum Jugendsekretär für Mitteleuropa. Er leitet ökumenische Jugendkonferenzen. Außerdem verpflichtet die Habilitation den Privatdozenten zu Vorlesungen an der Berliner Universität. Daneben ist er Stadtvikar mit Predigt- und Unterrichtsvertretungen, so im Arbeiterviertel an der Zionskirche.

An dieser Kirche im Berliner Stadtteil Prenzlauer Berg steht seit 1997 die bereits 1985 fertiggestellte Bronzeskulptur von Karl Biedermann, ein Werk bewegender Symbolik.[8] Ein Zweitguß ist am 24.April 1999 vor der Elisabethkirche in Bonhoeffers Geburtsstadt Breslau im Beisein der Präsidenten des Sejm und des Deutschen Bundestages, evangelischer, katholischer, orthodoxer und jüdischer Gäste enthüllt worden.[9]

Zu Anfang der 1930er Jahre erlebt Bonhoeffer eine Wende von manchen theologischen „Holzwegen" zur täglichen Bibellese. Aus der „Kompromißlosigkeit eines Lebens nach der Bergpredigt in der Nachfolge Christi" zieht er die Konsequenz, sich „Frieden, soziale Gerechtigkeit, oder eigentlich Christus" zum Ziel zu setzen, wie er seinem Bruder Karl-Friedrich am 14.Januar 1935 aus London schreibt.[10] Eberhard Bethge hat diese Entwicklung eine „Wendung des Theologen zum Christen" genannt und ihr ein Kapitel in seiner Biographie gewidmet.[11] Bonhoeffers wissenschaftliche Arbeit geht weiter. An dieser Stelle müssen Hinweise auf die wichtigsten theologischen Werke Nachfolge[12], Gemeinsames Leben[13], Ethik[14] (unvollendet) und Widerstand und Ergebung[15] (Fragmente) genügen.[16]

Kirchenkampf

Der Anbruch der nationalsozialistischen Diktatur am 30.Januar 1933 geht mit dem Aufstieg der *Deutschen Christen* einher. Die „Glaubensbewegung" trägt nationalsozialistisches Gedankengut in die Kirche und versucht, sie gleichzuschalten. Ein Kirchengesetz der von ihr dominierten Generalsynode der Evangelischen Kirche der altpreußischen Union legt am 5. September 1933 fest, daß Pfarrer und Kirchenbeamte jüdischer Abstammung zu entlassen sind.[17] Andere Landeskirchen folgen. Pfarrer Martin Niemöller in Berlin-Dahlem empfindet diese Übernahme des staatlichen „Arierparagraphen" auf die Kirche als Verletzung des Bekenntnisses und als Bedrohung des christlichen Glaubens. Mit andern sieht er sich zum Protest veranlaßt, dem die Gründung der Bekennenden Kirche folgt.[18] Schon im April hatte Bonhoeffer in dem bereits erwähnten Aufsatz als einer der ersten öffentlich eine „Kirche arischer Rasse" als Irrlehre bezeichnet.[19] Klaus Scholder rechnet die Äußerungen Bonhoeffers zu dem „politisch wie theologisch Bedeutendsten, was diese Jahre überhaupt hervorgebracht haben. Hier wurde mit unvergleichlicher Präzision die theologische Problematik staatlichen Handelns auf einen Begriff gebracht, der auch unter den veränderten Bedingungen der Gegenwart noch immer Gültigkeit besitzt."[20]

Für Bonhoeffer hätte ein evangelisches Konzil bindende Lehrentscheidungen gegen die Deutschen Christen und zugunsten der Judenchristen treffen müssen. Damit nimmt er Motive der ersten Reichsbekenntnissynode in Wuppertal-Barmen vorweg, die Ende 1934 die gegen die Deutschen Christen gerichtete *Theologische Erklärung von Barmen* verabschiedet.[21] Doch keiner ihrer sechs Artikel enthält ein Wort zugunsten der Juden. Renate Wind erörtert andererseits zu Recht, es sei nachträglich nicht ganz einfach, den Widersprüchen der Bekennenden Kirche zwischen nationaler Loyalität und Widerstand, auch in ihrem Bestreben, zu retten, was zu retten ist, gerecht zu werden.[22]

Seit Oktober 1933 ist Bonhoeffer Pfarrer von zwei der sechs deutschen evangelischen Gemeinden Londons. Daher ist er zwar an der Vorbereitung der Barmer Synode beteiligt, kann aber nicht daran teilnehmen. Eine seiner Hauptsorgen gilt in London den ersten Flüchtlingen aus Deutschland. So setzt er sich für den vorübergehend im KZ inhaftierten und dann aus Deutschland emigrierten Schriftsteller Armin T.Wegner ein. Der Bekennenden Kirche verschafft er in London Gehör, damit außerhalb Deutschlands nicht allein die etablierte Reichskirchenleitung auftritt. Bonhoeffers ökumenische Kontakte wachsen. Dennoch folgt er dem Ruf der Bekenntniskirche, aus London zurückzukehren. Er übernimmt im Frühjahr 1935 eines ihrer Predigerseminare, Zingst an der Ostsee, das bald darauf nach Finkenwalde bei Stettin umzieht. Dem jungen Seminarleiter entzieht man seine durch die Habilitation erworbene Lehrbefugnis an der Universität. Er muß erleben, wie das Seminar Finkenwalde geschlossen wird und im November 1937 27 ehemalige Seminaristen in Haft sitzen.

Taktieren, Lavieren, Diplomatie in der Kirche – dadurch lassen sich die Gewalthaber mit Adolf Hitler an der Spitze weder an ihrem Weg in den Krieg noch an einem einzigen ihrer Verbrechen hindern. Bonhoeffer erkennt es und zieht Konsequenzen. Durch Hans von Dohnanyi, Ehemann seiner Schwester Christine, findet er den Weg in die Widerstandsbewegung. Der langjährige Mitarbeiter im Justizministerium hat seit 1933 eine geheime Kartei aller ihm bekannt gewordenen Naziverbrechen angelegt. Jetzt arbeitet er beim Amt für Spionage und Gegenspionage im Oberkommando der Wehrmacht, der Abwehr. Chef der Abwehr ist Wilhelm Canaris. Von Staatsstreichplänen gegen Hitler erfährt Bonhoeffer schon 1938.

Anfang Juni 1939 folgt er einer Einladung zu Vorlesungen in den USA. Die Freunde aus der Ökumene möchten, daß er dort bleibt. Er lehnt ab. „Ich muß zurück." Jetzt gehöre er nach Deutschland. Die Christen stünden dort vor der fürchterlichen Alternative, entweder in die Niederlage ihrer Nation einzuwilligen, damit die christliche Zivilisation weiterleben könne, oder in den Sieg und dabei ihre Zivilisation zu zerstören.[23]

Bonhoeffers Parteinahme ist eindeutig. Es gelingt ihm, Mitarbeiter der militärischen Abwehr zu werden. Der Abenteuerroman dieses Auftrags ist noch nicht geschrieben. Er sähe Bonhoeffer für die Abwehr unterwegs in die Schweiz, nach Norwegen und Schweden. Dort trifft er sich auch mit ausländischen Kirchenmännern, darunter Bischof Bell aus dem südenglischen Chichester. Er unterrichtet sie über den deutschen Widerstand, um sie als Vermittler zu ihren Regierungen zu gewinnen und damit vielleicht sogar Friedensverhandlungen vorzubereiten. Es gelingt der Abwehr, eine Gruppe deutscher Juden, als Abwehragenten getarnt, in die Schweiz zu schleusen, das sogenannte Unternehmen 7. Am Schreibtisch befasst sich Bonhoeffer in dieser Zeit mit seinem Entwurf einer christlichen Ethik.[24]

Haft

Beim Reichssicherungshauptamt, zu dem Gestapo, SS-Sicherheitsdienst und organisierte Judenverfolgung gehöre, wächst Mißtrauen. Es steht ohnehin in Konkurrenz zur militärischen Abwehr. Über Bonhoeffer hatte es schon 1940 ein Redeverbot verhängt. Mit der am 5. April 1943 erfolgten Verhaftung Bonhoeffers und Dohnanyis, die des Hoch- und Landesverrats verdächtigt werden, obsiegt die SS.

Wir müssen es uns versagen, aus den Briefen zu zitieren, die Bonhoeffer im Militäruntersuchungsgefängnis Berlin-Tegel schreibt. Sie sind bewegende menschliche Dokumente inmitten des Zweiten Weltkriegs und „Bruchstücke einer großen Konfession". Anderthalb Jahre verbringt Bonhoeffer in diesem Gefängnis. Der wie er zeitweilig verhaftete Schüler und Freund, Gesprächs- und Briefpartner Eberhard Bethge (1909–2000) hatte schon der ersten, noch unvollständigen Ausgabe dieser Briefe und Aufzeichnungen aus der Haft 1951 den Titel *Widerstand und Ergebung* gegeben. 1998 erscheint das Werk um Bethges Briefe ergänzt in der bisher umfassendsten Ausgabe.[25] Bethge hatte den Titel einem an ihn gerichteten Schreiben vom Februar 1944 entnommen. „Ich habe mir", schreibt Bonhoeffer darin, „hier oft Gedanken darüber gemacht, wo die Grenzen zwischen dem notwendigen Widerstand gegen das ‚Schicksal' und der ebenso notwendigen Ergebung liegen." Don Quijote sei das Symbol für fortgesetzten Widerstand bis zum Widersinn, ja Wahnsinn,

„ähnlich Michael Kohlhaas, der über der Forderung nach seinem Recht zum Schuldigen wird." Hier verliere der Widerstand seinen realen Sinn. „Sancho Pansa ist der Repräsentant des satten und schlauen Sich-Abfindens mit dem Gegebenen."[26]

Im Herbst 1943 läßt Bethge Bonhoeffer mitteilen, auf der Breslauer Bekenntnissynode sei seiner namentlich gedacht worden. Diese 12. und letzte der preußischen Bekenntnissynoden am 16. und 17.Oktober 1943 in Breslau, heute und morgen vor 60 Jahren, verdient unser Gedenken und eine Anmerkung. Denn hier endlich werden Bonhoeffersche Positionen deutlich.

Die Synode äußert sich in einer Offenheit wie nie zuvor, auch wenn Aufenthaltsverbote, Verhaftungen und Fronteinsatz ihre Reihen gelichtet haben. Sie gedenkt nicht nur des inhaftierten Bonhoeffer, sondern wählt auch den im KZ Dachau gefangenen Niemöller in Abwesenheit zum Vorsitzenden des Bruderrats. Sie verabschiedet eine ebenso unerhört klingende wie ungehört verhallende Stellungnahme – denn wo in Deutschland ist die Erklärung überhaupt noch zur Kenntnis genommen worden? – zum 5.Gebot „Du sollst nicht töten" im Geist Bonhoeffers, aber eines Bonhoeffer, der schon vor zehn Jahren so gesprochen hatte.[27] Jetzt erklärt die Synode: „Ein Christ[...] wird es verabscheuen, Völker in den Krieg zu treiben." Begriffe wie Ausmerzen, Liquidieren, unwertes Leben kenne die göttliche Ordnung nicht. „Vernichtung von Menschen, weil sie alt oder geisteskrank sind oder einer fremden Rasse angehören, ist keine Führung des Schwertes, das der Obrigkeit von Gott gegeben ist [...] Unserer Hilfe bedarf auch der unheilbar Kranke",[28] so die Synode.

Im Tegeler Militärgefängnis kann Bonhoeffer dosiert Besuche empfangen, Bücher erhalten, am Schreibtisch arbeiten, solange die Verhöre nichts erbringen. Neben theologischen Überlegungen gedeihen ein Drama und ein Roman.[29] In Büchern werden geheime Nachrichten transportiert. Besuchern gibt er Briefe mit. Gedichte entstehen: Christen und Heiden, Nächtliche Stimmen, Der Tod des Mose, Jona und, schon im SS-Keller, das am bekanntesten gewordene Von guten Mächten wunderbar geborgen, alle in Widerstand und Ergebung dokumentiert und später von Jürgen Henkys interpretiert.[30] Vor wenigen Jahren sind auch die Brautbriefe Zelle 92 erschienen, Dietrichs Briefwechsel mit Maria von Wedemeyer, mit der er sich kurz vor der Verhaftung verlobt hatte. Sie bilden eine Ergänzung von Widerstand und Ergebung. Maria hat auf dem Sterbebett der Veröffentlichung dieser Zeugnisse gegenseitiger Zuneigung und Liebe zugestimmt.[31]

Nach dem Attentat auf Hitler

Nach dem Attentat vom 20. Juli 1944 gelangt die Gestapo in den Besitz von Geheimunterlagen der militärischen Abwehr u.a. über das *Unternehmen 7.* Sie offenbaren Bonhoeffers Verstrickung in die Konspiration. Er wird in das Kellergefängnis des Reichssicherungshauptamtes Prinz-Albrecht-Straße verlegt. Verhöre über Verhöre folgen. Die Nachrichten reißen nun fast ab. Die Erwartung der Machthaber, von Bonhoeffer mehr über die Hintergründe des 20. Juli zu hören, auch das wachsende Kriegschaos verzögern den Prozeß. Im Februar wird er in das KZ Buchenwald verlegt und von dort mit andern Anfang April ins KZ Flossenbürg transportiert.

Am 5. April ist in der Mittagsbesprechung bei Hitler vermutlich beschlossen worden, eine Reihe bisher nicht Verurteilter zu töten. So kommt es in Flossenbürg zu einer Standgerichtsverhandlung. Nach angeblich ausführlichen Vernehmungen erfolgen die Todesurteile. Im Morgengrauen des 9. April werden die Opfer zum Galgen geführt. Der Lagerarzt überliefert, Bonhoeffer habe zuvor gekniet und gebetet. Einige Tage vorher hatte er dem in Buchenwald gefangengesetzten britischen Geheimdienstoffizier Payne Best Grüße an Bischof Bell bestellt, wenn er davonkäme. Best kommt davon und hat sie ausgerichtet. Der Lordbischof hat Bonhoeffers Worte, wie sie ihm von Best berichtet worden sind, notiert: „Tell him, he said, that for me this is the end but also the beginning."[32]

Gegenüber Bonhoeffer wird Jochen Klepper in der deutschen Öffentlichkeit heute kaum wahrgenommen. Der 100. Geburtstag am 22. März 2003 [33] ist nahezu unbeachtet geblieben. Klepper wird 1903 im niederschlesischen Beuthen an der Oder geboren.[34] Die Mutter Hedwig geb. Weidlich, Tochter eines Richters, stammt aus katholischer Familie. Der Vater Georg Klepper amtiert fast 40 Jahre als evangelischer Pfarrer in Beuthen. Dessen Vater war Rechnungsrat und Quästor der Universität Breslau. Als der Neu-Berliner Klepper 1932 mit seiner Frau Arbeitsferien in Beuthen verbringt, ist es immer noch die Stadt seiner Jugend, die er schildert:

„Spaziergänge um die Stadt, auf den Oderwiesen, an reifen Feldern und hügeligen Waldrändern, Schwimmen in der Oder, Fahrt mit dem Marketenderboot zum Handel am Schleppzug, Entdeckung der eigentlichen Gliederung der Beuthener Einwohnerschaft in Schiffer, Fischer, Ackerbürger und Holzbauern", und doch hat sich vieles verändert, „alles war armseliger geworden, unfestlicher, politisierter; und nichts mehr von dem rührend vergnügten Badeleben, das einmal nahezu Beuthens größter Reiz gewesen war. Die Oder verlassen; die Bank der jungen und die Bank der alten Arbeitslosen am Hafen."[35]

Junger Journalist

Nach dem Abitur in Glogau studiert Klepper Theologie. Er bricht das Studium aber ab, weil er als seine eigentliche Berufung das Schreiben ansieht. So tritt er in Breslau als Mitarbeiter in den Evangelischen Presseverband für Schlesien ein. Daneben arbeitet er als freier Journalist. Artikel, Essays, Gedichte erscheinen, zunächst in Schlesien, dann in ganz Deutschland. In einem neuen Medium gewinnt er erste Erfahrungen, in der *Schlesischen Funk-Stunde* des Rundfunks. Der Schriftsteller Kurt Ihlenfeld, Kollege in der Breslauer Redaktion, hält in einem Klepper gewidmeten Buch[36] später die Atmosphäre der Stadt und der gemeinsamen Arbeit fest.

1931 heiratet Klepper in Breslau die mehr als 12 Jahre ältere Hanni Stein geb. Gerstel. Die Witwe eines jüdischen Rechtsanwalts ist selbst Jüdin und bringt zwei Töchter mit in die Ehe. Alle drei treten nach vielen Gesprächen später zum evangelischen Bekenntnis über. Die Familie zieht nach Berlin. Hier hofft Klepper auf mehr Arbeitsmöglichkeiten. Doch es ist schwierig, in der Hauptstadt journalistisch Fuß zu fassen.

Im Frühjahr 1932 setzt sein Tagebuch ein, einzigartige autobiographische Aufzeichnungen der Nazijahre, die 1956 publiziert werden.[37] Klepper ist jetzt fester Mitarbeiter der *Berliner Funk-Stunde*. Eine Denunziation wegen seiner jüdischen Familie und früherer SPD-Mitgliedschaft führt aber schon im Mai 1933 zur Entlassung. Tatsächlich hatte die Zugehörigkeit zu SPD und Religiösen Sozialisten aber nur ein kurzes Zwischenspiel dargestellt. „Das Religiöse wird mir bei der SPD immer im Wege stehen."[38]

Als Redakteur der Ullstein-Funkredaktion *Sieben Tage* bekommt er wieder eine feste Stelle. Gleichzeitig wird er von dem früheren Breslauer Kollegen Ihlenfeld, der inzwischen Leiter des Eckart-Verlages und Herausgeber der Zeitschrift *Eckart* geworden ist, als Mitarbeiter gewonnen.[39]

Klepper beschäftigen auch Romanstoffe. Mit einem hat er Erfolg. *Der Kahn der fröhlichen Leute* erscheint im Frühjahr 1933 in der Deutschen Verlagsanstalt, eine Erzählung vom Leben an der Oder und auf der Oder. Die noch unmündige Wilhelmine Butenhof bekommt nach dem Tod ihrer Eltern, die einen Transportkahn ihr eigen nennen, in dem ehemaligen Zirkusakrobaten August Müßiggang einen Vormund. Doch in Wirklichkeit übernimmt sie das Kommando auf dem altersschwachen Schiff. Mit andern, allesamt arbeitslosen Akrobaten beginnt eine amüsante Flußreise. Wilhelmine beherrscht die Rechtschreibung nicht, schnurrt aber die Nebenflüsse der Oder nur so herunter: „Oppa, Zinna, Hotzenplotz, Glatzer Neiße, Ohle, Weistritz, Katzbach, Bober, Lauscher Neiße. Und Bartsch und Warthe rechts."[40] Ein heiteres Buch voller Menschlichkeit, wie Jörg Drews im Literaturlexikon bestätigt.[41]

Durch seine Eheschließung nimmt Klepper den Bruch mit dem Elternhaus in Kauf. Doch auch die eigene Schriftstellerexistenz ist nach dem 30. Januar 1933 zunehmend gefährdet. Im Juni vertraut er dem Tagebuch an: „[...] es geht vorwärts, die Arbeitslosenziffer sinkt, sagen die Verblendeten und Verantwortungslosen [...] Und daneben das stille Pogrom, das alle Juden und wer sich mit ihnen verband, trifft."[42] Es trifft die Kleppers. „Als Jüdin in Deutschland, als Deutscher in Deutschland sind wir eingekreist, haben wir keinen Raum mehr."[43]

Verfolgung und Tröstung

Das Tagebuch berichtet ungeschminkt von wachsenden antijüdischen Exzessen in Berlin und mit der persönlichen Betroffenheit, die sich in Victor Klemperer Aufzeichnungen wiederholen sollte. Im September 1935 wird der Ehemann einer Jüdin von Ullstein fristlos entlassen. In der Kirche regt sich öffentlich keine Stimme für die Judenchristen, wie es schon Bonhoeffer beklagt hat. Nach der Reichspogromnacht schreibt Klepper dazu: „Ungeheure Angriffe auf beiden Kirchen in den prononcierten Parteiblättern – Angriffe, die es verstehen lassen, daß die Kirchen, ohnmächtig im Politischen, keinen öffentlichen Schritt für die Judenchristen unternehmen. Nun sind die Juden für die Staaten, Völker, Kirchen zu einem Zeichen geworden, an dem die letzten Hintergründe der Zeitgeschichte offenbar werden."[44]

Eine Emigration kommt für die Kleppers nicht infrage. „Mein Beruf bietet uns im Ausland keine Lebensmöglichkeit."[45] Doch vermag er auch bei aller im Tagebuch dokumentierten Bedrohung noch nicht die tödlichen Gefahren wenige Jahre später zu ahnen. In dieser Lebensunsicherheit, auf schwankendem Boden entdeckt Jochen Klepper die geistliche Lyrik: „Daß ich aber fromm bin [...] ist *das* Geschenk meines Lebens. Jenes Geschenk, das einem unter effektiven Qualen zu Teil wurde"[46].

Ohne Gott bin ich ein Fisch am Strand,
ohne Gott ein Tropfen in der Glut,
ohne Gott bin ich ein Gras im Sand
und ein Vogel, dessen Schwinge ruht.
Wenn mich Gott bei meinem Namen ruft,
bin ich Wasser, Feuer, Erde, Luft. [47]

Ihlenfeld vor allem bestärkt ihn, Kirchenlieder zu schreiben.[48] Nach dem Zweiten Weltkrieg werden diese Gedichte durch zum Teil kongeniale Vertonungen zu beliebten Gesangbuchliedern, so das Morgenlied *Er weckt mich alle Morgen*, das Adventslied *Die Nacht ist vorgedrungen* oder das Neujahrslied *Der du die Zeit in Händen hast*, dessen 4. und 6. Strophe lauten:

Der Mensch ahnt nichts von seiner Frist,
Du aber bleibest, der du bist,
in Jahren ohne Ende.
Wir fahren hin durch deinen Zorn,
und doch strömt deiner Gnade Born
in unsre leeren Hände.
Der du allein der Ewige heißt
und Anfang, Ziel und Mitte weißt
im Fluge unserer Zeiten:
bleib du uns gnädig zugewandt
und führe uns an deiner Hand,
damit wir sicher schreiten! [49]

Mit diesen Texten gehört Klepper zu den Erneuerern des evangelischen Kirchenliedes im 20.Jahrhundert. Klepper und Rudolf Alexander Schröder dürften auch die wichtigsten der Autoren sein, die in dieser Zeit die Tradition der Choräle von Martin Luther und Paul Gerhardt, von schlesischen Landsleuten wie Andreas Gryphius, Angelus Silesius und Johann Heermann aufnehmen und fortführen. Wenn die nächste Generation vielleicht besiegelt, was uns unaufhaltsam erscheint, die Wiedervereinigung der christlichen Kirchen in „versöhnter Verschiedenheit“, dürfte daran ein eher unauffälliger Faktor beteiligt sein: das Kirchenlied des Protestantismus. Denn im *Gotteslob*, dem gegenwärtigen katholischen Gesangbuch deutscher Sprache, ist bereits ein Großteil der Lieder evangelischer Herkunft.

1937 wird Kleppers Roman *Der Vater* über den Soldatenkönig Friedrich Wilhelm I. zum ungeahnten Bucherfolg. Der Autor erzählt ein großes Kapitel der preußischen Geschichte. König und Königtum interpretiert er aus christlicher Sicht. Daß sich Klepper dieses preußischen Stoffes angenommen und überdies Erfolg hat, ärgert Behörden- und Parteistellen besonders und dürfte zu seinem beschleunigten Ausschluß aus der Reichsschrifttumskammer beigetragen haben, der am 25.März 1937 erfolgt.[50] Eine Abteilung dieser obersten Zensurbehörde für Literatur kritisiert, daß der Ehemann einer Jüdin über den Vater Friedrichs des Großen ein Buch veröffentlicht hat.[51]

Zwar führen Eingaben, die sich auf den Roman beziehen, zu einer vorübergehenden „Sondergenehmigung". Sie soll Klepper Publikationen vorher eingereichter Texte erlauben. Doch die Gefahren für die Familie nehmen zu. 1939 gelingt die Auswanderung der älteren Stieftochter. Jochen Klepper wird als Soldat eingezogen.[52] Aber schon nach zehn Monaten erfolgt die Entlassung wegen seiner als „Rassenschande" bezeichneten Ehe.

Das Ende

Im Oktober 1941 beginnt die Deportation der Berliner Juden. Dieses Schicksal droht auch Hanni Klepper und ihrer Tochter Renate. Alle Bemühungen, das Mädchen ins Ausland zu bringen, schlagen fehl. Besuche auf Ämtern, Briefe, internationale Vermittlungen schlagen fehl. Auf Audienzen bei Reichsinnenminister Frick, der den *Vater* schätzt und mehrfach verschenkt, am 8.Dezember 1942 wie schon im Oktober des Vorjahres erfährt Klepper die auf ein Minimum eingeschränkte Handlungsfähigkeit des Ministers. Am 9. Dezember 1942 wird er wegen der beantragten Ausreise der Tochter bei Adolf Eichmann, Leiter des

Judenreferats der Abteilung IV-B-4 im Reichssicherungshauptamt, vorgeladen. Eichmann stellt ihm für den nächsten Tag eine Entscheidung in Aussicht. Am 10. Dezember hört Klepper an gleicher Stelle Eichmanns Nein.

Darauf wählt die Familie den Tod. In der Wohnstube steht die gerade erworbene gotische Skulptur eines segnenden Christus. Die letzte Tagebucheintrag lautet: „Nachmittags die Verhandlung auf dem Sicherheitsdienst. Wir sterben nun – ach, auch das steht bei Gott – Wir gehen heute Nacht gemeinsam in den Tod. Über uns steht in den letzten Stunden das Bild des Segnenden Christus, der um uns ringt. In dessen Anblick endet unser Leben."[53] Es sei ein Selbstmord unter dem Kreuz, dem Zeichen der Liebe gewesen, schreibt Reinhold Schneider. „Das Problem stellt sich in einer Gestalt, auf die es keine Antwort gibt."[54]

III. Gemeinsames Schicksal

Zwei Schlesier sind uns vor Augen gestellt worden. Sie entstammen dem schlesischen Protestantismus und sind zu Beginn des 20. Jahrhunderts geboren, 1903 und 1906. Ihre Leben enden als Opfer der Nationalsozialisten 1942 und 1945, ehe sie das 40. Lebensjahr vollendet haben. Bonhoeffers theologische Werke, Kleppers Lyrik und Prosa offenbaren außergewöhnliche Begabungen. Zur bleibenden Literatur jener Jahre gehören auch Kleppers Tagebuchaufzeichnungen und Bonhoeffers Gefängnisbriefe, die ein „anderes", dem Geist der Unmenschlichkeit widerstehendes Deutschland dokumentieren.

Tagebücher und Briefe lassen unterschiedliche Wege in den Tod erkennen. Bonhoeffer wählt aktiven Widerstand mit dem Ziel der Beseitigung Hitlers. Er muß mit Verfolgung und gewaltsamem Ende rechnen. Klepper sucht einen Rest freien Gestaltens. Solidarisch mit der vom sicheren Tod bedrohten Frau und Stieftochter, geht er mit ihnen in den Tod, Symbol leidenden Widerstandes.

Ihr Glaube, ihr Gewissen, ihre Menschlichkeit weisen Bonhoeffer und Klepper den Weg. Vielfältige Übereinstimmung hat jüngst noch Walter Boeckh festgestellt, Übereinstimmung im Leiden, in der Verantwortung, im Lebensziel, im Lebensstil und in der Selbstbeobachtung. „Beide haben Wesentliches für den christlichen Glauben in der Moderne aussagen können, weil sie die Erfahrung des totalitären Staates mit seiner Unterdrückung der Juden und Christen durchlebten.“ [55] Beiden ist ein Lebensziel gewiß, die Hoffnung, daß der Tod das Tor zum Leben ist.

Aus dem SS-Gefängnis schickt Dietrich seiner Braut am 19. Dezember 1944 mit der Anmerkung „Hier noch ein paar Verse, die mir in den letzten Abenden einfielen. Sie sind der Weihnachtsgruß für Dich und die Eltern und Geschwister“ [56] ein Gedicht. Es zählt zu den wenigen Äußerungen der letzten Lebensmonate überhaupt und hat in den letzten Jahrzehnten weite Verbreitung gefunden. Die siebte und letzte Strophe ist besonders bekannt geworden:

> Von guten Mächten wunderbar geborgen
> erwarten wir getrost, was kommen mag.
> Gott ist bei uns am Abend und am Morgen,
> und ganz gewiß an jedem neuen Tag.[57]

Dem Vortrag in der „Leopoldina“ am 16. Oktober 2003 ging ein Grußwort von Janusz Witt, Generalsekretär der Internationalen Bonhoeffer-Gesellschaft, Sektion Polen, voraus. Er stellte die Gesellschaft vor und lud zur Gedenkfeier des 100. Geburtstags von Dietrich Bonhoeffer am 4. Februar 2006 nach Breslau/Wrocław ein.

Abkürzungen

DBW = Dietrich Bonhoeffer Werke. Hg. von Eberhard Bethge, Ernst Feil, Christian Gremmels, Wolfgang Huber, Hans Pfeifer, Albrecht Schönherr, Heinz Eduard Tödt, Ilse Tödt. München 1986-1994, Gütersloh 1994 ff.

Quellen

1 Oskar Hammelsbeck, Mit Bonhoeffer im Gespräch. In: Wolf-Dieter Zimmermann (Hg.), Begegnungen mit Dietrich Bonhoeffer. Ein Almanach. München, 2. Aufl. 1965, S. 144

2 Dietrich Bonhoeffer, Berlin 1932–1933. Hg. von Carsten Nicolaisen/Ernst-Albert Scharffenorth. Gütersloh 1997 (DBW 12), S.352f. Den Aufsatz *Die Kirche vor der Judenfrage* schließt Bonhoeffer am 15.April ab; er veröffentlicht ihn an entlegener Stelle in: Der Vormarsch, Heft 6. Juni 1933.

3 Die folgenden Zitate aus: Wolfgang Huber/Richard Land, Begegnungen. Der eine setzt auf den gerechten Frieden. Für den andern ist der gerechte Krieg die Lösung. Und beide halten ihre Position für die wirklich christliche. Protokoll: Klaus Möllering. In: chrismon. Das evangelische Magazin, Nr. 4, 2003, S.24-27. Der vollständige Text dieses Streitgesprächs ist dem Internet zu entnehmen.

4 Rede von US-Präsident George W. Bush vor dem Deutschen Bundestag. Pressemitteilung des Präsidenten des Deutschen Bundestags. Berlin, 23. Mai 2002

5 Die biographischen Angaben folgen, soweit nicht anders erwähnt: Eberhard Bethge, Dietrich Bonhoeffer. Theologe – Christ – Zeitgenosse. Eine Biographie. 8. Aufl., Gütersloh 1994; einzelne Angaben daraus werden gesondert nachgewiesen (zitiert: Biographie). Weitere Einzelheiten zum Leben bei: Sabine Leibholz, vergangen – erlebt – überwunden. Schicksale der Familie Bonhoeffer. Wuppertal 1968 u.ö.; Eberhard Bethge/Renate Bethge/Christian Gremmels (Hg.), Dietrich Bonhoeffer. Sein Leben in Bildern und Texten. 2.Aufl. München 1989. Erste Zugänge zur Biographie bei: Eberhard Bethge, Dietrich Bonhoeffer in Selbstzeugnissen und Bilddokumenten. Reinbek 1976 u.ö. (Rowohlts Monographien 236); Renate Wind, Dem Rad in die Speichen fallen. Die Lebensgeschichte des Dietrich Bonhoeffer. Weinheim/Basel 1999. Bonhoeffers Nachlaß befindet sich in der Staatsbibliothek Preußischer Kulturbesitz, Berlin.

6 Wilfried Schulz, Dokumente zur Taufe von Dietrich und Sabine Bonhoeffer. In: Bonhoeffer-Rundbrief. Mitteilungen der Internationalen Bonhoeffer-Gesellschaft Sektion Bundesrepublik Deutschland, Nr. 71, Juni 2003, S. 36 ff.

7 Dietrich Bonhoeffer, Barcelona, Berlin, Amerika 1928–1931. Hg. von Hans Christoph von Hase/Reinhard Staats. München 1991 (DBW 10), S. 287

8 Barbara Wilk-Mincu, „Fleischwerdung". Über die Bonhoeffer-Büste von Alfred Hrdlicka. In: Staatsbibliothek zu Berlin Preußischer Kulturbesitz (Hg.), Dietrich Bonhoeffer – Alfred Hrdlicka. Berlin 2002. Darin S. 36 f. über Biedermanns Plastik an der Zionskirche.

9 Martin Hüneke, Denk mal in Breslau an Bonhoeffer! Ein Lehrstück in drei Akten. In: Rundbrief der Internationalen Bonhoeffer-Gesellschaft Sektion Bundesrepublik Deutschland, Nr. 59, Juni 1999, S. 11 ff.

10 Dietrich Bonhoeffer, London 1933–1935. Hg. von Hans Goedeking/Martin Heimbucher/Hans W.Schleicher. Gütersloh 1994 (DBW 13), S.272 f.

11 Bethge, Biographie (1994), wie Anm. 5, S. 249

12 Dietrich Bonhoeffer, Nachfolge. Hg. von Martin Kuske/Ilse Tödt. 2.Aufl. Gütersloh 1994 (DWB 4)

13 Dietrich Bonhoeffer, Gemeinsames Leben. Das Gebetbuch der Bibel [Psalmen]. Hg. von Gerhard L.Müller/Albrecht Schönherr. München 1987 (DBW 5)

14 Dietrich Bonhoeffer, Ethik. Hg. von Ernst Feil/Clifford Green/Heinz E.Tödt/Ilse Tödt. 2.Aufl. Gütersloh 1998 (DBW 6)

15 Dietrich Bonhoeffer, *Widerstand und Ergebung*. Briefe und Aufzeichnungen aus der Haft, Hg. von Christian Gremmels/Eberhard Bethge/Renate Bethge. Gütersloh 1998 (DBW 8)

16 Der Verfasser verweist auf eine Einführung, die er mit Gewinn gelesen hat: Carl Friedrich von Weizsäcker, Der Garten des Menschlichen. Beiträge zur geschichtlichen Anthropologie. München/Wien 1977; darin S. 454 ff.: Gedanken eines Nichttheologen zur theologischen Entwicklung Dietrich Bonhoeffers. Weiterführend: Ernst Feil (Hg.), Internationale Bibliographie zu Dietrich Bonhoeffer. München 1998

17 Kurt Meier, Der evangelische Kirchenkampf. Bd.1: Der Kampf um die „Reichskirche". Halle a.d.Saale 1976, S. 116 ff.

18 Ebenda, S.120 ff.

19 Wie Anm. 2

20 Klaus Scholder; Die Kirchen und das Dritte Reich. Bd. 1: Vorgeschichte und Zeit der Illusionen 1918–1934. Berlin 1977, S. 350

21 Meier, wie Anm. 17, S. 175 ff.

22 Wind, wie Anm. 5, S.15

23 Dietrich Bonhoeffer, Illegale Theologenausbildung: Sammelvikariate 1937–1940. Hg. von Dirk Schulz. Gütersloh 1998 (DBW 15), S. 206 f.

24 Dokumentiert in: Dietrich Bonhoeffer, Konspiration und Haft 1940–1945. Hg. von JṆrgen GlenthṆj/Ulrich Kabitz/Wolf Krötke. Gütersloh 1996 (DBW 16)

25 Wie Anm. 15

26 Ebenda, S.333

27 Wie Anm. 2 und Anm. 19

28 Kurt Meier, Der evangelische Kirchenkampf, Bd. 3: Im Zeichen des Zweiten Weltkrieges. Halle a.d.Saale 1984, S. 212 ff.

29 Diese bis heute kaum bekannten „Tegeler Fragmente" sind durch eine sorgfältig kommentierte Ausgabe erschlossen: Dietrich Bonhoeffer, Fragmente aus Tegel. Hg. von Renate Bethge und Ilse Tödt. Gütersloh 1994 (DBW 7)

30 Jürgen Henkys, Dietrich Bonhoeffers Gefängnisgedichte. Beiträge zu ihrer Interpretation. Berlin 1986

31 Dietrich Bonhoeffer – Maria von Wedemeyer, Brautbriefe Zelle 92: 1943–1945. München 1992

32 Bethge, Biographie (1994), wie Anm. 5, S.1037

33 Jörg Aufenanger wies in der Diskussion des vorliegenden Vortrags auf Veranstaltungen hin, die im Frühjahr 2003 in Kleppers zeitweiligen Berliner Wohnbezirken und Kirchengemeinden Mariendorf und Nikolassee stattgefunden hatten; siehe ferner Anm. 55

34 Die biographischen Angaben folgen, soweit nicht anders nachgewiesen: Rita Thalmann, Jochen Klepper. Ein Leben zwischen Idyllen und Katastrophen, München 1977; Martin Johannes Wecht, Ein christlicher Schriftsteller im jüdischen Schicksal. Düsseldorf/Görlitz 1998. Der Nachlaß Kleppers befindet sich im Deutschen Literaturarchiv, Marbach am Neckar.

35 *Unter dem Schatten deiner Flügel,* hg. von Hildegard Klepper. Mit Anmerkungen von Benno Mascher. Stuttgart 1956, S. 17

36 Kurt Ihlenfeld, Freundschaft mit Jochen Klepper. Witten/Berlin 1958 u.ö.

37 *Unter dem Schatten deiner Flügel,* wie Anm. 35. Die Publikation gibt das im Nachlaß vorhandene Manuskript jedoch nicht vollständig wieder. So ergänzt Martin Johannes Wecht, wie Anm. 34, dreißig Auslassungen. Eine kommentierte vollständige Edition ist zu wünschen. Lothar Bluhm, Das Tagebuch zum Dritten Reich. Zeugnisse der Inneren Emigration von Jochen Klepper bis Ernst Jünger, Bonn 1991 zählt *Unter dem Schatten deiner Flügel* zu den wichtigsten Tagebüchern, die während der nationalsozialistischen Diktatur entstanden sind.

38 *Unter dem Schatten deiner Flügel,* wie Anm. 35, S.21

39 Eine Gesamtdarstellung des *Eckart* fehlt zwar, doch ist der längere erste Zeitabschnitt dokumentiert bei Rolf Stöver, Protestantische

Kultur zwischen Kaiserreich und Stalingrad. Porträt der Zeitschrift „Eckart“ 1906–1943, München 1982 (Studienbücher zur kirchlichen Zeitgeschichte 5). „Apokryph“, so Helmut Koopmann auf einem Symposion des Vereins für Rheinische Kirchengeschichte zu Ehren von Rudolf Mohr, Düsseldorf, 15.Februar 2003 (Mitschrift des Verfassers), lassen sich Verlag und Zeitschrift nicht nennen.

40 Jochen Klepper, Der Kahn der fröhlichen Leute. Frankfurt am Main/Hamburg 1955 (Fischer Bücherei 74), S. 122

41 Kindlers Literaturlexikon, Bd.IV. Zürich 1965, S. 5108

42 *Unter dem Schatten deiner Flügel*, wie Anm. 35, S. 79 f.

43 Ebenda, S. 80. Kleppers Auseinandersetzungen mit den Behörden, vor allem mit der Reichsschrifttumskammer, sind nachgezeichnet in: Ernst G. Riemschneider, Der Fall Klepper. Eine Dokumentation. Stuttgart 1975. Auch thematisiert in: Jochen Klepper, Gast und Fremdling. Briefe an Freunde, hg. von Eva-Juliane Meschke. 2. Aufl. Witten/Berlin 1961; Jochen Klepper, Briefwechsel 1925–1942, hg. von Ernst G. Riemschneider, Stuttgart 1973

44 *Unter dem Schatten deiner Flügel*, wie Anm. 35, S. 682

45 Ebenda, S. 80

46 Ebenda, S. 42

47 Ebenda, S. 59 (24. Mai 1933)

48 Ihlenfeld, wie Anm. 36, S. 85 ff.

49 *Unter dem Schatten deiner Flügel*, wie Anm. 35, S. 682 (21.November 1938)

50 Faksimilierte Wiedergabe dieses Schreibens (Kopie) bei Riemschneider, Der Fall Klepper, wie Anm. 43, S. 30

51 Auch dieses Schreiben im Faksimile abgedruckt, ebenda, S. 35

52 Dazu Jochen Klepper, Überwindung. Tagebücher und Aufzeichnungen aus dem Kriege. Stuttgart 1958

53 *Unter dem Schatten deiner Flügel*, wie Anm. 35, S. 1133

54 R. Schneider, Jochen Klepper. In: Der Wahrheit Stimme will ich sein. Essays, Erzählungen, Gedichte. Frankfurt am Main/Leipzig 2003, S. 119. Die Beschreibung Kleppers erschien erstmals 1954.

55 Walter Boeckh, Jochen Klepper – Dietrich Bonhoeffer. In: Bonhoeffer-Rundbrief. Mitteilungen der Internationalen Bonhoeffer-Gesellschaft Sektion Bundesrepublik Deutschland, Nr. 71, Juni 2003, S. 15. Boeckhs Text stammt aus einem Vortrag zu Kleppers 100. Geburtstag im Frühjahr 2003.

56 Brautbriefe, wie Anm. 31, S. 209

57 Ebenda; ferner: *Widerstand und Ergebung* , wie Anm. 15, S. 607 f., dort aufgrund der Brautbriefe, wie Anm. 31, korrigiert gegenüber den früheren Ausgaben von *Widerstand und Ergebung*

Klaus Goebel,
geb. 1934 in Wuppertal, Lehrer 1956–1970, Promotion in Verfassungs-, Sozial- und Wirtschaftsgeschichte Universität Bonn 1965, Habilitation Universität Dortmund 1975, dort 1970 zunächst Assistent, 1977–1999 Professor für Neuere und Neueste Geschichte und ihre Didaktik. Publizist, Autor und Herausgeber zahlreicher Veröffentlichungen zur Sozial-, Bildungs-, Kirchen-, Literatur- und Regionalgeschichte, zuletzt in 5.Auflage „Die kleine, mühselige Welt des jungen Hermann Enters. Erinnerungen eines Amerika-Auswanderers an das frühindustrielle Wuppertal" (Born-Verlag, Wuppertal 2002).

JÖRG AUFENANGER

Jugend in Breslau

Armin T. Wegner und Günther Anders – zwei deutsche Wege

Der Philosoph und Schriftsteller Günther Anders ist in Breslau geboren und hat seine Kindheit und früheste Jugendjahre dort – hier muß ich hier ja sagen – verbracht.

Der Dichter und Menschenrechtler Armin T. Wegner ist nicht hier geboren, sondern in Elberfeld dem heutigen Wuppertal, und hat in Breslau mehrere Jahre seiner Jugend verlebt.

Gemeinsam waren sie zu Anfang des 20. Jahrhunderts zwölf Jahre etwa in derselben Stadt, doch sie sind einander nicht bewusst begegnet, jedenfalls habe ich dazu keine Hinweise gefunden.

Warum aber will ich nun von beiden erzählen ? Warum will ich ihnen biographische Notizen widmen, Partikel zu einer Parallelbiographie, ein leider seit Plutarch selten genutztes Genre der Lebensbeschreibung?

Zum einen schon, um von ihrer Kindheit und Jugend in dieser Stadt zu berichten, die sie beide geprägt hat. Doch nicht nur das. So unterschiedlich sie waren, so verschieden ihre weiteren Wege nach ihrer Breslauer Zeit auch verlaufen sind, zwei Merkmale haben sie gemeinsam auf ihrem Weg durch das 20. Jahrhundert.

Zum einen: Beide haben Deutschland nach 1933 verlassen müssen und verlassen wollen, haben im Exil gelebt, Armin T. Wegner in Italien, der um knapp sechzehn Jahre jüngere Günther Anders in Frankreich und dann in den USA. Und beide sind nach 1945 nur gelegentlich nach Deutschland zurückgekehrt, haben sich nicht dazu entschließen können, im Land ihrer Geburt zu leben.

Zum anderen: Beide standen der Welt, in der sie lebten und den Ereignissen, die sie erlebten, mit einer moralischen Position gegenüber, ja mit Empörung. Beiden stand aber diese rein moralische Position auch im Weg. Sie bestimmte und behinderte zugleich ihr jeweiliges Werk, das dichterische Wegners, das philosophische Anders. Doch davon später.

Was und wodurch wissen wir aber von Kindheit und Jugend der beiden in Breslau ? Armin T. Wegner hat in mehreren autobiographischen Essays, so in „Torso des Lebens“ von 1922 und in „Wer war ich“ von 1977, zudem in mehreren Rundfunkgesprächen auch auf seine Jugend in Breslau zurückgeblickt. Und es gibt ja Wegners erste literarische Versuche, die hier entstanden sind.

Günther Anders ist 1966 an den Ort seiner Geburt und Kindheit zurückgekehrt, hat das in seinem Tagebuch „Die Schrift an der Wand“ notiert und zudem in seinem Buch „Besuch im Hades“ aufgeschrieben. Aber es gibt noch eine weitere, eine ungewöhnliche Quelle. Da sein Vater ein Buch über die Psychologie der Kindheit schreiben wollte, führten er und seine Frau ein Tagebuch über die eigenen Kinder, um über ihre Verhaltensweisen eine Untersuchung zu führen. Aus diesen protokollarischen Einträgen wissen wir einiges über die Kindheit des Sohns.

Als Armin T. Wegner mit seinen Eltern im Herbst 1900 in Breslau eintraf, war er vierzehn Jahre alt. Günther Anders war noch nicht geboren, aber sein Vater lebte hier und war eine bekannte Persönlichkeit der Stadt, William Stern, Psychologe und Professor an der hiesigen Universität. 1902 wurde sein Sohn Günther geboren, Günther Stern, der sich viel später erst anders nannte, nämlich Günther Anders.

Für Wegner wurde Breslau die Stadt, in der er zur Schule ging, auf das Realgymnasium am Zwinger. Zuvor hatte er mit seinen Eltern drei Jahre in Elberfeld, sieben Jahre in Berlin und fünf Jahre in Glogau (Glogow) an der Oder gelebt. Der Vater wurde als Eisenbahningenieur mehrfach versetzt. „Von Beginn an schien mein Leben durch Geburt und Erbe zu einem Wanderlos bestimmt“, schreibt Wegner später. Nach diesen Wanderjahren wohnte die Familie ab Herbst 1900 in der Breslauer Kaiser-Wilhelm-Straße. Armin Theophil aber war, auch wegen der häufigen Schulwechsel, ein schlechter Schüler und mußte die Untersekunda im „Breslauer Zwinger“ gleich wiederholen. „Statt der sieben

Städte Griechenlands um die Geburt Homers haben sich bei mir sieben Schulen an Rhein und in Schlesien um den Ruhm gestritten, daß ich ihr schlechtester Schüler gewesen sei", stellt er einmal fest. Doch der junge Wegner war nicht nur ein schlechter Schüler, er war ein Rebell gegen die Autoritäten, die der Schule, die zu Hause, gegen den Vater also.

„Ich bin nie älter gewesen als mit sechzehn Jahren", schreibt Wegner rückblickend über seine Jugend in Breslau, in der er auch eins seiner ersten Gedichte schreibt, an seinen Vater:

> Das ist, was Härte und Strenge in meine Tage wob:
> daß ich mich freue am Tadel und Ärger finde am Lob.
>
> Du hast mir die Jugend genommen.
> Dein Alter war mein Recht.
> Wir sollten sein wie Freunde
> Und sind wie Herr und Knecht.

Doch nicht allein die Strenge des Vaters hat Armin Theophil Wegner die Jugend genommen, sondern auch die Schule, die er und die ihn verabscheut. „Im Frühjahr 1904 verließ ich das preußische Gymnasium am Zwinger in Breslau, das nach einem alten Bärenzwinger diesen Namen wegen seiner Unduldsamkeit zu Recht trug", schreibt Wegner 70 Jahre später in der autobiographischen Skizze „Wer war ich V" Nun war dieses Gymnasium in Breslau nicht unduldsamer als andere preußische Gymnasien, in denen unter den Augen Wilhelm II., dessen Portrait an der Wand hing, Gehorsam und Disziplin die wichtigsten Unterrichtsfächer waren. Doch dem rebellischen Geist des jungen Wegners waren die Schulen nicht gewachsen, er diesen aber auch nicht, so daß er das Gymnasium vorzeitig verließ. Kurz zuvor hatte er in diesem Jahr 1904 seinen ersten Gedichtband in den Breslauer Buchhandlungen zum Verkauf ausgelegt. Er trug den bezeichnenden Titel „Im Strome verloren". Natürlich hatte kein Verlag die Gedichte des Gymnasiasten veröffentlichen wollen, und so ließ der Schüler sie privat drucken und binden. Auf dem Titelblatt nannte er sich erstmals Armin T., wozu Wegner später bemerkte: „Das große T. galt den Christen als Sinnbild des Kreuzes, an dem die Opfer ihrer Überzeugung hängen. Nur auf Kürze und Einfachheit bedacht, als ich meinen Namen für den Druck niederschrieb, hatte ich mich unbewusst verraten". Wegner verstand sich schon da als ein Empörer, der aber auch dafür zu büßen habe, daß er an allen Ecken aneckte.

Weiter erzählt Wegner, er habe, als er sein Buch im Schaufenster einer Breslauer Buchhandlung angeschaut habe, die Mutter eines Mitschülers davor getroffen. „Aufmerksam blickte die Frau durch die Glasscheibe. ‚Und was bedeutet das T. Ihres zweiten Namens ?' Sie sah mich an. ‚Vielleicht Tantalus ?' Der Sohn dieser Frau, die im Scherz Namen und Schicksal dieses zur Unerfüllbarkeit seiner Wünsche verdammten Griechen aussprach, sagte ihn Freunden von mir, die auf dieselbe Schule gingen. In ihrer Spottlust griffen diese mit Freuden nach dem Wort Tantalus. Für das Leben blieb er an mir hängen."

Wegner nennt aus der Hellsicht der späten Jahre ‚Tantalus' ein gültiges Wort für jeden Dichter, vor allem nach der Erfahrung des 20. Jahrhunderts, in dem eine rein humanistische Position immer wieder zum Scheitern verurteilt war.

Als ein Lehrer Wegners von dem Gedichtband erfährt und bei der Lektüre dessen Vorbilder Liliencron und Dehmel erkannt hat, stellt er ihn im Unterricht zur Rede und meint, eigentlich müsse sein Buch nicht „Im Strome verloren" heißen, sondern „Im Strome gefunden".

Da verläßt der verkannte junge Dichter das Breslauer Zwinger-Gymnasium Anfang 1905 mit dem sogenannten „Einjährig-Freiwilligen Zeugnis" und zieht in das schlesische Dorf Fürstenstein, um auf einem Landgut zu arbeiten: „Ganz allein fasste ich diesen Entschluss, allem zu entsagen, das mir bisher teuer gewesen war und das ich im Grunde noch nicht entbehren konnte."

Im Grunde hatte ihn nämlich die Literatur auf diesen Weg geführt, und zur Einfachheit des Landlebens verführt. Die Lektüre

Rousseaus und Tolstois, und da vor allem dessen Buch „Die Beichte“, hatte ihm die Idee eingeflüstert, der Stadt den Rücken zuzukehren wie Tolstoi einst in einer Nacht des Erkennens seinem bisherigen Leben entsagt hatte. „Kein Buch hat auf mich jemals wieder solchen Eindruck gemacht“, wird er rückblickend bekennen.

Doch das Leben ist kein Buch, es kann nur zu einem werden, und so wird die Pubertätssehnsucht nach einem einfachen authentischen Leben bald herb enttäuscht. Auch hier werden Gedichte zum Niederschlag seiner Sehnsucht und seiner Enttäuschung. In „Der Ruf“ klingt alles noch euphorisch nach Erfüllung.

> Nun schreite ich, ein Bauer, durch das Feld,
> stoß meine Pflugschar in die graue Erde.
> Der Tag ist still: Und meine Peitsche fällt
> hart auf den Rücken meiner Pferde.
>
> Fern liegt die Stadt, die mich mit Sünde schlug.
> Mein Schuh ist grob, mein Kleid ist nur von Leder.
> Mir dient als Tisch die Eisenschar am Pflug, als Ruhestätte
> das Gestell der Räder.
> Hoch in den blauen Himmel träume ich mich ...

Doch der Traum ist schnell ausgeträumt und der Alltag holt ihn vom Himmel zur Erde zurück. Am Ende des Gedichts „Erfüllung und Not“ klingt es dann schon ein wenig anders:

> Allein ob mich des Morgens Hauch berührte,
> ob ich zum Abendhimmel hingesehen –
> war keine Hand die mich zum Frieden führte,
> ich muß ins Dorf um Liebe betteln gehn.

Später nannte Wegner die Zeit auf dem Land eine, in der er für seine Sehnsucht bitter büßen mußte, denn nur harte Arbeit gab es dort, indes keinen Frieden auf Erden, keine Erlösung, auf die der erlösungssichtige Dichter so dringend wartete.

So kehrte er nach einem halben Jahr Landleben im Oktober 1905 nach Breslau zurück. Doch die Rückkehr auf ein Gymnasium seiner Heimatstadt war ihm verschlossen. Und so mußte Wegner eine sogenannte „Presse“ aufsuchen, ein Ausdruck, der schon alles besagt, um wieder auf ein Gymnasium aufgenommen zu werden. Diese Presse war die Breslauer Privatschule Gutenatz. Er fand dann auch ein Gymnasium, das ihn aufnahm, indes nicht in Breslau, sondern in Striegau, dem heutigen Strzegom, wo er 1908 tatsächlich das Abitur ablegen konnte.

Zuvor war man in Breslau auf den Dichter Wegner aufmerksam geworden, nachdem er schon im Januar 1906 seine Gedichte öffentlich vorgetragen hatte. Die Breslauer Dichterschule, eine seit 1859 bestehende Vereinigung schlesischer deutschsprachiger Dichter, nahm ihn in ihre Reihen auf und bald nannte man Wegner dort: „Verwegener“.

So wie er dichtete hier keiner, so wie er lebte keiner, so wie er suchte keiner die Bürger Breslaus herauszufordern und zu provozieren. In der Literatur und im Leben. Eine Episode vom März 1908 weist auf diese Verquickung von Literatur und Leben hin, die sich auch in einem öffentlich provokanten Spiel äußert. „Ich hatte mich zum erstenmal in ein Mädchen verliebt und es knüpfte sich daran ein Ereignis, daß ich zu meinen Kameraden sagte: Ja, ich schreib es an alle Litfaßsäulen. Und so machten wir uns in der Nacht auf, und am nächsten Morgen stand an allen Litfaßsäulen der Stadt Breslau eine öffentliche Bekanntgabe: Am Sonntag, dem soundsovielten März 1908 findet im ‚König von Ungarn‘ eine öffentliche Besprechung statt. Wer bezweifelt, daß Armin T. Wegner der glücklichste Mann in Deutschland ist ? Es erregte eine große Aufmerksamkeit in der Stadt. Alle glaubten, ich hätte den Verstand verloren oder es wäre eine furchtbare Frechheit, denn die Bürger merkten sogleich, daß ich mich irgendwie über die Bürger lustig machte, und es endigte damit, daß ich erfinden mußte, ich hätte das nur gemacht, um eine Wette zu gewinnen, um Geld. Ja um Geld, das verstand man. Aber nur aus Lust, Verliebtheit oder aus Empörung, um zu zeigen, daß man sich um nichts in der Welt kümmerte, das hatte man nicht gelten lassen.“

Wegner hat wie soviele Provinzkinder jener Zeit einen Aufstand vorweggenommen, den der Söhne gegen die Väter, wie er dann ab 1910 im Expressionismus sich manifestierte. Hier gärte etwas, das Jahre später zu Explosionen führen sollte, nicht immer Explosionen, die zum Guten führten.

Wegner hatte sich an der Provinzstadt, denn das war Breslau für ihn, reiben können, an der biederen Bürgerlichkeit gegen Ende des wilhelminischen Kaiserreichs. Breslau war für Wegner letzte Station vor Berlin, wohin er bald gehen würde. „Zwischen zwei Städten“ – Gedichte im Gang einer Entwicklung“, wird 1909 in Berlin erscheinen.

Vorerst schreibt sich Wegner im Herbst 1908 an der Universität Breslau ein, studiert Recht und Nationalökonomie. Doch wie schon die Schule, so nimmt Wegner auch das Studium der Rechte nicht recht ernst. Lieber flieht er. Und er flieht mit dem Mädchen, in das er verliebt ist. Im Frühjahr 1909 reist er nach Italien. Ein Photo zeigt ihn kurz vor Antritt der Reise: Man sieht einen Dandy, geschürzte Hosen, eine Jacke im kolonialen Look, einen Binder, eine karierte Kappe auf dem Kopf und in der Hand einen Spazierstock.

Die Reise geht bis nach Sizilien und Wegner kehrt nicht nach Breslau zurück, sondern bleibt in Zürich hängen, studiert dort weniger als er sich der Liebe hingibt, die er rauschhaft ekstatisch in der Rhapsodie „Höre mich reden, Anna Maria“ erzählt, um dann dieser Leidenschaft ein Ende zu setzen, nach Berlin zu gehen, wo er in den literarischen Cafés der Zeit ein und ausgeht, die anderen Rebellen der Literatur kennerlernt und deren Königin Else Lasker-Schüler und sich mit einer der wichtigsten Figuren der Berliner CaféhausbohŹme anfreundet: Kurt Hiller. Aber Wegner findet auch hier keine Ruhe, er mäandert durch halb Europa – Brüssel, Antwerpen, Paris, Marseille, wo er sich als Hafenarbeiter verdingt, Budapest, Wien, um dann zurückzukehren: nach Breslau. Wohnt in der Kaiserstraße, eine Burleske, ausgerechnet dort, wo er doch in Berlin den anarchischen Kaiser „Malik“ und den „Prinzen von Theben“ kenngelernt hat. Mitgebracht von seiner Reise durch Europa hatte Wegner eine Vielzahl von Gedichten, die in der Zeitschrift „Der Osten“, dem Organ der Breslauer Dichterschule erscheinen. Und er findet inzwischen Gehör über die schlesischen Grenzen hinaus. Nicht nur „Westermanns Monatsheften“ drucken die Gedichte ab, sondern zahlreiche Zeitschriften im gesamten Reich.

Warum aber ist Wegner nach Breslau zurückgekehrt und nicht nach Berlin, wo die literarische Szene versammelt ist ? Er will an der Breslauer Universität doch noch sein Jurastudium beenden, schreibt seine Doktorarbeit „Der Streik im Strafrecht“. Trotz des Einwands, er zitiere zuviel kommunistische Literatur in einer wissenschaftlichen Arbeit, wird der „Verwegner“ nach dem Rigorosum am 14. Februar 1914 Doktor der Rechte. Summa cum laude. Da sind es nur noch vier Monate bis zum großen Krieg. Rauschhaft zieht die Jugend Europas auf die Schlachtfelder. Doch gegen diesen Rausch ist Wegner immun. Er ist Kriegsgegner schon da. „Am Tag des Kriegsausbruchs war ich der einsamste Mensch, so einsam, wie ich es mir nie wieder im Leben habe vorstellen können.“ Wegner ist siebenundzwanzig Jahre alt und in Breslau. Seine Mutter Marie Wegner war schon Pazifistin gewesen und er hatte in Breslau die Österreicherin Bertha von Suttner gegen den Krieg, dem sie 1912/13 schon auf dem Balkan Augenzeuge war, sprechen hören.
Er verfaßt einen Aufruf gegen den Krieg, den aber niemand veröffentlicht. Er wandert über die Schlachtfelder von Tannenberg, verdingt sich im Oktober 1914 als Sanitäter, wo er nördlich von Lodz den Krieg mit allen seinen Schrecken selbst erlebt. Auf Fronturlaub in Breslau schreibt er einen „Chor der Verletzten“ und das Gedicht „Totenkammer“.

Hier liegen sie in diesem Bretterhaus
Wie sie der Tod auf faulem Stroh befallen.
Sie strecken dir die schwarze Zunge aus,
die Hände eingekrümmt wie Vogelkrallen.

Im blutigen Schurze ihrer offnen Wunden
Und wie das Schlachtvieh nackt zur Schau gelegt,
Den bleichen Zettel um den Hals gebunden,
Der ein geliebtes Wort wie einen Kaufpreis trägt.

Den toten Namen: wer noch wird ihn nennen?

Summa cum laude hatte Wegner Breslau verlassen, um als Sanitäter dem Schlachten auf den Kriegsfeldern Europas und Asiens Augenzeuge zu sein.

Andere indes waren aus den Universitäten des Reichs mit Hurra in den Krieg gezogen und gefallen. Auch viele Studenten des Psychologieprofessors der Universität Breslau, von William Stern. Bei Kriegsbeginn war Günther Stern wie er damals ja noch hieß, gerade 12 Jahre alt geworden. Ein Photo der Familie in der Sommerfrische des breslaunahen Riesengebirges aus dem Kriegsvorjahr zeigt den Jungen zwischen seinen beiden Schwestern und vor den stehenden Eltern sitzen, Bild einer gutbürgerlichen Familie. Wachen Blicks und mit einem Lächeln um den Mund schaut Günther forsch in die Welt, die sich bald erstmals im neuen Jahrhundert verdunkeln sollte. Die Familie Stern gehörte zu den 22 Tausend Juden der Stadt. Die bildeten damit die drittgrößte jüdische Gemeinschaft im deutschen Reich.

Zu Beginn des Kriegs hatte der Kaiser verkündet, er kenne nunmehr keine Parteien, und so sahen nicht wenige Juden das als Möglichkeit, sich nun völlig in die Gesellschaft zu integrieren und zu assimilieren. Vielfach zogen sie freiwillig und begeistert in den Krieg, um schon bald auf den Schlachtfeldern für das Reich zu sterben. Selbst Mutter Stern ergreift die Gelegenheit, um die ausrückenden Soldaten im Buffet 3. Klasse des Freiburger Bahnhof von Breslau zu betreuen, bevor diese in die Züge an die Front steigen, auf den mit Kreide geschrieben stand „Jeder Schuß ein Ruß“. Mutter Stern betreibt die Soldatenbetreuung mit einem Eifer, der alle anderen Frauen übertrifft. Ihr Sohn wird sich 50 Jahre später daran erinnern: „Eine hochgeschlossenen Fischbeinbluse trägst Du, genauso wie die anderen Cäcilien, eine furchtbar verschwitzte, kein Wunder bei diesem patriotischen Hin- und Herhetzen. genau wie die anderen Cäcilien trägst Du eine Gretchenfrisur, eine ebenholzschwarze freilich, ein alttestamentarisches Gretchen bist Du, und gerade deshalb bist Du die die Muster-Cäcilie, die enthusiastischste, die deutscheste .... weil Du eine von den vielen Cäcilien sein darfst, siehst Du denn nicht, daß es dir auch durch Pflichterfüllung nicht gelingen kann, dazuzugehören ? Vielmehr denkst Du: Wer hätte jemals soviel Gleichberechtigung für möglich gehalten."

Das erste Kriegsjahr war zugleich das letzte Jahr, das die Familie Stern in Breslau zubringt. 1915 zieht sie nach Hamburg da der Psychologenvater dort eine Professur übernimmt.

Erst 50 Jahre später wird Günther, der seit 1930 sich Anders nennt, nach Breslau zurückkehren, nachdem er zuvor Auschwitz und Birkenau aufgesucht hat, wo auch einige Studenten des Vaters unter anderem eine Edith Stein, und Kinderkameraden Günthers ermordet wurden. Mit den Eindrücken seines Besuchs im Hades, wie Anders das Tagebuch dieser Tage nennt, kommt er am 6. Juli 1966 abends in Begleitung seiner amerikanischen Lebensgefährtin in Wrocław an: „Sind da, ehe ich noch begreife. Vor mir taucht etwas auf, was mir tief bekannt ist: die Silhouette der Dominsel, doch irgendwas scheint an der Silhouette nicht zu stimmen", notiert er. Denn es gibt „Vakua". Ehemals versperrten Häuser, wo jetzt nichts ist, den Blick auf die Dominsel.

Sechs Tage lang in diesem Sommer von 1966 geht Anders auf Spurensuche nach seiner Kindheit in Breslau und stellt fest: „Nein, Breslau ist das gewiß nicht, was ich hier sehe. Sondern die Stadt Wrocław. Die hier mit vollem Recht steht."

Was sucht Anders hier, was findet er und was nicht, woran erinnert er sich ? Kreuz und quer irrt er durch die Stadt auf der Suche nach den Orten des Gestern, dem Haus seiner Geburt, dem seiner Kindheit, der Schule, der Universität, an der der Vater gelehrt hat, und nach den Plätzen seiner Spiele, sucht, wie er schreibt, den „Tausendundeine-Nacht-Glanz aus der Breslauer Zeit", die zwar nur wenige aber prägende Jahre gedauert hat, findet eine Bank, auf der er oft gesessen hat, um die herum er mit anderen Kindern gespielt hat. Die Bank ist noch da, aber die Häuser, die dahinter, in denen seine Freunde gewohnt haben: Ein Nichts. „Lehm. Luft, nichts wiederzusehen."

Breslau war zu gut 70 Prozent zerstört. Aber zerstört worden nicht von der Roten Armee, sondern von den Deutschen selbst, als Hitler seine „treueste Stadt, zu der er sie 1938 ernannt hatte, noch zur Festung ausbaute, um sie in aussichtloser Lage dem Beschuss freizugeben und auch noch selbsttätig zu zerstören.

So ist von manchen Straßen, die Anders in der Kindheit täglich gegangen ist, allein das Pflaster geblieben, Kein Haus steht mehr da. Als er die Ulica Grabizynska hinuntergeht, eine breite ausladenden Straße, die einmal die enge Gräbschnerstraße war, sieht er eine neue Wohnsiedlung und stellt fest: „Endgültig wird das Nichtmehrdasein des Gewesenen nicht, wenn sich an dessen Stelle das Nichts auftut, sondern erst dann, wenn an der Stelle des Gewesenen oder des Nichts ein etwas anderes breitmacht."

Doch Anders findet auch Orte, die erhalten sind. So den Hauptbahnhof mit seinen Türmen und Zinnen, den er als Kind eine „Ritterburg" genannt hat. Er geht vorbei am Stadtgraben, sieht das Opernhaus, das Hotel Monopol, das Stadttheater, geht weiter Richtung Ring und Rathaus, das da steht wie 1906, als er es zum ersten Mal gesehen hat. Als wäre nie etwas geschehen. „Nicht was nicht da ist erschreckt, sondern was zufällig noch da ist", notiert er. Der minütliche Wechsel zwischen dem, was nicht mehr ist oder doch noch ist oder wo etwas anderes ist, läßt ihn schwanken auf unsicherem Boden, wirft ihn in einen Taumel, der der Seekrankheit ähnelt. „Man könnte zeitkrank werden", stellt er entgeistert fest, denn Erinnerung taucht auf an jedem Ort des Einsts, ob er noch ist oder ob er nichts ist.

Was aber sieht er im Blick des Gestern, der durch den Blick des Heute ausgelöst wird ?

Günther Anders sieht Günther Stern, wie er mit der Straßenbahnlinie 4 als Neunjähriger jeden Morgen von der Gabnitzstraße zur Brüderstraße zum Johanneum fährt, seinem Gymnasium. Vom Zeichensaal aus schaut er in die Paradiesstraße, in der er nach der Schule billige Süßwaren kauft. Nichts mehr. Kein Johanneum. Das Paradies der Kindheit ist verloren, ist nur noch Erinnerung, die trotz der Leere oder gerade durch diese angefacht wird. Auf der Eisbahn im Park läuft Günther mit den Eltern und den Geschwistern Schlittschuh, zu Walzermusik, gespielt von einer vermummten Kapelle. Die Bahn ist verschwunden, der Park geblieben. Allein die Natur hat sich behaupten können gegen alle Zerstörung und den Lauf der Zeiten. Günther Stern, der ja nun im Jahr 1966 Günther Anders ist, er klettert die Liebighöhe hinan, Aussichtsturm, Ausflugsrestaurant mit Terrasse, Fruchteis, eine Cassata essend zu Musik, Aida, Hochzeitsmarsch, Blick bei klarem Wetter bis zum Siebengebirge, bis zum Zobten. Der auch jetzt noch.

Der Turm eines Wunders der frühen Jugend, er steht noch, eingezwängt zwischen Neubauten, auf dem Dach Büsche, Restruine. Hier muß das „Museum der bildenden Künste" gestanden haben. „Für mich war das Museum, als ich mich, zehnjährig, durch dessen Säle trieb, die Akropolis und der Louvre in einem, wahrhaftig, dort oben im Turme hat sich mir das Reich der Kunst erstmals erschlossen; dort oben hat für mich das Leben begonnen, das ohne Bilder nicht denkbar gewesen wäre. Der wüste Ort mit dem Baum auf dem Dach ist einer meiner wichtigsten Lehrer geworden." Das Heute ist ein Irrgarten, durch den Anders nur per Zufall das Tor zum Gestern findet. Über die Oder. Kaiserbrücke damals? Ja, hier hat Günther Stern 1912 im Chor gesungen, die Kaiserbrückenkantate, komponiert vom Musiklehrer, gesungen mit Herzklopfen am Tag der Brückeneinweihung, was am nächsten Tag in der Breslauer und der Schlesischen Zeitung nachzulesen war. Ein Ereignis der frühen Jugend, wie ein Jahr später die Jahrhundert-Ausstellung vor den Toren Breslaus, wo man neben der Jahrhundert-Halle einen Vergnügungspark mit Teufelsrädern, Schießständen, Berg-und Talbahnen, Goldfischweibern in Riesenaquarien aufgebaut hatte, um den Beginn der Befreiungskriege gegen Napoleon zu feiern. Der Kuppelbau der Jahrhunderthalle hatte das 20. Jahrhundert überstanden und beherbergte 1966 das angeblich größte Kino Polens.

Zurück in der Stadt, eine Verwunderung, ein rotes Backsteingebäude, es steht noch, ehemals Israelitisches Krankenhaus.

„Laß Dir nicht einreden, daß sich seitdem Du ein letztes Mal hier gestanden hat, 1915 oder 14, unterdessen irgendwas zugetragen hat. Alles war Wahn, alles Traum alles Legende, Wahn, daß wir 1915 nach Hamburg umgezogen sind; Traum, daß du in Freiburg studiert hast. Legende, daß du im Berlin der Inflation gehungert hast. Wahn die Fluchtzeit in Paris, Traum die Wartejahre in New York; Legende die Rückkehr nach Europa. Wahn die Weimarar Republik, Traum das Gebrüll der SA, Legende Auschwitz, Legende Hiroshima ... nicht, nichts davon hat sich je ereignet, laß Dir nichts weißmachen, geh weiter, weiter in Richtung Ring, dreizehnjährig bist Du, weiter vorbei am Kaufhaus Barasch, bis zu Vaters Institut, denn er wartet auf Dich, um mit Dir auf Umwegen, über die Weißgerberlohe und über die Neue Graupenstraße nach Haus zu gehen."

Aber wo ist dies ?

„Die Gartenstraße hinunter bis zur Höfchenstraße, dann zur Moritzstraße, die ja eigentlich nur die Verlängerung der Brandenburgischenstraße, und dann bist du eben da." – Alles unauffindbar.

Höfchenstraße 101, Geburtshaus. Ein Nichts.

Brandenburgische Straße 54, Haus der Kindheit. Ein Nichts. Mehrmals kehrt Günther Anders während der sieben Tage von Breslau im Jahr 1966 zum Haus seiner Jugend zurück, obwohl nichts ist. Und in diesem Nichts sieht er: Den Zierold-Flügel, auf dem der Vater Beethoven gespielt hat, die grün beschirmte Petroleumlampe auf dem Schreibtisch, den Kachelofen, neben dem er geschlafen hat, sieht das Dienstmädchen aus Schreiberhau, sieht sich, sieht sich Stelzenlaufen vor dem Haus, sieht eine behütete Kindheit oben in der Luft schweben, da wo einst die vierte Etage war. „Was tut's, dort ist es gewesen, wo ich gelernt habe, daß ich da bin, und daß es eine Welt gibt, und wie diese Welt aussieht, und was Zuhausesein heißt, und was Pferde sind und Droschken und Brücken – all das habe ich dort zum ersten Mal erfahren ..." Wo der Same hinfällt, da ist er zu Hause, nach Hause also bin ich gefahren. Und wenn es die Silhouette der Stadt gibt, die ich im Jahre

1910 aus der Dachluke des Hauses in der Brandenburger Straße 54 hinauslugend, auswendig gelernt hatte – wenn ich dieses Gewesene, von wo ich herkomme, nun nach fünfzig Jahren noch einmal sehe, so ist das um nichts weniger unwahrscheinlich, als daß ich die Öfen, die auch mir bestimmt waren, soeben erst, 25 Jahre nach ihrem Erkalten, zum ersten Male berührt habe.

Günter Anders denkt bei der Wanderung durch „Das Quellgebiet seiner Sprache", wie er die Orte Breslaus nennt, die eigene Kindheit immer mit der Folge Auschwitz oder Exil für die Juden der Stadt. Die alte Synagoge, die nahe des Schweidnitzer Stadtgraben gestanden haben muß, ist nicht mehr und sogar die „Vergessenheit ihres Fehlens ist schon vergessen", notiert er, denn: „das Feuer, das Breslau 1945 verzehrt hat, ist 1938 gelegt worden: in der Kristallnacht."

Die Muse der Erinnerung, so stellt Anders fest, sei nicht einfach Titanin, eine heimtückische Titatin sei sie gar, da sei sie uns nämlich, wenn wir ihr den kleinen Finger reichen, rückwärts zieht, so daß wir kopfüber in die Tiefe stürzen." Und diese Muse setzt ihm ein Bild unentrinnbar in den Kopf, das einer jungen Frau. Er weiß nicht, ob er in seiner Kindheit diese Frau selbst gesehen hat oder nur auf einem Photo, eine Studentin seines Vaters: „das begabte, großäugige Fräulein Stein aus Lublinitz, auf das er große Stücke hielt, das eigentlich bei ihm hatte promovieren wollen und dann aus Breslau verschwand, nach Göttingen zu Husserl."

Immer wieder taucht bei den Gängen durch die Stadt seiner frühen Jugend ihr Bild ihrer auf. „Edith Stein läßt mich nicht los." Und er erinnert sich an ein Photo, auf dem sie bei einem Kostümfest inmitten weiterer Studenten und neben seinem Vater als ein Friesenmädchen verkleidet zu sehen war, was für Anders zu einem Inbild wird für den Wunsch nach einer, wie er es nennt, Überassimilierung des Juden, „daß das arme Fräulein Stein eigentlich nur ein Symbol war für die unsägliche Schwierigkeit des Dazugehörens und doch nicht Dazugehörens, mit der jeder Jude konfrontiert war ... Mein Gott, in welche moralisch schiefe Lage wir Juden unentrinnbar geraten mußten. Welche Absurdität." Und welche Absurdität, so Anders, daß diese Frau, „die in abstruser Verkennung des geschichtlichen Moments sich gerade in demjenigen Augenblick restlos zu assimilieren hoffte, in dem das Zeitalter der Assimilation sein Ende gefunden hatte", und meint damit ihren Eintritt in ein katholisches Kloster, das sie indes nicht davor geschützt hat, auch den Weg nach Auschwitz gehen zu müssen.

Sieben Tage und sieben Nächte hat Günther Anders in Wrocław verbracht und in diesen Stunden seine Kindheit und frühe Jugend heraufbeschworen. Wo diese waren, da ist Heimat für immer. Das weiß er nun nach all den Jahren der Wanderung durch die Stätten des Exils. Hierhin mußte er zurückkommen, um Heimat zu erfahren.

Als die Vertriebenenbände Anders 1985 den „Andreas Gryphius-Preis zur Pflege des ostdeutschen Kulturguts" verleihen wollten, hat er ihn nicht nur empört abgelehnt, sondern eindeutig Stellung zur Frage von Vertreibung und Verbundenheit mit der alten Heimat bezogen: „Verursacht war diese deutsche Tragödie und der Verlust ehemals deutscher Gebiete nicht etwa durch eine spontane, gar kriminelle, Invasion östlicher Feindmächte, sondern ausschließlich durch Deutschland, durch Hitler, der den Osten überfallen, Städte und Dörfer verwüstet und Abermillionen umgebracht hat, damit jeden Anspruch Deutscher auf dieses Gebiet verwirkt hat. Wenn meine Geburtsstadt nun einen anderen Namen trägt als in meiner Kindheit, so ist das seine Schuld und die der Seinen: derer, die so verführbar waren."

Am 13. Juli 1966 verläßt Günther Anders Wrocław, die Stätte eines Wiedersehens und eines gleichzeitigen Nicht-Wiedersehens fluchtartig fast. Er fährt aus der Stadt heraus, sieht einen Zug über eine Brücke fahren und denkt wieder an das jüdische Mädchen Edith wie schon in dem Moment, als er Tage zuvor nach Breslau hineingefahren war.

„Ach zu denken, daß auch sie in einem der Viehwagen eingepfercht
gewesen war
daß auch sie über die Oder gedonnert ist
daß auch sie zwei Stunden später als Rauch aus dem Kamin hat steigen müssen
und daß sie nur eine Stunde vorher durch Breslau gerollt war, durch ihr Breslau
und daß sie vielleicht durch die Wagonritzen gelugt hat und vielleicht den Turm der Elisabethkirche noch mal gesehen hat oder die breite Front der Universität, wo ihre bemerkenswerte Laufbahn ihren Ausgang genommen hat.“

Nein, für Günther Anders ist kein Bleiben mehr. 1915 hatte Günther Stern Breslau verlassen und erst fünfzig Jahre später war er hierhin zurückgekommen und wird die Stadt seiner Kindheit bis zu seinem Tod 1992 nicht wiedersehen.

Auch Armin T. Wegner hat Breslau 1915 verlassen, um in den großen Krieg zu gehen, als Sanitäter und Zeuge des Kriegs. Mehrfach noch ist er in die Stadt zurückgekommen, während des Kriegs und danach auch. Vom Feldzug an der Ostgrenze Polens kehrte er ebenso nach Breslau zurück wie von denen im Orient, steht doch da noch sein Elternhaus. Und er bringt Schreckensberichte mit, vor allem über die türkischen Massaker an den Armeniern, und ihre Austreibung in die Wüste, die mit Stillschwiegen des deutschen Reichs verübt wurden. Auch Photos hat Wegner in den dortigen Todeslagern heimlich. Nur unter der Kriegszensur darf er sie nicht zeigen, nicht öffentlich darüber reden, tut es aber dennoch und schickt Dokumente über die Vertreibung in die USA, worauf er in Deutschland kurzzeitig verhaftet wird. Die Vertreibung der Armenier wird für Wegner das Schlüsselerlebnis in seinem Leben. Fortan wird er sich nicht nur für dieses Volk, sondern für alle unterdrückten Völker vor allem des Orients einsetzen, ihr moralisches Recht auf Selbstbestimmung verteidigen. Im Frühjahr 1917, als der Krieg sich dem Ende zuneigt, spricht

Armin T. Wegner öffentlich in Breslau bei einem Treffen eines deutsch-türkischen Vereins über seine Kriegserfahrungen, erinnert sich im hohem Alter so: „Natürlich konnte ich nicht völlig offen sprechen, aber der Krieg war soweit fortgeschritten und mit so großen Verlusten verbunden, daß vielen Leuten klar war, daß er verloren sein würde. Ich schilderte immerhin aufrichtig meine Eindrücke und die Zuhörer, die großteils nicht mehr kriegsbegeistert waren, stimmten mir mit großer Begeisterung zu, während der Vorsitzende auf dem Podium von niemandem beachtet wurde. Er war ein Professor der Zivilrechte und er versuchte sich dafür zu rächen, daß man ihn nicht beachtet hat."

Er erstattet Strafanzeige gegen Wegner und der kam 1917 vor ein Schöffengericht, wurde indes nicht wegen des Vortrags angeklagt, sondern wegen Unsittlichkeit seiner Gedichte. „Er wußte, daß ich Bücher veröffentlicht hatte", schildert Wegner weiter, „darunter auch ‚Das Antlitz der Städte' und fand ein Gedicht über eine intime Beziehung eines jungen Manns zu einem Mädchen, das ihm auf dem Schoß saß und auch eins, in dem sich zwei Kaben vor einem Spiegel liebten." Der Vertrieb des Buchs wurde untersagt und es konnte erst nach Endes des Kaiserreichs erneut erscheinen.

Wegner hatte Breslau da schon endgültig verlassen und kehrte in den Folgejahren nur noch zurück, um aus seinen Büchern zu lesen, öffentlich und in der Breslauer Funkstunde, die bis 1933 zu den Radiosendern gehörte, die ein prägnantes literarisches Programm hatten. Auch Else Lasker-Schüler hat dort ihre Gedichte vorgetragen. Auch wenn Wegner nun in Berlin und Neuglobsow lebte oder im Orient unterwegs war, ließ er den Kontakt mit der Stadt seiner Jugend nicht abbrechen, schrieb Reportagen und Reiseberichte für Breslauer und schlesische Zeitungen, wie etwa in Die Breslauer Neue Nachrichten: „Auf der Straße der Ewigkeit. Auf dem Motorrad durch Samaria und Galiläa" oder für Die Schlesischen Wellen. „Meine Straße segelt. Aus einer kleinasiatischen Stadt." 1931 entstand für den Sender Breslau das Hörspiel „Treibeis", das die Expedition Fridjof Nansen hörbar machte. Es wurde produziert und am 12. Oktober 1931 von Breslau aus ausgestrahlt.

Wegner war inzwischen ein vielgelesner Schriftsteller geworden und hatte mit seinen Reisebüchern, vor allem mit „Am Kreuzweg der Welten“ Beststeller geschrieben. Sein Weg durch die Weimarer Republik hatte 1919 mit ihrer Ablehnung und mit der November-Revolution begonnen. Er war Mitglied im Rat geistiger Arbeiter, dessen Programm auch in der Breslauer Literaturzeitschrift „Osten“ erschien. Dafür hatte er selbst gesorgt. In ihr hatte er auch seine eigenen Revolutionsaufrufe veröffentlicht. Und doch war die Revolution gescheitert und Wegner wandte sich nun pazifistischen Positionen und ihre Bewegung zu, nach all den furchtbaren Erfahrungen im Krieg, wird gar Geschäftsführer des Bunds der Kriegsdienstgegner. Alle diese Aktivitäten führen aber auch dazu, daß er nicht mehr für die Breslauer Zeitschrift „Der Osten“ schreiben darf.

Dichter ist Wegner von nun an lange Zeit nicht mehr, er schreibt Aufrufe, Reiseberichte, gelegentlich auch Novellen, die alle ein Thema haben: Das Leben und die Unterdrückung von Leben vor allem in den Ländern des Orients. Doch er spricht auch im Berliner Rundfunk gegen die schleichende Unterwanderung der Republik durch die Nationalsozialisten. „Am Sonntag spricht Armin T. Wegner. Er ist der Geist ohne Volkstum“, hetzt die Deutsche Zeitung im September 1931.

Knapp zwei Jahre später steht Wegners Name auf der Schwarzen Liste, seine Bücher werden auf dem Berliner Opernplatz verbrannt. Wegner wird später erzählen, wie er zugegen war und seine eigenen Bücher hat brennen sehen. Da hat er sich schon in den Wäldern um Berlin versteckt, haust in einem Zelt, da er eine Verhaftung befürchtet, zumal er zu Ostern einen Offenen Brief an Hitler geschrieben hatte, in dem er ihn auffordert, der beginnenden Judenverfolgung Einhalt zu gebieten und dabei an sein Gewissen appelliert. Ein politisch blauäugiger Brief, der rein moralisch argumentiert, ein Brief, den keine Zeitung mehr abdruckt, daher auch kein Offener Brief mehr sein kann. Eine mutige Tat ohne Zweifel, aber auch eine ohne Folgen, denn der Eingang des

Briefes wurde zwar bestätigt, aber vermutlich von niemandem wirklich gelesen.

Ende Mai 1933 wird Wegner von einem Gastwirt denunziert, der sein Versteck verraten hat. Auf Grund seiner Gesinnung und nicht wegen des Briefes wie oft behauptet wird, wird er ins berüchtigte Berliner Polizeigefängnis am Columbiadamm eingeliefert, gefoltert, von dort ins KZ Oranienburg verbracht und weiter in andere KZ's, bis er Weihnachten 1933 entlassen wird.

Zwar versucht Wegner nun, sich in Deutschland zu arrangieren, lotet aber zugleich die Möglichkeiten aus, nach England oder Palästina auszuwandern, kehrt aber von dort wieder nach Berlin zurück, bevor er im Frühjahr 1936 nach Italien übersiedelt und sich dort nach Positano am Golf von Neapel zurückzieht, verstummt, und die Jahre des Nationalsozialismus und Faschismus fast unbehelligt überlebt. Günther Anders hatte, nachdem er mit seinen Eltern 1915 von Breslau nach Hamburg gezogen war, Jahre später ein philosophisches Studium in Freiburg begonnen, erst bei Husserl und dann bei Heidegger, in dessen Seminaren er Hanna Ahrendt kennerlernte. Er trifft sie vier Jahre später in Berlin wieder, als sie sich enttäuscht von Heidegger abgewandt hat. Sie lebt da mit ihm zusammen und heiratet ihn Ende 1929. Er strebt wie sein Vater eine Universitätskarriere an, verfaßt einen Habilitationsentwurf zur Philosophie der Musik an der Universität Frankfurt, den aber Theodor W. Adorno, der sich ja selbst auch als Musikphilosoph verstand, ablehnt, und damit Anders Universitätslaufbahn ersteinmal beendet, bevor sie überhaupt begonnen hat.

Zuvor hatte Anders vor Adorno und Horkheimer schon einen Vortrag gehalten mit dem Titel „Die Weltfremdheit des Menschen". In ihm führt er aus, daß der Mensch die Einheit mit der Welt verloren habe, sie zwar immer einklage, indes vergeblich und in Folge dessen, auf Distanz zu der Welt gehe und ein Wesen sei, daß laufend Abschied nehme, genau darin aber auch seine individuelle Freiheit finde. Eine Position, die zwar moralisch ist, weil sie zu der Welt in ein klagendes Verhältnis tritt, in dem der

Mensch aber dennoch Mensch sein kann. Anders entwickelt eine anthropolgische Philosophie, die später auch Sartre beeinflussen wird, als dieser mit den Thesen Anders in Berührung kommt, und die dieser selbst weiterführen wird in seinem berühmtesten Buch: „Die Antiquiertheit des Menschen."

Da Anders an der Unversität nicht Fuß fassen kann, schreibt er als Journalist für den Berliner Börsen-Kurier über Kunst und Musik, wird von Herbert Ihering, so besagt die Anekdote, da er soviele Artikel mit Stern zeichnet, aufgefordert, sich doch auch anders zu nennen. So wurde aus Günter Stern gegen Ende der Weimrarer Republik Günther Anders. Der beginnt 1932 einen Roman „Die Molussische Katakombe". In dieser Parabel von 600 Manuskriptseiten erzählt er Geschichten von Gefangenen in einem von einer Geheimen Polizei überwachten Staat, die untereinander Fabeln über ihre Verwahrung und Verhöre erzählen.
Die Abfassung des Romans über einen totalitären Staat wird von der Errichtung eines solchen unterbrochen und quasi überholt im Januar 1933. Wenige Monate nach der Machtübertragung an Hitler verläßt Günther Anders Deutschland. Der Reichstagsbrand ist für ihn das Signal zur Flucht. Er gelangt nach Paris, wo er den begonnenen Roman weiter schreibt. Obwohl er dort viele andere ihm bekannte Emigranten trifft, unter anderen seinen Großvetter Walter Benjamin, fühlt er sich verloren, denn wie soll er leben, wovon, wie veröffentlichen, Fragen ohne Antworten, die die Emigranten einen. Derart verloren, verfasst er den Vortrag über die Weltfremdheit des Menschen neu, nennt ihn nun „Pathologie de la Liberté", die insofern eine begrenzte, eine zufällige ist, da der Mensch in der Welt eigentlich überflüssig, zum Verschwinden bestimmt sei. Eine kalte Prophetie, die sich in den Folgejahren in pervertierter Form bewahrheiten wird und wiederum einige Jahre später noch in der Möglichkeit, daß der Mensch mittels eigener Waffen, sich selbst auslöschen kann. Es ist die Moral der Negation, die Anders Philosophie antreibt.

In Paris ist kein Bleiben und si schifft er sich 1936 in die USA ein, entgeht so dem Schicksal vieler Frankreich-Emigranten, die wenig später interniert werden oder in der Folge des Einmarsches der deutschen Truppen den Tod finden, wie Walter Bejamin und Ernst Weiss in den Selbstmord getrieben werden.

Anders läßt sich in New York nieder, wird von seinem Vater unterstützt, der eine Professur in North Carolina erhalten hat, schlägt sich dann aber in verschiedensten Jobs durch, geht dann nach Hollywood zusammen mit einer Schauspielerin, – von Hanna Ahrendt wurde er 1937 geschieden – schreibt Filmdrehbücher, die nicht angenommen werden, und er, der mal Philosophieprofessor werden wollte, arbeitet als Kostümverleiher, dann am Fließband.

„Ohne meine Fabrikzeit wäre ich in der Tat niemals fähig gewesen, meine Kritik des technischen Zeitalters zu schreiben", die er aber erst abfassen wird, als er 1950 nach Europa zurückkehrt.

Armin T. Wegners Name fand sich 1947 beim ersten Schriftstellerkongress in Berlin auf einer Liste der Toten der vergangenen Jahre. „Im Totgesagtheit ist eine Wahrheit enthalten, denn aus der Heimat vertrieben und vergessen zu sein, kommt einem Tode gleich", wird er notieren. Wegner hatte in den Jahren des Exils kaum noch schreiben können. „Das Schweigen der Jahrhunderte legte sich auf meine Lippen." Der Empörung der frühen Jahre, in denen der moralische Appell zur Waffe gegen die Verbrechen der Menschheit war, sind Rückzug und Schweigen gefolgt.

1956 besucht Wegner erstmals wieder Deutschland, doch. „Die Vergangenheit kommt in Gestalt lautloser Träume wieder", schreibt er, weiß, er kann im Land der Mörder nicht dauerhaft leben" läßt sich endgültig in Rom nieder, verzichtet auf Rückkehr an die Wurzeln seines Lebens: „Ein Teil schmerzlicher Sehnsucht weilte in meinen Träumen dort, wo ich am liebsten zu Haus war, an der Ufern der Oder in Schlesien, an denen ich als Knabe aufwuchs", schreibt er 1970 in „Abschied von mir selber". Doch in seinem dauerhaften Exil beginnt Wegner wieder zu dichten, völlig unbeachtet vom deutschen Literaturbetrieb. Es entstehen einige Gedichtzyklen. In „Die Straße nirgendwohin" ist zu lesen:

„Einmal war ich in allen Häusern zu hause/ jetzt in keinem mehr."

Dabei ist er zu einer späten schmerzhaften Erkenntnis gekommen. In ihr kommt auch das Eingeständnis eines Irrtums und eines daraus folgenden Versäumnisses zum Ausdruck, daß nämlich nur die Dichtung selbst und nicht die moralische Position, die sich auch schreibend ausdrückt, etwas ausrichten kann. „Im hohen Alter, in meinem 85sten Jahr, bin ich zur Ansicht gekommen, daß die Kunst und die Erzählung unter ganz anderen Gesetzen steht, sie gar nichts mit der Frage zu tun haben, daß es die Welt zu verändern gilt. Es gilt, sich der Sendung des Dichters anzunehmen."

Die rein moralische Position kann klagen, sich empören, mahnen, verwerfen, sie kann aber kein neues Licht in die Welt werfen, was Dichtung vermag. Die negative Moral besitzt indes keine verändernde Kraft.

Günther Anders kehrt 1950 nach Europa zurück, läßt sich aber nicht in Deutschland, sondern am Rand im neutralen Wien nieder.

„Da wäre ich also zurückgekehrt in ein Land, in dem ich niemals zuvor gelebt habe." Bei Besuchen in Deutschland war er, wie nun auch in Österreich auf Menschen getroffen, die sich keiner Schuld bewußt waren, die sich auch nicht erinnern wollten, an das, was sie gelebt haben, die nur von den Bomben erzählten, die auf Berlin, Köln oder Dresden gefallen waren. „Also geschah es, daß die Verbrecher vergessen wurden, gewissermaßen unter der furchtbaren Konsequenz ihrer Verbrechen", schreibt Anders, und: „Der heutige Zustand verhöhnt den blutigen Ernst der vergangenen zwölf Jahre, er macht ihn ungültig und degradiert ihn zu einem Schauspiel; und das Schauspiel ist eben abgesetzt, weil ein anderes auf dem Spielplan steht."

Die Folgenlosigkeit der Verbrechen der Deutschen empört, verbittert ihn, schürt seinen Haß und Anders verzweifelt am Menschen selbst. Und doch mischt sich seine Empörung immer wieder ein, gegen die Wiederaufrüstung der Bundesrepublik, gegen die Atombewaffnung, gegen den Krieg in Vietnam, gegen die „Apokalypseblindheit des Menschen im 20. Jahrhundert", gegen die Unfähigkeit zu trauern und zu lernen, einen Zustand, den er „das prometheische Gefälle“ nennt. Und schon im zweiten Band von „Die Antiquiertheit des Menschen“ entwirft er 1980 ein düsteres Bild der Zukunft des Menschen, die eben keine mehr sei.

„Während der Atomkrieg die Vernichtung der Lebewesen inklusive Menschen bedeutet, bedeutet das Klonen die Vernichtung der Spezies qua spezies unter Umständen der Vernichtung der Spezies Mensch durch Herstellung neuer Typen“. Anders sieht in dieser Vernichtung eine Folge sowohl der Menschenversuche der Nationalsozialisten als auch von Auschwitz.

In seiner negativen Philosophie, die auch seinen Körper und Geist angreift und verbittert, kann Anders gar nicht anders als folgern: „Die Möglichkeit unserer endgültigen Vernichtung ist, auch wenn diese niemals eintritt, die endgültige Vernichtung unserer Möglichkeiten.“

Am Anfang des 20. Jahrhunderts, in Kindheit und früher Jugend von Günter Stern schien die Welt noch in Ordnung und das unmenschliche Gesicht seiner Zeit war nicht zu erahnen, doch 1914 legte den Grundstein für das Zeitalter der Katastrophen, wie Eric Hobsbawm die Epoche nennt, und zugleich für die Verbitterung des Günther Anders, die seine Philosophie bestimmen sollte.

Am 17. Dezember 1992 ist der Weg des Günther Anders durch das Jahrhundert beendet, er stirbt in Wien. Armin T. Wegner hatte in der Einsamkeit der italienischen Jahre seine späte Erkenntnis von Sendung und Weg des Dichters in zahlreichen Gedichten niedergeschrieben. Er stirbt am 17. Mai in der Via della Purificazione von Rom.

„Nur Ewigkeit ist kein Exil“. Diese Worte von Else Lasker-Schüler gelten auch für ihn.

Anmerkung
Heute ist Wuppertal der Sitz der 2002 gegründeten, internationalen Armin-T.-Wegner-Gesellschaft, die nun das Werk und das Beispiel dieses Mannes verstärkt der Öffentlichkeit zugänglich macht – etwa mit dem interkulturellen Uraufführungs- und CD-Projekt „Picture of a voice / Bildnis einer Stimme – Wege der Verständigung“ mit deutschen, jüdischen, arabischen, türkischen, armenischen und italienischen Beiträgen. Gestartet im Dezember 2003, im 25. Todesjahr des Dichters, realisiert das Vorhaben Uraufführungen neuer Wegner-Vertonungen bedeutender internationaler Musiker und die Produktion einer Doppel-CD.
Von Armin T. Wegner sind gegenwärtig im Buchhandel erst wenige Werke wieder erhältlich, so die Anthologie „Odyssee der Seele“ und der „Brief an Hitler“ – beide im Wuppertaler Peter Hammer Verlag. Der Wallstein-Verlag, Göttingen, der die Rechte hält, bereitet z.Z. eine Wegner-Werkausgabe vor. Der Berliner Verlag „Das Arsenal“ steht vor der Ausgabe des Briefwechsels von Armin T. Wegner und Lola Landau – Zeugnisse der Liebe und der Fremdheit eines tragischen, deutsch-jüdischen „Jahrhundert-Paares“.
Kontakt:
Armin T. Wegner-Gesellschaft e.V., Else Lasker-Schüler-Str. 45, 42107 Wuppertal, Tel: 0049/202/305725 (arco-Verlag), e-mail: mediadea@aol.com

Jörg Aufenanger
geb. 1945 in Wuppertal-Elberfeld. Studium der Philosophie, der Literatur- und Theaterwissenschaften in Berlin und Paris. Lebt als Theaterregisseur und Autor diverser Veröffentlichungen zur Philosophie und zur Literatur in Berlin. Zuletzt: Biographien zu Goethe und Grabbe.

WOJCIECH KUNICKI

Der Schmerz der Lust

Einführungsvortrag zur Ausstellungseröffnung „Liebes- und Musengeschichten – das fragile Glück im Unglück von Verfolgung und Exil" am 13. Oktober 2003 in Wrocław

„Im Mai 1933 strich Adolf Hitler eine ganze Generation von Schriftstellern aus dem Bewusstsein des deutschen Volkes" – stellte Jürgen Serke in seiner Dokumentation *Die verbrannten Dichter* fest. Die spektakulären Bücherverbrennungen, die in den Universitätsstädten Deutschlands eine angeblich spontane Aktion der Studentenschaft „Wider den undeutschen Geist" begleiteten, waren im Grunde sorgfältig vorbereitete Spektakel, an denen die ganze Bevölkerung mitwirken sollte: die Scheiterhaufen wurden schon seit dem frühen Morgen des 10. Mai 1933 allen Bewohnern der Universitätsstädte zugänglich, die aufgrund der eigens vorbereiteten „schwarzen Listen" über das jüdische zersetzende Schrifttum den Protest „aus Anlass schamloser Hetze des Weltjudentums gegen Deutschland" unterstützen sollte. Die Scheiterhaufen sowie die begleitenden „Feuersprüche" haben eine traurige Berühmtheit erlangt, die allerdings nur symbolisch war. Viel fataler war die versuchte Tötung der Literatur durch eine Neuordnung in den Stadt- und Volksbüchereien, durch eine gezielt betriebene Kulturpolitik, die zu einer „koordinierten und kontrollierten Ausschaltung" des „undeutschen Geistes" aus der Literatur führen sollte.

Die Sammlung Serke, von der ein Teil in der Ausstellung „Liebes- und Musengeschichten – das fragile Glück im Unglück von Verfolgung und Exil" in Breslau der Öffentlichkeit zugänglich gemacht wird – ist auch eine Gedächtnisübung zu jenen, die man damals verbannte und verfolgte mit ganz anderen Ausstellungen, auch in dieser Stadt, wie jene Ausstellung zur „entarteten Kunst", die im Zusammenhang mit der Säuberung der Breslauer Kunstakademie im Dezember 1933 im 3. Stock des Museums für Bildende Künste veranstaltet wurde. „Erschüttend und abstoßend zugleich“ – betonte der parteibewusste Paul Majunke-Lange. „Die Namen schon sprechen für sich: Oskar und Margarethe Moll, Oskar Schlemmer, Johannes Molzahn, Lionel Feininger, Otto Dix, George Grosz, Max Pechstein, Karl Schmitt-Rotluff, Paul Klee, Wassily Kandinsky und wie diese ‚Größen‘ von einst alle heißen.“

Auch eine brutale Tagespropaganda kam zum Wort: In Gestalt eines Breslauer Revolutionsmuseums, eingerichtet im Polizeipräsidium, nach dem Beispiel von München und Berlin durch die SA: „Die Querseite des Ausstellungssaales zeigt jene Schundliteratur, die geeignet war, Sitten und Lebensform eines Volkes zu untergraben. Tausende und abertausende Bücher und Zeitschriften beweisen hier schon rein mengenmäßig, daß es höchste Zeit war, mit dieser von jüdischem Zersetzungsgeist getränkten Asphaltliteratur aufzuräumen.“

Zu den schlesischen Vertretern der „Asphaltliteratur“ gehörten u.a. Franz Landsberger, Herausgeber der „Schlesischen Monatshefte“, weil er Jude war. Im Exil belegte er die früher so heiß geliebte Stadt Breslau mit einem Fluch, der auch in Erfüllung ging: nicht einmal ihr Name ist erhalten geblieben. Oder Arnim T. Wegener, ein Dichter, der wie Jürgen Serke sagt, *in Deutschland blieb und Hitler trotzte*, und der 1948 folgendes Fazit aus seinem Exilleben zog: „Mich selbst hat das Leben vielfach begnadet. Nicht scherzhaft gebrauche ich dieses Wort, wenn Du gleich hören wirst, auf welche Art und Weise das Leben mich nach 1933 beschenkt hat. Drei Gefangenenlager und sieben Gefängnisse des dritten Reiches in Deutschland und Italien. Nach 1936 lange Jahre der Verbannung in England, Israel und Italien, von wo ich wahrscheinlich nie wieder zurückkehren werde.“

Der Adressat dieser Worte, der mit einer Jüdin verheiratete Breslauer Publizist Edmund Glaeser, schrieb über das grausige Schicksal der Mutter seiner Frau, die den Tod dem Konzentrationslager Auschwitz vorgezogen hatte: „Meine Schwiegermutter, einst Vorsitzende des vaterländischen Frauenvereins für den Landkreis Breslau und vom Staat in der kaiserlichen Zeit hoch geehrt, tötete sich im Alter von 73 Jahren mit Veronal, ehe sie nach Theresienstadt bzw. Auschwitz zum Vergasen geschickt werden konnte. Wir fanden das ganz richtig, und es war das Ende einer seelischen Qual."

Ich mache nur kurz darauf aufmerksam, daß im posthum veröffentlichten Roman *Blanche oder das Atelier im Garten* (1957) des in Lodz ermordeten Paul Kornfeld Veronal die „stumme Hauptrolle" spielt. Viele haben sich durch Freitod von der unmenschlichen Wirklichkeit befreit: wie zum Beispiel Walter Benjamin an der französisch-spanischen Grenze oder Ernst Weiß, der Selbstmord beim Einmarsch der deutschen Truppen in Paris beging.

Nicht nur Juden waren verfolgt, sondern auch „rein arische Deutsche, lyrische, unexaltierte Menschen" wie Max Herrmann aus dem oberschlesischen Neisse, der angewidert durch die Herrschaft der, wie er selbst in einem Brief, schrieb, „Mörder- und Verbrecherbande" Deutschland verließ, um nicht wieder zurückzukehren. An diese Dichter, an diese Menschen muss gerade hier in Wrocław erinnert werden, weil sie im deutschen Breslau wirkten, hier auch verbannt und verdammt wurden. Man muss an jene denken, die fast gänzlich aus dem kollektiven Gedächtnis ihrer Nation verschwanden, obwohl sie gerade in den finsteren Zeiten die menschliche Würde nichtspektakulär, leise als unbekannte Opfer wiederherstellten.

Der Exodus der deutschen Literatur, ihre Vertreibung aus der Heimat, bleibt bis heute ein kaum überwundener Schock. Sie betraf sowohl Kommunisten (Johannes R. Becher), Nationalkonservative (Valeriu Marcu), Liberale (Stefan Zweig, Erich Maria Remarque), als auch deklarierte Sozialdemokraten oder Anhänger der Zentrumspartei. Den Großteil machten die jüdischen Schriftsteller aus, die ihre nackte Existenz retten mussten. Zahlreiche Länder haben sie aufgenommen, zuerst das alte Europa, dann nach dem Vordringen der Hitler-Armeen, die USA und die Staaten Südamerikas. Zur besonderen Tragik mancher Exilautoren gehört ihre enttäuschte Hoffnung in die Sowjetunion, wo viele den Tod durch stalinistische Häscher fanden wie zum Beispiel der Kommunist Ernst Ottwalt, der im Gulag zu Tode gequält wurde.

Den Sinn der hier eröffneten Ausstellung kann man in drei Bereichen erkennen: Erstens sind die „verbrannten Dichter" Vorbilder in vorbildarmer Zeit. Darin ist Jürgen Serke zweifellos zuzustimmen. Zweitens regen die verbrannten Dichter zur Suche nach den überhaupt oder nur ungenügend entdeckten Bereichen des Schönen an, das sich trotz der widrigen Zeitumstände behaupten konnte. Dieses Schöne bleibt allerdings, und das ist der dritte Aspekt, nicht von dem Ethischen unabhängig. Das Schöne verhilft dem Guten zum Sieg.

JÜRGEN SERKE

Die Bräute des Herrn

Else Lasker-Schüler und Edith Stein auf dem Weg zu Gott

Ich habe einen Sohn. Er ist 22 Jahre alt und heißt Benjamin. Als er mit knapp drei Jahren zu uns kam, war er ein geschlagenes, geprügeltes Kind. Eine meiner Töchter, die als Studentin ein Praktikum in einem Sonderkindergarten machte, hatte Benjamin mitgebracht zu uns nach Haus. Der Mutter, in asozialen Verhältnissen aufgewachsen, wurden ihre drei Kinder entzogen. Benjamin wollte nicht mehr weg, und er blieb. Er war sehr klein. Ärzte hatten Minderwuchs diagnostiziert. Benjamin wuchs und ist heute so groß wie ich.

Als er damals mit seinen knapp drei Jahren bei uns auftauchte, saßen wir bei Tisch und sangen ein Lied. Benjamin kroch vom Schoss meiner Tochter unter den Tisch. Es liefen ihm die Tränen. Es war kein Weinen und kein Schluchzen. Nichts war von ihm zu hören. Nur die Tränen liefen. Die Atmosphäre, das Lied, das Singen – es muss auf ihn wie ein Wunder gewirkt haben.

Benjamin hat heute eine Freundin, die es versteht, seine Ruhe- und Rastlosigkeit aufzulösen. Melanie, das 17-jährige Mädchen mit Augen, die nach innen leuchten. Nun ist Anna hinzugekommen, 16 Jahre alt, in Moskau geboren, in Prag die deutsche Schule besuchend. Anna ist die Tochter meiner Freunde. Temperamentvoll, neugierig und enthusiastisch. Mit einer Stimme, die zum Wohnen einlädt.

Nach dem ersten Tag mit Anna in Hamburg setzte sich Benjamin spätabends zu uns ans Bett. Und nun passierte das Gleiche, was ich nur einmal vor 19 Jahren bei ihm gesehen habe. Es liefen ihm die Tränen in völliger Stille. Das Wunder der Liebe gespalten, in der Gestalt von zwei Personen, in Melanie und Anna. Irgendwann die Worte: „Warum tut das so weh? Wie wär' es schön, wenn beide eins wären."

Ja, die Liebe, die auf Vollkommenheit des Geliebten aus ist.

Das ist nicht nur das Problem meines Benjamin, dessen biblischer Vorgänger von seiner sterbenden Mutter Rahel Ben-Obi genannt wurde, Sohn des Unglücks, und vom Vater Jakob Sohn des Glücks. Das ist auch das Problem der 1869 in Elberfeld geborenen Else Lasker-Schüler und der 1891 in Breslau geborenen Edith Stein gewesen, zwei Jüdinnen auf der Suche nach der großen Liebe, die der eigenen Imagination standhält.

Beide Frauen haben mit Unglück Männer geliebt und sind doch am Ziele ihres Herzens angelangt. Else Lasker-Schüler mit ihren sprachmagischen Evokationen. Ihrem assoziativem Denken, Edith Stein mit ihrem analytischen Denken der Philosophin, das in Erkennen umschlug.

Wissen ist fleischliches Wissen. Eine unterirdische Verbindung zwischen Geist und Leib liegt jeder Analogie zugrunde. Jedes Wort ist physisch, bevor es metaphysisch wird. Und der Leib, der das Maß alles Dinge ist, ist geschlechtlich.

Gerade deshalb ist es nicht verwunderlich, dass Edith Stein über die mystische Liebestrunkenheit der spanischen Nonne Teresa von Avila zum katholischen Glauben gefunden hat und 1922 als 31-jährige konvertierte. In der Autobiographie der Heiligen des 16. Jahrhunderts, die zu ihrer Zeit von der Inquisition bedroht war und deren Werk „Von der Liebe Gottes“ den Flammen übergeben wurde, fand sie ihre radikale Liebesvorstellung realisiert.

Teresas ekstatisches Erleben mit den Engeln, bei der sich ihr Körper vom Boden erhob und frei schwebte, ist eben nicht ein Ärgernis für die an Edmund Husserl rational geschulte Edith Stein. Die Trunkenheit der Seele, die Teresa „glorreiche Verrücktheit“ nennt, ist die Sehnsucht, die sich bisher nicht erfüllt hat. Fasziniert erfährt Edith Stein von Teresa von Avilas Vereinigung mit dem Herrn, die zu einer mystischen Ehe führt, die aller bildhaften Vorstellung widerstrebt.

„Sieh an diesen Nagel“, hört Teresa Jesus sprechen. „Er ist ein Zeichen, dass du von heute an meine Braut sein wirst.“ Es ist die letzte Steigerung in Teresas Beziehung zu Gott. „Oftmals“, so berichtet sie, „spricht seine Majestät, wobei er mir seine große

Liebe offenbart, die Worte zu mir: ‚Du bist jetzt mein und ich bin dein.'" Nicht nur ein Protestant, wie ich es bin, sperrt sich gegen derlei Hochgefühle. Mir hat die Sperre schon in den fünfziger Jahren der schweizerische Protestant Walter Nigg in seinen Büchern über die Heiligen, die Ketzer, die Maler des Ewigen und die prophetischen Denker genommen.

Wer nicht vor den in magischen Farben leuchtenden Bildern El Grecos, der die ekstatische Seele der spanischen Mystik festhält, den Kopf schüttelt, wird sich Teresas Schilderungen nicht entziehen können. Für die Katholikin Edith Stein ist Jesus, so schreibt sie, „das Ideal menschlicher Vollkommenheit, in dem die Vorzüge männlicher und weiblicher Natur ‚vereint sind'. Männliche Kühnheit, Festigkeit und Entschlossenheit", ergänzt und ausgeglichen durch „Zartheit, Güte und wahrhaft mütterlicher Fürsorge".

Else Lasker-Schüler und Edith Stein sind einander persönlich nie begegnet. Doch in ihren Hoffnungen, ihrer Art, sich süchtig zu sehnen und in ihren Erfüllungen, die das Geheimnis der beiden Frauen bleiben, aber in ihrer Lebensweise und in ihren Werken durchschimmern, bleiben die beiden auf signifikante Weise verbunden. Sie haben gelebt unter dem Wort, das Else Lasker-Schüler in ihrer 1921 erschienenen Erzählung „Der Wunderrabbiner von Barcelona" diesem Weisen in den Mund legt: „Wer das gelobte Land nicht im Herzen trägt, der wird es nie erreichen."

Else Lasker-Schüler sah in dem Auseinanderwachsen von Judentum und Christentum eine der großen geschichtlichen Katastrophen. In einem Brief an Martin Buber vertrat sie die Meinung, dass Paulus die einfache und verständliche Lehre unnötig kompliziert habe. Sie sieht in Paulus einen Teppichweber, der sich „seltsam verstrickt in Fransen und Quasten". Jesu Lehre erscheint ihr „pflanzlicher", also natürlich, weniger künstlich. Paulus spricht sie ein Talent zur Wissenschaft zu. Jesus dagegen ist für Else Lasker-Schüler ein Dichter: „Er drang die Menschen nicht und wenn wir nur von seiner einfachen Lehre wüssten, gäbe es heute noch Judenchristen, und das wäre eine Brücke zwischen Juden und Christen."

Edith Stein ist in diesem Verständnis eine Judenchristin und hat diesen Paulus nicht unproblematisch gesehen in seinen Ansichten. Sie löste ihren Konflikt so, dass sie bei ihm Zeitverhaftetes vom Gültig-Verbindlichen unterschied. Sie widersprach der von Paulus konstatierten Vorrangigkeit des Mannes und der Unterordnung der Frau unter den Mann.

Ihre Vorstellung zum Priestertum von Frauen ist eindeutig. Sie beklagte „eine Verdrängung der Frauen aus... (urchristlichen) Ämtern und ein allmähliches Sinken ihrer kirchenrechtlichen Stellung, wie es scheint, unter dem Einfluss alttestamentlicher und römisch-rechtlicher Vorstellungen". Nicht Biologie, sondern Glaube erlaubt ihrer Ansicht nach die Mittlerschaft zu Christus.

Zwei selbstbewusste Frauen sprechen aus diesen Texten. Beide kommen aus jüdischen Familien, in denen der mosaische Glaube seinen orthodoxen Stachel verloren hatte. Edith Steins Mutter Auguste hielt an der religiösen Tradition ihres Glaubens fest. Die jüdischen Festtage wurden gefeiert. Doch sonst beanspruchte die Holzhandlung, die die Mutter nach dem Tod ihres Mannes mit größtem Erfolg führte, den ganzen Tag. Edith war das elfte Kind und wurde zum Vermächtnis des Vaters an die Mutter, als er zweieinhalb Jahre nach ihrer Geburt starb. Sie war ebenso wie Else Schüler, die 22 Jahre früher zur Welt kam, ein eigenwilliges Kind. Elses Vater war Privatbankier, ihr Onkel der Gründer der liberalen „Frankfurter Zeitung". Else Lasker-Schüler, die wie Edith Stein sehr ausführlich über die Kindheit geschrieben hat, erwähnt allein Jom Kippur, den Versöhnungstag, den die Familie gefeiert hat.

Bis Mutter Auguste Stein mit ihren Kindern in das geräumige Haus in der Breslauer Michaelisstraße ziehen konnten, waren die Wohnverhältnisse eng. Die Mutter ließ ihre Kinder gewähren bis auf die Anweisung: „Aufs Wort folgen! Sonst könnt ihr machen, was ihr wollt." Edith Stein war wie Else Schüler ein Mutterkind. Die Mutter Elses war immer da, die Mutter Ediths nicht. Edith erzwang sich Zuwendung. Die Mutter allein zu haben, wurde nur Kindern gewährt, die krank waren. Edith wurde häufig krank, immer dann, wenn sie einen Konflikt nicht allein bewältigen konnte.

Die Mutter Jeanette war für die Tochter Else in Elberfeld die absolute Geborgenheit. Else musste keine Zuwendung erzwingen. Sie wuchs ungleich freier auf als Edith Stein. Else Lasker-Schülers Kindheitserinnerungen erschienen 1932. Edith Stein schreibt 1933 ihre Erinnerungen „Aus dem Leben einer jüdischen Familie“, die erst nach dem Krieg erscheinen können. Beide Bücher sind ein Bekenntnis zur deutsch-jüdischen Zusammengehörigkeit. Else Lasker-Schülers Buch erklärt nicht, warum sie als Elfjährige aus der Schule genommen und nur noch im Elternhaus Privatunterricht bekam. Einen Hinweis bekommen wir erst in einem Text aus dem Nachlass der Dichterin, die dort den Antisemitismus ihrer Mitschüler als die „wunden Leiden ihrer Kinderzeit“ bezeichnet. Auch Edith Stein wurde als 15-jährige zeitweilig aus der Schule genommen. Die Gründe dafür sollen in einer persönlichen Krise gelegen haben.

Es könnte sein, dass sich auch wie bei Else Lasker-Schüler in Edith Steins Erinnerungen Wunsch und Wirklichkeit vermischen. Sie, deren Konversion die Mutter nicht verstehen konnte und die sie nie akzeptierte, erhob Auguste Stein geradezu beschwörerisch zum Symbol der Wärme. Natürlich weiß Edith Stein um den zentralen Sinn des Judentums, die Bedeutung der Familie, die ihres Volkes und ihres Gottes. Und so hat ihre Darstellung etwas Kompensierendes. Und zugleich entschlüpfen Edith Stein Worte, die ihr Kindheitsdilemma offenbaren. Wenn sie im Zusammenhang mit der Mutter vom „Geheimnis des Nichtberührenkönnens“ spricht, vom Verbot, den „eigenen Schatz anzutasten“; denn er wurde im Geschäft der Mutter „gutgeschrieben“.

Noch in der größten Autonomie, die sie sich als Wissenschaftlerin erkämpft und als Konvertitin findet, bleibt Edith Stein gebunden an die Mutter. Mutters „teuerstes Kind“, Mutters Schatz bleibt unberührt. Und der absolute Gehorsam, den die Mutter von ihrem Kind verlangt hatte, wird weitergetragen hin zu einem höheren Liebesobjekt, dem Gottessohn, bei dem die Jungfräulichkeit ihren Wert behält noch in der Verschmelzung mit dem Herrn. Edith Stein bleibt dabei unversehrt.

Auch Else Lasker-Schüler bleibt gebunden an ihre Mutter, wünscht sich zurückversetzt in ihren Schoß und kann deren Tod im Jahre 1890 nicht verwinden. Edith Steins katholische Überwältigungsfigur Teresa von Avila begegnet in ekstatischen Situationen den Engeln. Else Lasker-Schüler rückt in ihren Gedichten die Mutter in den Bereich der Gottesnähe, indem sie ihr engelhafte Züge zuspricht. Für die Dichterin hat ihre Mutter ein erfülltes Leben in die Welt gebracht, etwas Einzigartiges, das sie der Tochter mitgab – als Fülle der Phantasie. Etwas Einzigartiges, das einsam macht in einer Umgebung, die ihre Phantasie stumpf macht.

„Ich werde jetzt immer ganz allein sein", schreibt sie, „Wie der große Engel, / der neben mir ging." In ihrem Gedicht „Gebet" heißt es:

> Ich suche allerlanden eine Stadt,
> die einen Engel vor der Pforte hat.
> Ich trage seinen großen Flügel
> Gebrochen schwer am Schulterblatt
> Und in der Stirne seinen Stern als Siegel.

Die Mutterkinder Else Schüler und Edith Stein waren in ihrer Kindheit fixiert auf einen Bruder. In beiden Fällen trägt er den Namen Paul. Edith Steins Vater konnte keine große Rolle spielen, da er so früh starb. Doch wie konfliktreich das Eheleben war, hat sie gespürt. Der Vater Else Schülers, der als Bankier so gar nicht dem Wunschbild des „wilden Juden" entsprach, das die Dichterin dem assimilierten Judentum entgegensetzte, wurde in ihrem literarischen Werk verwandelt in einen Baumeister, in dessen Türmen die Tochter träumen konnte.

Elses jüngster Bruder Paul, der früh starb und vor seinem Tode 1882 zum Katholizismus übertreten wollte, lebte in den Erinnerungen der Schwester weiter als Heiliger. Er hatte sie, wie sie schreibt, „die Liebe zur Natur" gelehrt. Er hatte ihr das Christentum nahegebracht, das in ihrem Werk als ein Teil des Judentums empfunden wird. In ihrem Prosastück über den Versöhnungstag indentifiziert die Dichterin Jesus mit dem Messias, wenn sie schreibt: „Messias, der schon einmal auf Erden wandelte, für dieses Geschenk des Himmels weder Juden noch alle anderen Völker reif waren, es zu bewerten und zu bewahren in seiner Echtheit..." An den toten Bruder gewandt, dichtet sie: „Du, Mein / Der Du bist auf Erden gekommen, / Mich zu erlösen. / Aus aller Pein... / Nimm mein Herz zu Dir / Und küsse meine Seele / Vom Leid / Frei." Wie stark dieser Bruder, dieses Mannsbild auf die Dichterin gewirkt hat, wird deutlich daran, dass sie ihrem Sohn 1899 den Namen Paul gibt. Da ist sie verheiratet mit dem Arzt Dr. Berthold Lasker, dem Bruder des späteren Schachweltmeisters. Verheiratet mit einem Mann, der aus dem Osten gekommen ist und sich der von seiner Frau verhassten Assimilation unterwirft. Niemand weiß bis heute, ob Berthold Lasker der Vater ihres Kindes ist. Sie hat den Namen des Vaters nie preisgegeben. 1903 ließ sie sich scheiden.

Das Männerbild der Edith Stein wird bestimmt von ihrem ältesten Bruder Paul, der – wie sie schreibt – ein „leidenschaftlicher Bücherwurm" war. Edith schlief im Zimmer der Mutter. Wenn die Mutter müde im Bett lag, folgte Edith den Erzählungen und Geschichten, die nicht für ein kleines Kind bestimmt waren. Paul weckte die Phantasie, die Edith auf ihrem Lebensweg hin zur analytischen Philosophie des Edmund Husserl, bei dem sie in Göttingen und Freiburg studieren und dessen wichtigste Assistentin sie werden sollte, zu disziplinieren wusste.

In ihren Erinnerungen „Aus dem Leben einer Jüdischen Familie" sind diese Passagen die anrührendsten in ihrem Werk, wenn sie den Zauber dieser Beziehung lebendig werden lässt. Paul strudelt sie ein in eine bebilderte Literaturgeschichte. Er trägt sie auf den Schultern, während sie sich in seinem Haar festhält. Er sang mit ihr die Volks- und Studentenlieder. Er eröffnete dem kleinen Mädchen eine Welt der Gleichrangigkeit, die sich für Edith Stein nicht aufrechterhalten ließ – weder im Zusammenleben mit Mutter und Familie noch später an der Universität, in der unumschränkt die Autorität des Mannes galt.

Als Edith fünf Jahre alt war, wurde die Liebe zum Bruder gewaltsam aufgelöst. Paul verlobte sich heimlich und folgte seiner Braut nach Berlin. Die Mutter, deren Einverständnis er nicht abgewartet hatte, verzieh dem Sohn diese Eigenwilligkeit nie. Um psychisch zu überleben, musste Edith diesen Konflikt verdrängen. Die Mutter machte sich über die Liebe Ediths lustig. Doch die Liebe zum Bruder Paul blieb für Edith lebenslang eine unerfüllte Sehnsucht und – wie kann es anders sein – mit Angst- und Schuldgefühlen besetzt.

Edith schloss sich ihrer knapp zwei Jahre älteren Schwester Erna an. Sie wurden – wie man so schön sagt – ein Herz und eine Seele, Mitwisserin in den sonst so geheimen Gedanken und Vorstellungen der anderen. Aber dann auch Konkurrentinnen, wie sich zeigen sollte zu Anfang der Studienzeit der beiden in Breslau. Wir müssen uns Edith Stein als eine junge Frau mit einem unstillbaren Hunger auf Bildung und auch Auszeichnung vorstellen. Und zugleich ist sie voller Lust und Sinnlichkeit, getrieben von der Sehnsucht nach Liebe. Edith ist eine exzellente und begeisterte Tänzerin.

Da steht auf einmal Hans Bieberstein zwischen den beiden jungen Frauen. Der Tanz beginnt mit Edith und endet bei Erna, die Hans 1920 heiratet. Die Schwester wird also zur Konkurrentin um die Liebe des Mannes. Und Edith ist unfähig, sich als Begehrende zu offenbaren. Sie lässt sich wie einst als Kind in die Krankheit fallen, um die Aufmerksamkeit des geliebten Hans zu erreichen. Edith erlebt, wie Erna, von ihr ins Vertrauen gezogen, die Liebe der Schwester zu Hans verrät und damit die schwesterliche Gemeinschaft zerstört.

Auf der Hochzeit Ernas lässt sie sich noch einmal von ihrer Sinnlichkeit davontragen. Als Nonne des Kölner Karmel erinnert sie sich: „Aber als ich schon zu vorgerückter Stunde neben Hans am Flügel stand, begann plötzlich eine altbekannte, lebhafte Melodie. ‚Ist das nicht ein Dreher?‘ fragte ich. Dieser Tanz war in unserer Studienzeit aufgekommen, und ich hatte ihn von Hans gelernt. ‚Ja‘, sagte er, ‚hast Du etwa Lust zu tanzen?‘ Wir fingen an und tanzten den ganzen, etwas wilden Tanz durch... und wir tanzten noch den ganzen Walzer durch. Es war für mich das letzte Mal, dass ich richtig tanzte."

Es war der Abschied vom Traum der Liebe zum Mann, zu einer Erotik und Sexualität, die im Diesseits bleibt. Edith Steins Liebeserfahrungen zwischen 1915 und 1920 waren immer wieder auf Kränkung und Verletzung des Selbst zugelaufen. Im Philosophenkreis um den Phänomenologen Husserl traf sie auf den verheirateten Adolf Reinach und den unverheirateten Roman Ingarden. Die Autoritätsperson Reinach hält Edith Steins sehnsüchtiges Verlangen auf Distanz; er fällt im Ersten Weltkrieg als Soldat und hatte für seinen Tod vorausgesehen, dass Edith Stein eine „Trauernde ersten Ranges" werde.

Nach dem Tod Reinachs im November 1917 schrieb sie an den polnischen Freund Ingarden zum Heiligen Abend desselben Jahres: „Mein Liebling, diesen Abend möchte ich noch einmal bei Dir sein und Dir manches sagen, was ich Dir schuldig geblieben bin". Adolf Reinach hätte am 23. Dezember Geburtstag gehabt. Und Edith Stein löst sich in dem Brief an Roman Ingarden von ihrer sonstigen Diszipliniertheit, lässt ihren Panzer der Sprödigkeit urplötzlich fallen, indem sie ins Du verfällt und die geliebten Menschen Reinach und Ingarden vermischt.

Ingarden bringt Edith Stein zurück zum Sie. Philosophie und Ehe – das wäre es für die Breslauerin gewesen. Ab 1919 ersetzt dann in den Briefen an Ingarden, der sich in Lemberg habilitierte und dort als Professor arbeitete, das Philosophieren den Ton des sehnenden Herzens. Hans Lipps, gleich alt wie Edith Stein, ist in ihr Leben getreten. Mit ihm reist sie und trifft sich in Dresden, der Geburtsgegend des ebenfalls aus dem Husserl-Kreis stammenden Philosophen, der auch Mediziner ist.

In Bergzabern, wo sie bei der Philosophin Hedwig Conrad-Martius durch die Lektüre der Autobiographie Teresa von Avilas ihr katholisches Erweckungserlebnis haben wird, erinnerte sich Hedwig Conrad-Martius Jahrzehnte nach der einseitigen Liebesbeziehung zu Hans Lipps: „Edith Stein liebte Hans Lipps... Ich bin auch gewiss, dass sie ihn geheiratet hätte. Er wollte aber nicht. Als das absolut feststand, hatte ich ein Gespräch mit ihr –

bezüglich der Photographie, die – als einzige – immer noch auf ihrem kleinen Arbeitstisch in unserem Bergzabener Haus stand. Ich sagte zu ihr, dass es wohl nicht anginge, gleichzeitig sich Gott ganz hingeben und ausliefern zu wollen und das Bild eines Mannes auf dem Tisch zu haben – vielleicht habe ich auch gesagt, es im Herzen zu haben, das weiß ich nicht mehr –, der einen nicht heiraten wollte. Sie war tief betroffen und kurz nachher – vielleicht auch sofort – verschwand das Bild von ihrem Schreibtisch."

Das Ende der Beziehung zu Hans Lipps hat Edith Stein in einem Brief an Ingarden als „schmerzlich" beschrieben. Offensichtlich in Bezug auf ihn fügt sie hinzu: „Meine inneren Widerstandskräfte waren gewachsen, so dass ich leichter hindurchkam..." Deutschlands berühmter Philosoph Georg Gadamer hat Lipps in seinen „Philosophischen Lehrjahren" als eine faszinierende Persönlichkeit beschrieben. Doch das Faszinosum entschwand der Edith Stein als Schiffsarzt nach Ostafrika, heiratete 1923, wurde Vater zweier Töchter. Nach dem frühen Tod seiner Frau bat er 1925 Edith Stein, seine Frau zu werden. Sie lehnte ab, wie sie auch etwas später Roman Ingarden das Du verweigerte, das er ihr bei einem Besuch nun angebotenen hatte. Edith Stein war längst auf dem Wege zum Gottessohn, hatte nach vergeblichen Versuchen zur Habilitation den Lehrberuf an einem Mädchenlyzeum der Dominikanerinnen in Speyer angenommen.

Else Lasker-Schüler suchte um die Wende zum 20. Jahrhundert, sich langsam absetzend von der Ehe mit Dr. Berthold Lasker, in Berlin in der „Neuen Gemeinschaft" ihren eigenen Standpunkt in einer zunehmend materialistisch werdenden Welt. Dieser Gruppierung gehörten so unterschiedliche Geister wie Peter Hille an, der sie zum „schwarzen Schwan Israels" machte und den sie mit christlichen Motiven in einem eigenen Buch besang, Gustav Landauer, der spätere Verfechter der Bayrischen Räterepublik, und der aus Galizien stammende Martin Buber. In Widerspruch zu Martin Buber fand Else Lasker-Schüler ihr höchst eigenes Judentum.

Die Sicht auf die Erotomanin Else Lasker-Schüler, die Georg Levin den Namen Herwarth Walden und seiner Zeitschrift den

Namen „Der Sturm gab“, die mit ihm in eine neue Ehe stürmte und mit dem Briefroman „Mein Herz“ aus ihr heraus, die Gottfried Benn liebend besang, „bis mein Haar an deinem Gürtel flattert“, und die Benn zu seiner „Ruth“ machte, Else Lasker-Schüler, die auf ihrer letzten Lebensstation in Jerusalem ihre letzte große und letztlich unerwiderte Liebe in dem 30 Jahre jüngeren Pädagogikdozenten Ernst Simon aus Berlin fand. Die Sicht auf die Erotomanin ist ein Irrtum, der sich aus ihren euphorischen Liebesgedichten ergibt. Den Mann als Erlöser fand sie nicht. Dieses göttliche Bild vom Mann war ein imaginäres Bild. Aber das Imaginierte zog sie hinter sich her.

Allein ihre die Liebe verkündende Dichtung führt Else Lasker-Schüler zur Verwirklichung des von ihr angestrebten Erlösungszustands. In der poetischen Verwandlung erfolgt das Heraustreten aus der Körperlichkeit dieser Welt, auch die gegenseitige Freilegung des göttlichen Kerns, so dass sich in der poetischen Erfüllung der Liebe eine Erhöhung vollzieht. Diese Liebe im Zustand des Dichtens, als Dichtung kann denn doch bis zur eigenen Entgrenzung führen. Einen Zustand, den man sich schmerzend einsam vorstellen muss. Die Rückkehr in die Ernüchterung ist nicht nur der Dichterin, sondern auch Teresa von Avila – ihre Ekstasen in Analogie gesetzt – wie ein Desaster vorgekommen.

Womit wir wieder bei Edith Stein sind, jener Frau, die 1917 zu den ersten Doktorandinnen des Deutschen Reiches gehörte, die 1922 zum Katholizmus konvertierte, die neben ihrer Tätigkeit als Lehrerin eine begehrte Vortragsrednerin, Übersetzerin von Thomas von Aquin und Dozentin für wissenschaftliche Pädagogik in Münster war, ehe sie im Oktober 1933 vor ihrer zu erwartenden Entlassung als „Nichtarierin“ als Teresa Benedicta a Cruce ins Karmelitinnenkloster Köln eintrat. Wie Else Lasker-Schüler eine Frau in der Unbedingtheit von Denken und Fühlen.

Politisch waren beide Frauen hellwach. Bereits 1919 schrieb Edith Stein an Roman Ingarden, dass Deutschland von einem unglaublichen Antisemitismus heimgesucht werde, nicht ohne auch die Judenmorde von Lemberg zu verurteilen. Else Lasker-Schülers Prosabuch „Der Wunderrabbi von Barcelona" aus dem Jahre 1921 ist eine der radikalsten Anklagen gegen den christlichen Antisemitismus. Dies sind nur zwei Beispiele für die zahlreichen anderen, die folgten.

Die Katholikin Edith Stein, nicht mehr auf dem Wege zum Mann, sondern zum Herrn, bezeichnet den leiblichen Ausdruck als ein „Tor, das ins Innere führt". Sie spricht von einem „scheinbaren Erlöschen des inneren Feuers", das „in Wirklichkeit endgültiges Aufgehen Gottes in der endlich unverschlossenen Seele" sei. Am 15. April 1934 wird Edith Stein im Kölner Karmel eingekleidet zur sponsa, zur Braut Christi – mit weißem Kleid und weißem Schleier.

Else Lasker-Schüler, deren Sohn Paul 1927 an Tuberkulose stirbt, die 1932 den Kleist-Preis, die begehrteste Literaturauszeichnung erhält, die 1933 mit Eisenstangen von Nazis niedergeschlagen wird und in die Schweiz entkommt und bei ihrem dritten Palästina-Besuch nicht mehr zurückkehren kann in die Schweiz, weil der Zweite Weltkrieg ausbricht, geht ihren Weg weiter zu den geliebten Männern – in der Verwirklichung des Unmöglichen. Sie muss diesen Weg gehen, um sich bewusst zu werden, dass auch sie auf dem Weg zu Gott ist in den Worten ihrer Dichtung. „Ich habe Liebe in die Welt gebracht-/ Daß blau zu blühen jedes Herz vermag", heißt es bei ihr im Gedicht.

Unter den vielen Verkleidungen und Namen, die sie sich dichtend zugelegt hat, verweist eine der frühesten Verkleidungen auf Identifikation mit Joseph, dem von seinen Halbbrüdern verkauften Lieblingssohn Jakobs. Sie hat den Namen Joseph arabisiert, ist als Jussuf ihr Leben abgeschritten, hat im Exil „Das Hebräerland" geschrieben, ihre Vorstellung der Versöhnung von Juden und Arabern im Heiligen Land, hat in ihrem letzten Gedichtband „Das blaue Klavier" ihre letzte Liebe zu einem Mann verbunden mit einem Versöhnungsangebot an ihre Deutschen, denen sie sich zugehörig fühlte.

Else Lasker-Schülers literarisches Herzstück sind ihre „Hebräischen Balladen" aus dem Jahre 1913. Sie weisen zurück und nach vorn. Die Gedichte erreichen eine vollkommene Vereinigung biblischer Bilder und deutscher Sprache. Ein einzigartiges Geschehen. Sie lässt Abraham und Isaak, Pharao und Joseph, David und Jonathan, Jakob und Esau, Moses und Josua, Hagar und Ismael aufleben und Einzelgestalten wie Ruth, Boas, Saul, Sulamith und die von Edith Stein so bewunderte Esther. Immer spricht sie selbst aus einer der Gestalten.

In Jerusalem nimmt sie noch einmal die Motive aus der „Sulamith“ ihres Anfangs auf, wenn es heißt:

Ich liebe dich
und finde dich
Wenn auch der Tag ganz dunkel wird...

Es öffnen deine Lippen sich...
Die Welt ist taub
Die Welt ist blind.

Und auch die Wolke
Und das Laub-
-Nur wir, der goldene Staub
Aus dem wir zwei bereitet:
-Sind!

Einst hatte sie über die Braut des Hohenliedes gedichtet:

O, ich lernte an deinem süßen Munde
Zuviel der Seligkeiten kennen!
Schon fühl ich die Lippen Gabriels
Auf meinem Herzen brennen...
Und die Nachtwolke trinkt
Meinen tiefen Zederntraum.
O, wie dein Leben mir winkt!
Und ich vergehe
Mit blühendem Herzeleid
Und verwehe im Weltraum,
In Zeit,

in Ewigkeit,
Und meine Seele verglüht in den Abendfarben
Jerusalems.

Weltraum, Zeit und Ewigkeit zeigen die Entgrenzung. Es sind die Abendfarben Jerusalems, in denen ihre Seele verglüht. Es ist der Ort, an dem die biblische Sulamith nach ihrem Geliebten sucht, aber es ist auch der Ort, auf den sich die Sehnsucht der jüdischen Generationen richtet. Jerusalem als Horizontlinie des Gedichts. An ihr begegnen sich der Himmel und die Erde allen Judentums, wie es bei Jakob Hessing, Else Lasker-Schülers jüdischem Biographen, heißt.

Hinzuzufügen wäre: Die Dichterin verbindet die Vorstellung von Jerusalem als der Braut Gottes mit der von der Brechung des Lichts am Abend – als dem Bild für die „Schechina", die die Totalität der irdischen Manifestation Gottes vorstellt. Die „Schechina" wird in der mystischen Vorstellung auch als der weibliche Grund in Gott gesehen.

Von Else Lasker-Schüler gibt es den Ausspruch: „Ich bin ein Jude, Gott sei Dank." Und auch die Einschränkung: „Schließlich bin ich nicht Jude für die Juden, sondern für Gott." Von Edith Stein ist überliefert, was sie ihrer Nichte sagte: Sie werde immer ein Teil des jüdischen Volkes bleiben, auch als Nonne. Edith Stein hat um ihr jüdisches Volk im April 1933 in einem Schreiben an den Papst gekämpft, weil sie wusste, was auf die Juden zukommen sollte. Der „Vernichtungskampf gegen das jüdische Blut" ist für sie „eine Schmähung der allerheiligsten Menschheit".

„Die Verantwortung fällt auf die, die schweigen", schrieb sie an den Papst. Die Katholische Kirche versuchte, mit dem Abschluss des Reichskonkordats mit dem Hitler-Regime das Schicksal der Katholiken zu sichern. Symptomatisch in dieser Situation war damals die Reaktion Kardinal Faulhabers, der es ablehnte, dass die Kirche für die Juden eintrete. Zitat: „Das ist zur Zeit nicht möglich, weil der Kampf gegen die Juden zugleich ein Kampf gegen die Katholiken werden würde und weil die Juden sich selber helfen können."

Sie konnten sich nicht selber helfen. Else Lasker-Schülers Bild von sich als dem verkauften Joseph galt nun für alle Juden. Die Nonne Teresia Benedicta vom Kreuz, die ihre Schwester Rosa zu sich holte – im vermeintlichen Glauben vor Schutz hinter den Klostermauern – suchte das Exil für ihre Schwester und sich in einem Karmel der Schweiz. Der Versuch scheiterte, auch am Vatikan. Bei der öffentlichen Wahl am 10. April 1938 gab die Priorin des Kölner Karmels Edith Steins jüdische Abstammung preis. Im Dezember 1938 nahm der Karmel im holländischen Echt Edith Stein auf. Ihre Schwester kam nach, wurde weltliche Pförtnerin im Kloster.

Vom Oktober 1938 stammen diese Zeilen Edith Steins: „Ich muss immer wieder an die Königin Esther denken, die gerade darum aus ihrem Volk genommen wurde, um für das Volk vor dem König zu stehen. Ich bin eine arme und ohnmächtige kleine Esther, aber der König, der mich erwählt hat, ist unendlich groß und barmherzig. Das ist so ein großer Trost.“ Es ist so, als gelte Else Lasker-Schülers Esther-Gedicht ihr, der Briefschreiberin:

Esther ist schlank wie die Feldpalme
Nach ihren Lippen duften die Weizenhalme
Und die Feiertage, die in Juda fallen.

Nachts ruht ihr Herz auf einem Psalme,
die Götzen lauschen in den Hallen.

Der König lächelt ihrem Nahen entgegen –
Denn überall blickt Gott auf Esther.

Die jungen Juden dichten Lieder an die Schwester,
Die sie in Säulen ihres Vorraums prägen.

In ihrem Dialog „Nächtliche Zwiesprache“ aus dem Jahre 1941 läßt Edith Stein einer Oberin in nächtlicher Vision Königin Esther erscheinen. Diese Esther bittet den ganzen Karmel um Gebet für ihr „zertret’nes Volk“.

Else Lasker-Schüler wendet sich in Jerusalem in ihrem letzten Theaterstück „IchundIch“ gegen einen Pakt, der im Zentrum der deutschen Kultur steht: der Pakt zwischen Goethes Faust und Mephisto. Sie widersetzt sich der Darstellung Goethes, der seinen Faust nicht aus der menschlichen Enge seinen Ausweg mit Hilfe Gottes sucht, sondern den Pakt mit dem Teufel eingeht. In ihrem Stück lässt die Dichterin Mephisto den jüdischen Ursprung des Paradieses erkennen, in das er nun eingeht.

Jakob Hessing spricht in diesem Zusammenhang von einer merkwürdigen Wendung: „Einst hatte ein Teil des Judentums geglaubt, sein Heil liege in der Annäherung an den deutschen Geist, und die Flucht aus dem Unglück führe in die höhere deutsche Kultur. Jetzt, in der dunkelsten Stunde ihrer beiden Völker, weist Else Lasker-Schüler den umgekehrten Weg. Während der deutsche Geist zusammenbricht, nimmt sie das höchste Produkt dieses Geistes und deutet es im Lichte des Judentums.“ Soweit Jakob Hessing aus Jerusalem. Man kann es nicht besser sagen. Es ist ein genuin jüdischer Blick, der Leben und Werk Edith Steins noch fehlt.

Am Ende stehen Else Lasker-Schüler und Edith Stein am Anfang. Man tritt aus dem Judentum nicht aus. Als zwei SS-Offiziere im besetzten Holland Edith Stein und ihre Schwester im Kloster Echt verhaften, da sagt Edith Stein zu Rosa: „Komm, wir gehen für unser Volk.“ Edith Stein ist allein mit dem Rabbi Joshua. Man tritt aus dem Judentum nicht aus, weil man aus der Kindheit nicht austreten kann, am allerwenigsten aus der Kindheit des Glaubens an jenen Gott, der aus dem Dornbusch sprach.

Edith Stein wurde mit ihrer Schwester Rosa nach Auschwitz deportiert. Beide wurden gleich nach der Ankunft in Birkenau vergast. Else Lasker-Schüler starb am 22. Januar 1945 in Jerusalem. Sie unterschieden sich weder in ihrer Frömmigkeit noch in der Liebe.

„Das ewige Leben – ‚dem‘, der viel von Liebe weiß zu sagen.“ So heißt es in einem der letzten Gedichte Else Lasker-Schülers.
„Ein Mensch der Liebe kann nur auferstehen!
Haß schachtelt ein! Wie hoch die Fackel auch mag schlagen...“

Und sie hat auch an meinen Sohn gedacht. In ihrem Gedicht „an den Prinzen Benjamin" heißt es: „Wenn du sprichst, wacht mein buntes Herz auf... / Singen hängt überall an dir – wie du wohl träumen magst?"

Jürgen Serke

Geboren 1938 in Landsberg/Warthe, war 1961–1969 bei der Nachrichtenagentur UPI in Frankfurt/M., zuletzt als Chefreporter, und berichtete 1967/68 aus der Tschechoslowakei über den „Prager Frühling". Von 1970–1983 arbeitete er als Autor beim STERN, von 1984–1989 für die „Weltwoche Zürich" und von 1990–1992 bei der WELT. Er lebt in der Nähe von Hamburg. Buchveröffentlichungen u.a.:
„*Die verbrannten Dichter*" (1977), „*Nach Hause – eine Heimatkunde*" (1979), „*Frauen schreiben. Ein neues Kapitel der deutschsprachigen Literatur*" (1979), „*Das neue Exil – Die verbrannten Dichter. Berichte und Bilder von einer neuen Vertreibung*" (1982), „*Böhmische Dörfer. Wanderung durch eine verlassene literarische Landschaft*" (1987), „*Zu Hause im Exil. Dichter, die eigenmächtig im Exil blieben*" (1998).
Herausgeber u.a. der Gedichte von Selma Meerbaum-Eisinger („*Ich bin in Sehnsucht eingehüllt*"), Jakob Haringer („*Das Schnarchen Gottes*"), Franz Wurm („*Dirzulande*") und der Romane von Ludwig Winder, Hans Natonek, Friedrich Bruegel, Ernst Sommer und H.G. Adler („*Die unsichtbare Wand*") sowie mit Sarah Kirsch und Hajo Jahn Herausgeber des zweiten Else-Lasker-Schüler-Almanachs „*Meine Träume fallen in die Welt*". Für sein Werk der Wiederentdeckungen erhielt Jürgen Serke 1992 den Alexander-Zinn-Preis der Hansestadt Hamburg.
Im Herbst 2001 erschienen die „*Böhmischen Dörfer*" in tschechischer Übersetzung. Dafür erhielt der Triáda-Verlag, Prag, bei der ersten Verleihung des nationalen Literaturpreises „*Magnesia*" im April 2002 die Auszeichnung für die „*beste verlegerische Leistung*" und der Deutsche Jürgen Serke den Hauptpreis als „*Bestes Buch des Jahres 2002*" – Jürgen Serke ist Kuratoriumsmitglied der „Else-Lasker-Schüler-Stiftung Verbrannte und verbannte Dichter und Künstler".

JÜRGEN SERKE

Die Unvergänglichkeit des Vergänglichen – Bemerkungen zu Klaus Rohleder

Eine authentische Geschichte ist der Kern des neuesten Rohleder-Romans mit dem Titel „Von Großvätern, Enkeln und vom Wasser". 70 Seiten sind bisher geschrieben. Und die 70 Seiten sind so faszinierend, dass die Else-Lasker-Schüler-Gesellschaft Klaus Rohleder zu ihrem Forum nach Breslau eingeladen hat, damit er hier erstmals aus diesem Text vorliest. Die Geschichte von Rohleders schlesischem Großvater, der vor 40 Jahren im thüringischen Waltersdorf starb, spiegelt sich im Ende der DDR und im Aufbruch hin zur deutschen Vereinigung. Der schlesische Großvater war 1889 auf die Suche nach einer Wassermühle gegangen. Der Müller, dessen Mühle an der Glatzer Neiße vom Hochwasser weggespült wurde, fand eine neue Mühle an einem Fluss, der nicht so reißend war: eben an der Elster in Waltersdorf. Dort steht die Mühle noch immer.

Der Enkel des Großvaters – so beginnt der Roman – liegt im Bett, träumt von der Grenzenlosigkeit seines Lebens. Die DDR ist gerade zusammengebrochen. Wohin gehen wir? Immer nach Süden. Oder spielt die Himmelsrichtung doch keine so maßgebliche Rolle? Gehen wir nicht immer nach Hause? Großvater Clement hält von den anderen, was er sich allein versprach. Als er von einer Vergrößerung des Landes erfuhr, ist er seinem Grab entsprungen, wagt er die Auferstehung, um mit dabeizusein. Und er zwingt seinen 60-jährigen Enkel aufzustehen.

Es geht zurück in die Vergangenheit mit den Mitteln der Erinnerung. Einen Grund finden am Wasser. Großvater Clement wandert mit dem Enkel ins Tal zu seiner einstigen Mühle, wandert zurück in seine Liebesgeschichte mit einer Windmüllerin, die er auf dem Wege von Schlesien nach Thüringen kennenlernte und die seine Frau wurde. Der alte Clement mit seinem simplizischen Humor wirbelte alles hoch, auch den Enkel, der gefälligst endlich zu bestimmen hat, wer er ist. Welche Freiheit er will. Und welchen Halt in der Freiheit. Und es ist leicht zu erraten, dass der schlesische Großvater der Halt für den sechzigjährigen Enkel wird. Die Figur des Großvaters, an der der Enkel Abweichung und Nähe bestimmen kann und seinen Weg in den Süden ans italienische Meer. In Abwandlung von Shakespeares Vorstellung von Böhmen am Meer schafft sich der Schriftsteller mit seinem neuen Roman sein Thüringen am Meer. – mit Hilfe seines schlesischen Großvaters.

Der Alte lebt, und der auch nicht mehr Junge wird lebendig durch die Vitalität des Großvaters, dessen Wertvorstellungen noch eine Welt zusammenhielten. Der Dichter Rohleder mischt in seinem Roman Historisches, Politisches mit Biographischem aus der Geschichte der Vorfahren und mit Autobiographischem. Der Großvater wischt die Wertverwahrlosung der ideologischen Zeit weg und lässt nicht zu, was so mancher heute in der einstigen DDR praktiziert: In Hoffnung aufgebrochen und in Erwartungen sitzengeblieben.

KLAUS ROHLEDER

Von Großvätern, Enkeln und vom Wasser

Natürlich hätte er die Reise verschieben können. Oder vielleicht hätte er ganz darauf verzichten sollen. Niemand erwartete ihn irgendwo. Und auch vor Ort interessierte sich niemand für die Idee, jetzt im Herbst dem Frühling entgegen zu fahren. Hierzulande galt der Mai als Monat der Wonne. Wer auf Wärme erpicht war, hatte die Zeit abzuwarten, bevor er sich aufmachte, der Heimat, seinem Vaterland, den Rücken zuzukehren. Jahrzehnte hatte man die Hymne des Landes respektiert, darin die Welt auf Rügen, an Oder und Neiße, im Erzgebirge und hinterm Thüringer Wald endete. Nun wollte es der Alte anders und Jahreszeiten entgegenfahren. Die Zone wollte er hinter sich lassen, deren Begrenztheit er nie euphorisch gefeiert, aber schweigend hingenommen hatte.

Denn binnen Stunden war die Welt größer geworden und endete nicht mehr hinterm Thüringer Wald. Die Ostsee ließ sich kreuz und quer, bis zur Nordsee und darüber hinaus befahren. Da wollte er, noch ehe das Jahrhundert zu Ende ging, selbst etwas entdecken. Jahrzehnte waren ihm die Schritte vorgegeben und seine Fragen schon beantwortet, bevor er darüber nachzudenken begann. Plötzlich, im unbehüteten Zustand , begann er seinen Namen zu misstrauen.

Dennoch, er sann.

Sollte er die Reise, die er viel lieber Expedition genannt hätte, wirklich wagen? Alle Geheimnisse waren entschlüsselt, jede Spur war gefunden. Akribisch registriert, konnte er sich alle Erkenntnisse per Knopfdruck ins temperierte Wohnzimmer holen. Lohnte sich da der zeitliche und finanzielle Aufwand einer Reise oder gar einer Expedition? Und wenn er trotzdem noch eine sensationelle Entdeckung machte, gewann er das Selbstvertrauen, das er in dieser für ihn nun grenzenlosen Welt brauchte, durch eine Reise zurück? Oder wollte es zu Beginn der neuen Zeit gar niemand von ihm wissen, wer er war? Und würde ihn dennoch jemand nach seinen Namen fragen, konnte er sich auf Egon berufen. Doch Egon, seinen Taufnamen, hatte er nie gemocht.

Außerdem gab es einen weiteren Namen, den er zwar mehr erahnte, als dass er ihn kannte, doch wahrscheinlich gab es ihn. Denn jene, die noch gestern über die Größe der Welt entschieden, hatten sich täglich über alles, was er tat, informiert. Aufgrund dessen hatten sie ihm einen zweiten Namen gegeben, bloß waren ihm alle damit verbundenen Fakten unbekannt. Er selbst lebte mit sich ungewiss.

So kam es, dass er im Alter von sechzig Jahren, da sich die Welt für ihn binnen Stunden vergrößerte, nicht so recht wusste, ob er es war.

Nur so konnte es geschehen, dass die Räder seines Autos noch nicht bewegt waren. Sein Großvater Clement aber, der seit vierzig Jahren auf einem Friedhof im Thüringischem ruhte, war flugs schon seinem Grab entsprungen, als er von der Vergrößerung erfuhr. Obwohl er das Land ja in den unterschiedlichsten Größen kannte, wollte er dessen jetzige Veränderung Hautnahe miterleben, und wagte eine Auferstehung , um mit dabeizusein.

Der im Bett Liegende überlegte. Vierzig Jahre lang hatten ihm die Ausmaße seiner Welt gereicht, musste er sich jetzt sofort, über das Ausmaß der Erweiterung, informieren? Ließ sich der Einstieg, in das für ihn neue Zeitalter, nicht auch auf andere Weise gewinnbringend meistern? Das Kommende zwang rationell zu denken. Und der nächste Frühling würde mit Sicherheit auch ins Thüringische kommen. War es da nicht klüger, wenn er sich die Bettdecke über den Kopf zog und abwartete, bis die wärmere Zeit kam?

Ein Auferstandener schlurfte durch's Zimmer und stellte sich beim Enkel vor's Bett.

– *Genn mrrr!* hörte es der Liegende rollen.

War das alles, was den vorm Bett stehenden zur Erweiterung des Landes einfiel? Der Liegende drehte sich auf die andere Seite.

– *Genn mrrrrrrrr!* rollte es. Und es war unverkennbar schlesischer Dialekt.

An die Stimme des Großvaters erinnerte er sich. Wenn er das R zwei Sekunden lang dehnte, war die Lage gespannt, aber beängstigend war sie nicht. Aufforderungen dieser Art, das wusste er aus Kindheitstagen, konnte man mehrmals verweigern, ohne dass einem etwas geschah.

– *Gennn mrrrrrr in de Neiße boaden !* wurde er konkret.

Doch wenn er konkret wurde, musste man reagieren.

Der im Bett Liegende öffnete einen Spalt breit die Augen. Und wahrhaftig, Clement, der Großvater, stand vorm Bett und sah ihn mit seinen großen Augen an.

Zu Lebzeiten war sein Mittelscheitel immer akkurat gezogen – und die Enden seines Schnurbartes hatte er stets nach oben getrimmt. Jetzt hingen die Bartenden schlaff nach unten, und vom Mittelscheitel war nichts zu sehen.

– *Genn mrrr!* wiederholte er sanfter und hörbar erleichtert, dass ihn der Enkel zumindest mit halb geöffneten Augen ansah.

„Aber nicht bis zur Neiße. Und jetzt im November“ schmollte der im Bett.

– *'s Wichtigste nimmst mit!* befahl der Auferstandene hart.

Der im Bett fror. Um diese Jahreszeit baden, das wollte er nicht. Hatte er es jetzt, nach der Vergrößerung seiner Welt nicht schon schwer genug? An seinem Namen zweifelte er. Und just, als er sich kümmern wollte, war Clement auferstanden, stellte sich vor sein Bett und versaute ihm die Tour, indem er mit ihm 'gen Osten fahren wollte – 'gen Westen und 'gen Süden fuhr man jetzt.

Und ein Auferstandener befahl, das war ungeheuerlich. Er, der schon vierzig Jahre unterm Efeu gelegen, wollte sich wieder unter die Lebenden mischen. Doch da ihm jeder Bezug zur Gegenwart fehlte, hoffte er auf die Hilfe des Enkels, er sollte ihm, mit einem Satz, die fehlenden vierzig Jahre überbrücken. Indem er es ihm, Clement, erklärte, was für ihn das Wichtigste sei, wollte er mittels dieses Tricks wieder zurückkehren. Womöglich wollte er sogar mit regieren.?

Dazu durfte es nicht kommen.

Und selbst wenn er, der Enkel, auf Anhieb eine Antwort auf

die Frage des Großvaters gewusst hätte, was für ihn das Wichtigste sei, hätte er es ihm nicht sagen können. Reichte seine Kraft nicht, wieder ins Leben zu finden, würde er sich morgen früh unter`n Efeu zurückziehen. Allenfalls die Kollegen drunten konnte er mit Worten konfrontieren, die sie ebenfalls nicht verstanden. Aber vom Enkel würde er berichten, dass er sich in seinem Sechzigsten immer noch mit der Wahrhaftigkeit seines Namens plagte. Und die Verblichenen drunten würden zum Lachen finden, dass ihre Hügel bebten. Nur Clement konnte sich gratulieren. Sein Name, und soeben hatte er sich davon überzeugt, besaß auch nach vierzigjähriger Abwesenheit immer noch Gültigkeit.

–*Passporrrrrrrrrrrt!* rollte es.

Und das Rollen dauerte drei Sekunden.

Der im Bett suchte nach den Nähten seines Nachthemdes.

Und Clement , als erwarte er von der Zimmerdecke die Herausgabe der Personalien des Enkels, blickte Hilfe suchend zu ihr auf.

Der Liegende erblasste. Welchen Pass wollte der Großvater sehen? Sein eigener Name, Sebastian, war dem Auferstandenen Zeit seines Lebens nicht über die Lippen gekommen. Kaum dass er reden konnte, hatte er alle mit dem Satz konfrontiert, er wäre Clement, so wurde er Müller. Sebastian leugnete er lebenslang.

Der im Bett Liegende sah den vorm Bett Stehenden respektvoll an.

– *Passporrrrrrrrrrrrrrrrrt!* kam dessen Erwiderung.

Diesmal dauerte das Rollen vier Sekunden.

Der im Bett begriff, es war nicht der Augenblick für die Offenbarung seines Schicksals. Clement verlangte den Pass, das vergrößerte seine Unsicherheit. Und dass er sich in seinem Sechzigsten auf zwei Pässe berufen konnte, denen er aber beiden misstraute, wie sollte er das dem Großvater erklären?

Der Liegende haderte mit sich und der Welt.

Schuld war nur er. Warum hatte er nicht zugegriffen, als ihm die alles überblickende Organisation Julia auf die Bettkante setzte. Im zarten Alter von sechzehn Jahren, sollte sie ihn, den Sechzigjährigen, im Namen der Weltrevolution und deren Vertreter befriedigen, und das kostenlos. Nur, er hatte sich verweigert. Vielleicht hätte ihm die alles überblickende Organisation Grund dessen, dass er es mit einer Minderjährigen trieb, als Mitglied in die alles überblickende Organisation berufen und ihm dort einen wahrhaftigen Namen gegeben. Mit diesem Namen hätte er Karriere gemacht.

Schuld war nur er.

Henry hatten sie splitternackt durch die Hotelhalle des Astoria zu Leipzig geschickt. Und alle Kameras im Hotel waren auf Henry gerichtet, als er ihn splitternackt im Hotelzimmer besuchte. Nur, er hatte ihn nicht zu sich ins Bett gelassen. Splitternackt hatte er ihn wieder zurückgeschickt. Das hätte er nicht tun dürfen. Mit dieser seiner hartherzigen Verweigerung hatte er sich eine weitere Chance, zu einem ordentlichen Namen zu kommen, verbaut.

Und mit seiner Hartherzigkeit hatte er wahrscheinlich auch der Karriere des Splitternackten geschadet. Der Weltrevolution und der alles überblickenden Organisation zum Nutzen, musste der nun andere Namenlose besuchen, musste sich aufgrund dieser Niederlage anderweitig, splitternackt, doppelt und dreifach bewähren.

Aber auch die Glaubwürdigkeit des Namenlosen, sofern ein Namenloser überhaupt glaubwürdig war, hatte gelitten. Die alles überblickende Organisation wollte ihm ringsum Gutes tun, nur er hatte sich allen angebotenen Wohltaten verweigert.

Und nur so konnte es geschehen, dass jene, die noch bis vor Stunden über die Größe der Welt entschieden, jeden seiner Schritte fortan noch intensiver planten.

Bloß er wußte zu Beginn der neuen Zeit nicht so recht, ob er es überhaupt war.

– *Koa Fredda in drrr neien Hemte,* seufzte der Auferstandene und schlurfte zurück zur Tür.

„Stopp!“ rief der Liegende, und mit einem Ruck hatte er sich im Bett aufgesetzt.

Ohne hochzusehen begann er zu beten: „Wir dienen der Heimat. Der Heimat sind wir verpflichtet. Für die Heimat tun wir alles. Die Heimat lieben wir mehr als uns selbst. Die Heimat ist unser höchstes Gut."

„Also ist immer noch Krieg", sagte Clement kopfschüttelnd müde, wobei er mit diplomatischem Fingerspitzengefühl jede Nuance seines schlesischen Dialektes vermied. Doch seine Bartenden, die eben noch schlaff herunterhingen, schienen an Kraft zu gewinnen. Allmählich spreizten sie sich seitlich, wölbten sich im Zeitlupentempo nach oben und fanden zu ihrer alten gezwirbelten Form. Erst nachdem die Prozedur beendet war, brummte Clement, man konnte es kaum verstehen, dass jemand, der so fanatisch für die Heimat betet, auch für sie schießt.

„Nein! Ich nicht! Nicht ich!" empört sich der Enkel und schlägt die Bettdecke zurück. Doch kein Hochgefühl des Triumphes will ihn überkommen. Als er nach unten sieht, liest er auf seinem Nachthemd, unübersehbar maschinengestickt: „VEB – ROTER STERN – ROTER STERN – VEB" wiederholt sich rund ums Nachthemd die Schrift.

Was sollte er tun? Der Beginn einer neuen Zeit lag gerade mal Stunden zurück. Das historische Ereignis hatte nach Ladenschluss stattgefunden. Kein günstiger Augenblick, sich nach Ladenschluss auf eine neue Kleiderordnung umzustellen. Denn natürlich wusste er, dass man sich möglichst schnell von allen Insignien einer zu Ende gegangenen Zeit trennen musste. An sein Nachthemd hatte er dabei zuallerletzt gedacht. Es gab Kleidungsstücke, die voll und ganz das Lebensgefühl des alten Systems ausdrückten. Doch seit Stunden war der Uniformstil verpönt. Da war man gut beraten, wenn man solcherart Konfektion, vorerst im Schrank ließ.

Dennoch, der Uniformstil war aufzubewahren. Ein Irrtum, hinsichtlich des angebrochenen neuen Zeitalters, war nicht auszuschließen. Und schon morgen konnte es passieren, dass sich die Mitglieder der ehemals alles überblickenden Organisation gegen die erweiterte Welt entschieden. Infolgedessen kehrten sie an ihre Schreibtische zurück. Und gleich endete die Welt wieder auf Rügen, an Oder und Neiße, dem Erzgebirge und dem Thüringer Wald. Da war man flugs wieder der alten Mode verpflichtet. Also handelte man klüger, wenn man vorerst gar nicht handelte und abwartete, ob die neue Zeit auch wirklich kam.

Nur das Problem mit dem Nachthemd löste man auf diese Weise nicht.

Der auf der Bettkante Sitzende begann zu bereuen. Zu keiner Zeit hatte er an den Beistand eines Schutzengels gedacht. Doch nur ein Schutzengel hätte ihm jetzt helfen können.

Seine Schuld war es. Niemals in seinem Leben hatte er Kontakt zu einem solchen Wesen gesucht. Einen Schutzengel hätte er sich leisten können. Schließlich musste er ja keinem etwas von dieser Beziehung erzählen. Demzufolge wäre auch die alles überblickende Organisation unwissend geblieben. Solange sich der Gedankenaustausch zwischen ihm und dem Engel auf der Grundlage äußerster Verschwiegenheit vollzog, wären seitens der alles überblickenden Organisation keine unangenehmen Fragen auf ihn zugekommen.

Doch er hatte, weit mehr aus Gleichgültigkeit als aus Angst vor der alles überblickenden Organisation, die Kontaktaufnahme zu einem Engel versäumt. Bloß jetzt war nicht der Moment, mit Verpasstem zu hadern. So auf die Schnelle ließ sich kein Schutzengel gewinnen.

Jedoch ausgehend von einer längeren Beziehung, hätte er gerade heute davon profitiert. Ruhig hätte er sich im Bett zurücklehnen können. Der Engel hätte ihm unauffällig das Nachthemd samt den Insignien der zu Ende gegangenen Zeit entsorgt.

Oder war die Entsorgung des Nachthemdes gar nicht das Problem? Er selbst hätte es ja ausziehen und unter die Matratze stecken können, dann hätten sie es erst nach seinem Tod wiedergefunden.

Doch ohne Nachthemd wäre er vor dem Großvater splitternackt dagesessen. Und das hätte mit Sicherheit zwischen ihm und dem Auferstandenen zur Auseinandersetzung geführt, deren Folgen sich nicht absehen ließen.

Sich mit einem Auferstandenen zu streiten, das hätte ein Schutzengel vielleicht verhindert, indem er ihn mit einem zeitlosen Gewebe bedeckte. Doch es hätte ihm auch passieren können, dass kein Engel eingriff. Dann wäre er sprachlos und nackt dem Großvater gegenüber gesessen. So auf der Bettkante sitzend, wusste er sich keinen Rat. Ihm blieb keine Wahl, die Hände konnte er falten, doch auch zu wem er beten sollte, das wusste er nicht

– *Drrrr Kaiser! Drrrr Kaiser! Drrrr Kaiser!* kicherte der Großvater schadenfroh. Doch solcherart Spott schien unangebracht. Der auf der Bettkante Sitzende wurde ärgerlich. Schließlich hatte er eine andere Erziehung genossen, eine die dem real existierenden Sozialismus und nicht der Aristokratie verpflichtet war. Also durfte ihn kein Auferstandener verspotten, er wäre der Kaiser.

Geradeso, als riefe der Pionierleiter zum Appell, rutschte er von der Kante seines Bettes und stand stramm, dass sich seine Knie berührten.

Und Clement täuschte sich nicht, kaum dass der Enkel stramm stand, gleich erhellte ein Lächeln sein Gesicht.

– *Nu sie harrr, de Nachkumme, alt gewurrrrrrrn, nischt gelarrrrrrrrrrnt,* rollte er dreimal, anhaltend Kritik.

Dann prüfte er seinen Schnurrbart, spürte die altvertraute, gezwirbelte Form und wunderte sich. Auch nach vierzigjähriger Abwesenheit war es noch gegenwärtig, was er sah und hörte , kannte er nur allzugut. Bloß die Kleiderordnung war eine andere. Ein Leben lang hatte er sich zwischen Wasser, Mühlsteinen, Gemahlenem und Geschrotenem bewegt. Der Mühle hatte er einen Namen gegeben. Doch niemals und erst recht nicht in der Nacht, hatte er sich deren Firmenzeichen übergestülpt.

Der Enkel aber tat es. Er, der mit sechzig seinen Namen nicht kannte, warb noch im Schlaf für eine Firmengruppe, deren Untergang ihn nicht interessierte, wichtig schienen ihm nur die Segnungen seines Bettes

Clements Beine zitterten. Was er vermutet hatte, bewahrheitete sich, der Enkel war ein Opportunist.

„Clarius bin ich!“ meldete der sich, laut und empört zu Wort, als wüsste er um des Großvaters Gedanken. Und seine unerschrockene Zuwortmeldung ließ ihn noch strammer stehen. Endlich war es ihm gelungen, dem Auferstandenen seine Persönlichkeit vorzuführen.

Doch kaum war der Name öffentlich, gleich zweifelte Clarius ihn wieder an. Sein Gesicht wurde puterrot. Das Nachthemd klebte ihm tropfnaß am Körper fest, und leise wiederholt er: „Clarius bin ich. Clarius bin ich...Bin Ich Clarius?“ fragte er sich.

Clement gab es Kraft. Neunzehnuhrdreißig hatte er drunten von der Erweiterung des Landes gehört. Minuten später war er auferstanden, wollte eine Stunde bleiben. Jetzt wußte er, dass er seinen Aufenthalt hier oben verlängern mußte, wenigstens bis Mitternacht.

Mit sechzig hatte sich der Enkel einen Namen gegeben, dem er schon wieder mißtraute. Soviel Unsicherheit machte ihn anfällig für alles und jedermann. Das mußte sich ändern. Und er als nächster Verwandter trug die Verantwortung dafür. Heute, in dieser Nacht, machte die Begegnung Sinn. Und Clarius mußte er nur noch einmal schockieren, gleich folgte der ihm überall hin.

Da erinnerte er, dass er drei war, als er seinen Namen ablegte und sich Clement nannte. Und dass einem mit sechzig kaum noch Zeit bleibt, es sich auszusuchen, wer man ist.

Das traf.

Clarius wagt kaum noch zu atmen, und Clement nützt seine Unsicherheit.

– *Genn mrrr!*“ befahl er und erklärte, dass ihnen bis Mitternacht bloß noch drei Stunden blieben. Das mit der Neiße wäre in dieser Zeit nicht zu machen. Doch zum Wasser wollt’ er. Zur Elster wären es nur paar hundert Meter. „Diese Strecke ist allemal noch drin“, stellte er mit Entschiedenheit fest.

„Giehn mrrr“, fügte sich Clarius mit einem Wort thüringisch, mit dem anderen schlesisch und war froh, dass der Auferstandene nicht mehr vom Bad in der Neiße sprach. Die Strecke bis zur Elster ließ sich ohne Anstrengung machen. Das Visum des Auferstandenen lief wahrscheinlich um Mitternacht ab, weil solche Geschichten meist um Mitternacht enden. Drei Stunden blieben ihnen, und er schwankte, ob er sich mit dem Auferstandenen auf ein ernsthaftes Gespräch einlassen sollte, oder ob er alle verwandtschaftlichen Bande ignoriert, indem er mit Clement, wie mit jedem anderen, übers Wetter sprach.

Schließlich war jeder Streit mit einem Auferstandenen nutzlos. Eine Auseinandersetzung mit Clement führte zu nichts. Er konnte nur fragen, was beide nicht interessierte. Entsprechend langweilig fielen Clements Antworten aus. Zum Gespräch würde das nicht reichen. Doch mit dem Geplänkel ließ sich die Zeit überbrücken. Um Mitternacht war der Spuk vorüber. Punkt zwölf war man frei und konnte wieder ruhig atmen. Die Namensgebung war noch mal zu überdenken. Nachher ging man zu Bett, schlief durch bis zum Morgen. Und dann konnte man ausgeruht, und im vollen Bewußtsein seiner Kräfte, neugierig 'gen Süden fahren.

Mit solchen Plänen beschäftigt gingen sie – Clement und Clarius, und jeder glaubte sich nah am Ziel.

Clement ging Clarius voran. Der Weg war holprig und schmal. Doch beide, der eine vormals, der andere immer noch in der Region Zuhause, hatten sich extra, um niemandem zu begegnen, diesen unbequemen, weil menschenleeren Weg ausgesucht.

Clarius drehte das gestickte des Nachthemdes, mit der Werbung für die nicht mehr existierende Firma, zum Knäuel. Solange sich das neue Zeitalter noch nicht auf jedem Balkon mit amtlich genehmigten Symbolen präsentierte, hatte man rückwärtsgewandt vorsichtig zu sein.

Auch Clement kämpfte. Einerseits hatte er auf die Schwierigkeiten des Weges zu achten. Andererseits reichten zwei Hände nicht, den hinten zerschnittenen schwarzen Anzug wieder zur untadeligen Passform zusammen zu führen.

Vor vierzig Jahren hatten sie ihm das maßgeschneiderte Stück, zwecks seiner leichteren Bestattung, hinten der Länge lang aufgeschlitzt, so dass er damals vorne ordentlich geknöpft im Sarg lag, aber hinten nackt war. Heute, am neunten November des Jahres neunzehnhundertneunundachtzig, am Tag seiner Auferstehung, anstatt sich umsehend begeistern zu können, was es zwischenzeitlich im Tal der Elster an Neuem gab, musste er sich ständig auf seinen hinten zerschnittenen schwarzen Anzug konzentrieren.

Das war ärgerlich.

Zu Lebzeiten hatte ihm das maßgeschneiderte Stück wie auf den Leib gegossen gepasst. Nun war es November, der Wind pfiff schon unangenehm kalt und war versessen auf Fugen und Schlitze. Die offenen Flanken eines zerschnittenen Anzuges kamen ihm da gerade recht.

Soviel Zugluft im Rücken hätte sich Clement vielleicht noch verkniffen, doch der Enkel ging beobachtend hinter ihm und würde es sicherlich schadenfroh genießen, wie er als Auferstandener mit solchen fremd verursachten Schäden umging.

Doch Clarius hatte keinen Blick übrig für den Schatten, der vor ihm ging. Lieber hätte er sein Versprechen, dem Auferstandenen zu folgen, sofort rückgängig gemacht. Die Zeit hätte er besser nutzen können. Eine neue Zeit sollte beginnen. Die kurze Strecke zur Elster ließ sich da gerade noch ohne größere Zeiteinbuße verkraften, in ein paar Minuten war man dort. Doch was passierte in den Stunden bis Mitternacht? Der nächste Tag sollte ein besonderer Tag, mit einem ganz anderen, neuen Morgen werden. Solche Verheißungen kannte er von Kindheit an. Die jahrzehntelange Parole hatte ihn bezüglich der Melodie zwar abstumpfen, doch niemals ganz taub werden lassen. Plötzlich schien eine Zeit umwälzender Veränderungen zum Greifen nah. Der Countdown für die Ablösung der alten Ordnung war schon im vollen Gang. Und der nächste Tag sollte nun ein wahrhaftig neuer Tag mit einem ganz anderen Sonnenaufgang werden. Die Zeiten bloßer Verheißungen, so hieß es, wären endgültig vorbei.

Auch Clement hoffte. Bei gleichzeitigem Bemühen um die Namensfindung des Enkels, glaubte er mittlerweile an das Wunder, dass ihm die Wiedereingliederung für immer und ewige Zeiten gelang. Und er hoffte, dass sein hinten zerschnittener, verhunzter schwarzer Anzug, wenn er nur fest genug drückte, wieder zusammenwuchs.

So mit unterschiedlichen Plänen beschäftigt, näherten sich beide, Schritt für Schritt, Meter um Meter, dem seichten Fluss, der Elster, die an dreihundert Tagen im Jahr drei Fuß tief Wasser misst und vom Frühjahr bis spät in den Herbst hinein nicht direkt stinkt, aber merkwürdig riecht.

Leicht hat sie es nicht, die Elster. Tag für Tag ringt sie um das, was anderen Flüssen eigen ist, 's Rauschen, dennoch gelingt es ihr nur an wenigen Stellen geheimnisumwittert zu tun. Bloß einen Monat im Frühjahr, sobald es auf den flachen Hängen des Vogtlandes taut, verdient sie sich wirklich den Namen Fluss.

Clement hebt den Kopf, horcht und wittert; 's ist November, die Elster rauscht nicht, aber riecht noch.

Clarius sieht auf die Uhr. Der Spuk wird bald vorbei sein. Punkt Mitternacht muss Clement zurück.

Aber Clement weiß, die Zukunft seines Aufenthaltes hier oben, hat wesentlich mit einer intakten Lungenfunktion zu tun. Zwar hält sich die Elster seinen Blicken noch verborgen, doch sie wiederzusehen, diesen Augenblick schon im voraus genießend, saugt er ihren merkwürdigen Geruch tief atmend in sich hinein...Gleich wird er bei ihr sein...Die Augen schließt er, geht blindlings auf dem holprigen schmalen Weg vorwärts. Und dann steht er, Clarius im Gefolge , an der Elster. Der Mond ruht auf ihrem Wasser. Kein Laut ist zu hören. Nur Friede ringsum. Der Auferstandene geht weiter. Clarius folgt ihm und Clement kennt jede Unebenheit. Gleich drauf stehen sie im Hof der Mühle.

„Doa wärr mrrr“, schnurrt Clement und steigt die zehn Stufen zum Mühlgraben hinab. Seine knöchernen Hände fassen das Rad des Schützen. Als hätte er es gestern zum letzten Mal getan, dreht er das Rad... Der Schützen hebt sich, macht Platz für's Wasser, damit 's Wasser fließt... Doch 's Wasser fließt nicht. Festgenagelt bleibt der Mond auf der Pfütze im Mühlgraben stehen.

Zehn Stufen über ihm grinst Clarius. Was der Auferstandene sucht, gibt es so längst nicht mehr.

Clement aber wartet und wartet, dass 's Wasser noch kommt... Doch 's Wasser kommt nicht. Dennoch glaubt er an 's Wunder, dass sichs Mühlrad vielleicht auch ohne Wasser dreht. Erst als der Enkel zehn Stufen über ihm schallend lacht, sichert er das Rad des Schützen und steigt, als hätte er seine Arbeit erledigt, wieder zurück, hoch in den Hof.

„'s Wasser hat sich inzwischen andere Wege gesucht“, empfängt Clarius ihn spottend, stemmt die Hände in die Hüften, und jetzt wünscht er sich sehnlichst einen handfesten Streit.

„'s Wasser ist, wo man es als Auferstandener nicht sucht", provoziert er weiter, hoffend, dass Clement endlich den Plan bezüglich seiner ewigen Rückkehr aufgibt.

Clement reagiert nicht. Das Mühlrad sieht er. Und dass er ihm heute wieder begegnet, daran hatte er, als er sich drunten ans Auferstehen machte, nicht geglaubt. So ermutigt sagt er: „Vor hundert Jahren, als ich in Schlesien wegging, hatte es im Altvatergebirge drei Tage lang ununterbrochen geschneit."

„ Einen Müller interessiert Schnee", kichert Clarius zynisch und sieht auf die Uhr.

Clement überhört es. Dass es nach drei Tagen Schnee einen Tag lang regnete , erzählt er, und dass danach das Wasser der Neiße stieg. Jahrzehnte hätte die Neiße alles geduldet, was sich in ihrer Nähe tat. Binnen Stunden änderte sich das. Zuerst nahm sie sich die Weiden, senkte sie sacht... 's Wasser trieb fort. 's Wasser kam bis zum Haus... 's Wasser spülte und spülte... nahm sich die Mühle, danach eine Ecke vom Haus... 's Dach schwamm fort... Eine Ecke blieb... Die letzten Ziegel fuhren sie hoch auf den Berg... Das war kein Ort für einen Müller, der dem Wind nicht vertraut.

Clarius horcht auf: „Ach deshalb verließ der Held Schlesien", sagt er erstaunt. Die Neiße war es also, solange sie ringsum alles geschehen ließ, hatte der Held keinen Grund zu fliehen. Doch einmal hatte er gegen sie verloren, als sie den Rest der Mühle hoch auf den Berg fuhren, zweifelte er an seiner Einmaligkeit. Mit ein paar Steinen hätte er oben neu anfangen können, wäre vom Wassermüller zum Windmüller avanciert. Aber jetzt bangte der Held um seinen Namen. Droben war er dem Wind und nicht dem gleichmäßig dahin tümpelnden Wasser verpflichtet, und der Wind ändert die Richtung, und da glaubte Clement nicht mehr an seine Standfestigkeit, vielleicht hätte er sein Mäntelchen ebenso schnell, in die jeweils bequemere Richtung gehängt. Sebastian hätten sie dann wieder gerufen. Und schwups, die Geschichte vom Helden war ausgeträumt. Ich aber, Egon, mit dem Namen, den ich nie mochte, der sich im Sechzigsten, einem Auferstandenen zuliebe, schnell Clarius nannte, blieb im Land zwischen Rügen, Oder und Neiße, dem Erzgebirge und dem Thüringer Wald. Doch Clement, der Held? Wegen einem Hochwasser ging er in Schlesien. Schon mit zwanzig bequem, floh er und setzte sich zur Mitte des Landes ab. Und die Elbe war ihm zu breit, weils Wasser nur `was taugt, wenn der Stein, den man wirft, auch drüben ankommt. So hat er es uns doch täglich erzählt, Clement, der Held. Bis ins Vogtland ging er, glaubte, flache Hänge im Rücken brächten ihm endgültige Sicherheit.

Ich aber, mit dem Namen..." stockt er, denn Clement sieht ihn mit noch größer gewordenen Augen an.

Und Clarius begreift, die Auferstehung des Uralten läßt sich nicht mehr rückgängig machen. Den Knäuel in seinen Händen vergißt er. Der Knäuel seines Nachthemdes rollt sich auf, so dass es jeder, falls er um diese nachtschlafene Zeit an der Mühle im Thüringischem vorüberkäme, lesen konnte: „VEB ROTER STERN – ROTER STERN VEB."

Schweigen machte sich zwischen Clement und Clarius breit, nachdem der eine vom anderen erfuhr, was er vorher so über ihn nicht wußte. Auch die Lichtverhältnisse im Hof, es war stockdunkel, dienten nicht gerade der Förderung zwischenmenschlicher Kommunikation. Der Mond, der sich kurz zuvor noch in der Pfütze des Mühlgrabens spiegelte, hatte sich inzwischen weiterbewegt. Unten im engen Tal der Elster war es jetzt finster, so dass sich beide – Clement, der für immer zurückkehren wollte, seinem Körper mangelte es aber noch am Wasserhaushalt, und Clarius, der einer weiteren Austrocknung entgegenwirkend, ans Fliehen dachte, weit weg zum Wasser, von dessen Blau er nur in Geschichten gehört, schemenhaft gegenüberstanden, als ein Schlag, die Fehlzündung eines Zweitakters, sie aus ihrer Versunkenheit reißt.

Erschrocken sucht Clement die Nähe des Enkels, mit winzigen Schritten rückt er näher an ihn heran. Clarius duldet's, denn draußen vorm Tor drückt soeben jemand heftig die Plastetür des Autos ins Schloß. Also war man gekommen...Also wusste die alles überblickende Organisation schon über das Treffen mit dem

Auferstandenen Bescheid, und ausgehend davon würden sie ihn unverzüglich zur Rechenschaft ziehen.

Und gleich drauf stand Gerda, die Postbotin des Dorfes, uniform bekleidet, in der Toreinfahrt und forschte mit bohrenden Blicken in der Dunkelheit.

Adressiert an die Mühle, die schon Jahre leer stand (Straße und Hausnummer stimmten) hatte sie ein Telegramm aufgenommen. Seitdem fuhr sie stündlich, ihrer Pflicht gehorchend, zur Mühle. Wie in den Jahren vorher war im Haus alles dunkel, in keiner Ecke des Hauses bewegte sich etwas. Jetzt aber, in Umrissen erkannte sie zwei Gestalten, vor einer Stunde standen sie noch nicht hier.

„Endlich, endlich treffe ich...!“ ruft sie jubelnd, als sie, das Telegramm in vorgestreckter Hand, auf die beiden reglosen Gestalten zugeht, würde ihren Jubel aber lieber zurückziehen, als sie dem einen Todbleichen das Telegramm zwischen knöcherne Finger schiebt, während der andere im Nachthemd das Gesicht hinter vorgehaltener Hand verbirgt.

„Auch das noch“, stammelt sie. Als ob diese Nacht nicht schon turbulent genug wäre. Jene, denen sie täglich die Zeitung zustellte, somit über das Wichtigste informierte, hatten inzwischen über andere Kanäle von der Erweiterung des Landes erfahren. Ihre Arbeit war ihr stets Berufung gewesen. „VOLKES WACHT“, das einzige Presseorgan des Landes zwischen Rügen, Oder und Neiße, dem Erzgebirge und dem Thüringer Wald, hatte sie, vierzig Jahre lang gewissenhaft jedem im Dorf zugestellt. Sie hatte mit geholfen, alle im Geist des Kollektives umzuerziehen. Doch binnen Stunden ernteten andere, was sie in langen Arbeitsjahren aufbaute.

Niemals zuvor hatten sich die Bewohner des Dorfes, so einmütig zum Kollektiv bekannt, wie in der Nacht vom neunten zum zehnten November. Gemeinsam waren sie aus ihren Häuser getreten, waren gemeinsam zum Ortsausgang gefahren, sahen eine rollende Lichterkette, die sich von Ost nach West bewegte. Gemeinsam hatten sie sich eingeordnet und kämpften sich ausgerechnet in der Richtung vorwärts, die „VOLKES WACHT“, das einzige Presseorgan des Landes, stets als die falsche Richtung verdammte. Im Kollektiv verrieten sie ihre, Gerdas, langjährige Arbeit, indem sie dem Ruf falscher Propheten folgten, die da behaupteten, jede Reise, sofern man sie unter gewinnbringenden Gesichtspunkten antrete, führe künftig von Ost nach West und nicht umgekehrt. Rings um sie bröckelte die Ordnung des Dorfes, ja des ganzen Landes. Nur sie, Gerda, die Postbotin des Dorfes, versah weiterhin gewissenhaft ihren Dienst, glaubend, so und auf keine andere Weise diene man der Aufrechterhaltung zwischenmenschlicher Kommunikation. „Endlich, endlich!" war es ihr über die Lippen gekommen, als sie zwei dunkle Gestalten im Hof stehen sah. Jetzt floh sie vor ihnen. Sekundenlang blieb sie noch unterm Torbogen stehen, dann rannte sie, so schnell sie die Beine trugen, zum Auto. Und ohne dessen Plastetür zuzuschlagen, lehnte sie die Tür bloß an und fuhr, viel zu viel Gas gebend, davon.

„ Aber es ist niemand gestorben", sagte Clement erleichtert, nachdem es wieder totenstill auf dem Hof war. Das Telegramm stak ihm zwar noch ungelesen zwischen seinen knöchernen Fingern, doch trotz der Dunkelheit konnte er am Stück Papier keinen schwarzen Rand erkennen, also würde es nicht die schlechteste aller Nachrichten sein.

„Also wird man kommen. Morgen früh werden sie da sein. Sobald die neue Sonne überm neuen Land aufgeht, klopfen sie ans Tor", sagte er gelassen, obwohl er es gar nicht wissen konnte, was im Telegramm stand, das er wie einen Fremdkörper von sich hielt.

Clarius traute dem kaum, was er hörte. Der Uralte blieb bei seiner Überheblichkeit. In seinem naiven Verständnis gab es nur zweierlei Depeschen, entweder es war jemand gestorben oder jemand kam. Auch wenn man an den Slogan von der neuen Sonne und einem ganz anderen neuen Morgen unterschwellig noch glaubte, laut sagte man so etwas nicht mehr. Kurz bevor Clement starb, waren das geflügelte Worte, die man allerorts sang. Aber nur er, ein Auferstandener, sprach diese verquere Hoffnungen noch laut aus.

Clement spürte die Unzufriedenheit des Enkels. „Gehen wir", seufzte er nach einer Schweigeminute, wobei er dem R keine besondere Betonung zukommen ließ. Doch anstatt sich von der Stelle zu bewegen, griff er nur in die Jacke seines zerschnittenen Anzuges, fand den Schlüssel und sagte: „Komm!"

Noch einmal von vorn.

Und da könnte man sagen, es wäre hausbacken, die Geschichte mit dem Bild eines Zuges zu beginnen, der sich noch einmal der sanften Biegung der Neiße anpaßte, bevor er auf der kurzen Geraden des kleinen Bahnhofes im schlesischem Niederlangenau anhielt, jemand mitzunehmen, der fliehen wollte, ohne zu wissen wohin.

Dagegen bekäme die Story eine ganz anderer Bedeutung, wenn der Reisende seinem Laptop schnell noch ein paar Stichworte eingab, damit dieser die Dauer seines Aufenthaltes, wie jene sich daraus ableitende Rendite, gewinnträchtig festlegen kann, während das Flugzeug schon auf der Landebahn im kleinen vogtländischen Plauen ausrollte, einer Stadt, deren günstige Infrastruktur, sich bereits aus der Luft, als der lukrativste Standort für die zu entstehende Mühlenlandschaft, ausmachen ließ. Aber achtzehnhundertneunundachtzig?

Clements störrische Haltung, hinsichtlich des Namens wie seine Angst vorm Wind, sind inzwischen ausreichend bekannt. Nach dem verheerenden Hochwasser im Frühjahr, war er den Sommer über noch im schlesischen Niederlangenau geblieben. Antons Mühle hatte er, als eine vom Wasser nicht mehr zu erreichende, droben auf dem Berg wieder mit aufgebaut. Dann aber war er, ohne Abschied zu nehmen, gegangen. Den ersten Frühzug hatte er genommen, wollte zur „Mitte des Landes", ohne genau zu wissen, wo diese Mitte begann.

Nach achtstündiger Bahnfahrt begann für ihn die Mitte des Landes in Dresden.

Doch die Elbe, wie wir schon wissen, war ihm zu breit. Und die sich allerorts hervortuenden Türme und Kuppeln, der sächsisch – königlichen Metropole, verwirrten ihn, den aus der Abgeschiedenheit des Altvatergebirges kommenden, eher, als dass sie anziehend auf ihn wirkten.

Zwickau – Reichenbach – Plauen, las er und entschloß sich zur Weiterfahrt.

„Zwickau-Reichenbach-Plauen", antwortete sie hinterm Fahrkartenschalter, schloß ihre Augen ein wenig und sagte: „Dorthin..." mit seltsamen Unterton.

Clements Beine, die in seinen ersten drei Jahren noch „Sebastians Beine" waren, waren schon von Geburt an krumm... Jetzt aber, nachdem er ihre geheimnisvolle Stimme hinterm Fahrkartenschalter hörte, nachdem sich seine übergroßen Augen, in ihren rotbraunen Haaren festsogen, die sie in einem hoch aufgesteckten Dutt stolz und hilflos zugleich als bewundernswerten Gegenstand feilbot, spürte er, wie ihm seine stets unsicheren Beine regelrecht weg zu rutschen drohten.

„Bitte, einmal zur Mitte des Landes", flüsterte er und erschrak, wie schlecht ihm das akzentfreie Deutsch zum erstenmal über die Lippen kam.

Da war sie anderer Meinung. Schon der Ton, in dem er es sagte, provozierte sie. Dieser Unverschämtheit mußte sie korrekt begegnen.

„ Zwickau – Reichenbach – Plauen", behandelte sie Clements Wunsch als Dienstleistungsauftrag. Und schob ihm das Billett, mittels einer Drehscheibe unter der Glasscheibe hindurch, die sie beide voneinander trennte.

„ Zwickau – Reichenbach – Plauen", wiederholt er unsicher.

Die Doppeldeutigkeit seiner Worte hatte er erst begriffen, als er jetzt ihre sachliche Stimme hörte. Am liebsten hätte er sie hinterm Schalter gleich um Verzeihung gebeten. Doch als er sah, wie sie seine wenigen Groschen dreimal nachzählte, um ihm auf diese Weise seine Frechheit heimzuzahlen, begriff er: mit seinem ungeschickten Annäherungsversuch hatte er sich die Chance, schon Stunden nach seiner Flucht an ihrer Seite wieder seßhaft zu werden, endgültig verbaut.

„Reichenbach – oberer Bahnhof!" erschrak Clement über des Fahrdienstleiters Stimme.

Die Strecke von Dresden über Zwickau nach Reichenbach hatte er schlafend hinter sich gebracht. Doch jetzt, nach sechsstündiger Bahnfahrt, aufgeschreckt von der forschen Stimme des Fahrdienstleiters, wischte er sich die Augen, zog seine Taschenuhr, rechnet und wusste, das war sie, die Mitte des Landes. Mein Vaterland, dachte er, zu Hause hat es mich nicht gekümmert, jetzt bin ich mittendrin.

Hellwach sah er nach draußen.

Überall rauchten Schornsteine, entlang der Bäche im Tal. Soviel Schornsteine, dicht beisammen, gab es in Schlesien nicht. Auch der Zug, so schien es ihm, fuhr zu Hause langsamer, quälte sich unten mühsam durchs Tal. Hier, im vogtländischen, glitt er leichter oben über flache Hügel hin. Leichtigkeit, die den Mitfahrenden abging, denn ganz gleich, ob man schwer gewichtig oder ohne Gepäck unterwegs war, auf den Holzbänken im Abteil saß man eng zusammen. Man berührte sich mit den Schultern, doch je näher man sich kam, umso mehr schien jeder bemüht, den anderen nicht zu spüren.

Sie war in Reichenbach zugestiegen, und ihr Koffer war fast ein Drittel größer, als Gepäckstücke ähnlicher Art. Mit einem freundlichen aber entschiedenen: „Danke!“ hatte sie es abgelehnt, als er ihr den großen Koffer ins Gepäcknetz heben wollte. Die Rüschen ihrer Jackenärmel hatte sie schon bis über die Ellbogen hochgeschoben, als sie ihm den Rücken zudrehte. Dann aber, wie um Kraft zu sammeln, hatte sie ihre Hände noch mal auf die Rockschöße gelegt und den großen Koffer, ohne nachzugreifen, ins Gepäcknetz gehoben.

Die spielerische Eleganz, mit der sie das schaffte, beeindruckte ihn. Nur die Lage des Koffers beunruhigte. Beinah zur Hälfte hing er übers Gepäcknetz, doch sie, direkt darunter, interessierte es nicht.. Seelenruhig zog sie ihre Jackenärmel wieder nach vorne. Ihm kam es vor, als hätte sie beide Hände gleich mit ausgetauscht.

Solche Hände kannte er bis jetzt nur von Bildern. Und da hielten sie den Griff eines Sonnenschirmes oder beschäftigten sich mit ähnlichen luxuriösen, seiner Meinung nach überflüssigen Gegenständen. Doch plötzlich, wie von der Tarantel gestochen, ließ sie ihre Finger nervös rotieren. Einen Moment lang schloß sie die Augen, gleich darauf riss sie sie weit auf. Und sofort blickte sie wieder zum leeren Gepäcknetz, ihr direkt gegenüber, unter dem Clement saß. Wie wild geworden schaukelte es hin und her. Und er spürte, dass sie am liebsten aufgestanden wäre, irgendeinen Gegenstand ins Gepäcknetz zu legen, damit es von dieser irreführenden Geschäftigkeit abließ.

„Netschkau!“ rief es draußen. Und Clement verfluchte die Stimme. Gerade als er sie ansprechen wollte, auf die über ihr schwebende Gefahr hinzuweisen, kam ihm der befehlende Ton des Fahrdienstleiter dazwischen, und sein zaghafter Versuch, mit ihr ins Gespräch zu kommen, war abgewürgt.

Wie zum Trotz stellte er sich schlafend.

Daraufhin änderte auch sie ihre Taktik.

Ihre ganze Aufmerksamkeit galt jetzt draußen den Hügeln, die der Zug spielend hinter ließ

„Gleich kommt sie. Sie wird gleich kommen. Gleich fahren wir über sie“, simulierte sie ein Selbstgespräch, womit sie ihr Gegenüber auf ein näher und näher rückendes Ereignis vorbereiten wollte, dem die hagere Gestalt in der Ecke des Abteils, wahrscheinlich ahnungslos schlafend, entgegen fuhr.

Mit geschlossenen Augen hatte er ihr zugehört und war immer mehr zu der Überzeugung gekommen, sie gegenüber, das war eine geistig verwirrte Person, die irgendwelche seltsamen Erwartungen peinigten, die sie irgend jemandem unentwegt mitzuteilen versuchte. Und wahrscheinlich hatte sie ihr gesamtes Hab und Gut eingepackt, damit ging sie auf Reisen, ohne überhaupt zu wissen wohin, dieser Zug fuhr.

Doch dann stand sie auf, ließ mit sachkundigem Griff das Abteilfenster herunter und wiederholte andauernd: „Jetzt gleich! Jetzt! Jetzt! Jetzt! Da ist sie. Kommen Sie schnell“, setzte sie nun zum direkten Dialog mit Clement, ihrem Gegenüber, an, der sie inzwischen mehr als das über ihm leer schaukelnde Gepäcknetz interessierte.

„Jetzt! Sehen sie hinunter. Jetzt überqueren wir sie, die Elster. Dreihundert Meter sind wir über ihr“, jubelte sie vor Begeisterung.

Und Clement, der Zug war schon in der Mitte der Brücke, hatte gerade noch zur rechten Zeit auf ihre Begeisterung reagiert. Er war aufgestanden, so dass er hinunter sehen konnte, und wusste, sie, ihm gegenüber, das war gar keine geistig verwirrte Person.

„Und genau hier ist sie, die Mitte des Landes?“ hatte er sie staunend gefragt.

„Nächste Station, wenn sie hier bleiben möchten“, antwortete sie auf seine Frage, nach der Überquerung des Tals wie im Traum.

Der Zug holperte schon über die ersten Weichen, fuhr langsam auf die von ihr angekündigte „nächste Station“ zu, als sie immer gesprächiger wurde.

Detailgenau informierte sie ihn, dass sie ins Süddeutsche fahre, eine Stelle als Haushälterin anzutreten, doch viel lieber würde sie hier im Thüringisch – Vogtländischen bleiben, erzählte sie ihm.

„Aber, wenn sie unbedingt zur Mitte wollen, steigen sie jetzt aus“, sagte sie, ohne ihn anzusehen.

Der Zug hielt, doch Clement wusste plötzlich nicht mehr, ob er noch aussteigen wollte.

„Jetzt, jetzt, jetzt, jetzt, jetzt!“ wiederholte sie fast ärgerlich. Wenn er wirklich zur Mitte des Landes wollte, warum stieg er nicht aus?

Doch er überlegte, ob es nicht besser wäre, wenn er das mit der Mitte des Landes vergaß und auch ins Süddeutsche fuhr. Eine Stelle als Müller würde er auch im Süddeutschen finden, das war kein Problem. Und während er immer noch zwischen Aussteigen und Weiterfahren schwankte, meldete sich draußen abermals der ihm inzwischen verhasste Fahrdienstleiter zu Wort. „Plauen – oberer Bahnhof. Türen schließen!“ befahl er.

Aber jetzt, ohne zu fragen, ob sie nicht doch lieber auf die Stelle der Haushälterin verzichten wolle, nahm er schnell ihren großen Koffer, der gar nicht schwer war, aus dem Gepäcknetz. Und sie schrie nicht einmal: Haltet den Dieb! Nein, mit einem dankbaren Lächeln nach oben, als hätten sich die Gepäcknetze im besonderem Maß um die Fügung ihres Schicksals verdient gemacht, verabschiedete sie sich von ihnen. Und er hatte nur leise, aber bestimmt: „Komm, bitte, komm“, gesagt. Dann waren sie ausgestiegen.

Miteinander standen sie nun auf dem Bahnsteig, und er sah es ihr an, dass sie am liebsten laut drauf los gelacht hätte. „Kein Aufsehen", hatte er schnell gemahnt. Von ihr wusste er nur, dass sie eine Stelle als Haushälterin suchte, das war wenig. Zumindest in der Öffentlichkeit des Bahnhofes sollte man miteinander noch zurückhaltend sein. Er war zwanzig, sie vielleicht achtzehn. Er suchte Arbeit und ein neues Zuhause, mit ihr in Begleitung würde das schwierig werden. Schon bereute er seinen Mut, ihr den Koffer aus dem Gepäcknetz zu nehmen. Als er sie zum Aussteigen zwang, hatte er mit ihrem Widerspruch gerechnet. Sie aber fügte sich, wie das Haushälterinnen wohl im Allgemeinen tun. Jetzt musste er die Geschichte, die er übermütig losgetreten hatte, möglichst ohne Gesichtsverlust zu Ende führen. Nicht einmal seine Hilflosigkeit durfte er sich anmerken lassen.

Brav ging er Schritte vor ihr und trug ihren großen Koffer, wie das Gepäckträger tun.

Sie aber wollte nicht hinter ihm gehen. Mit wenigen Schritten schloss sie zu ihm auf, griff sich das Gepäckstück. „Lass, bitte!" sagte sie und nahm ihm den Koffer weg. Gleich drauf setzte sie ihn ab, schob ihn mit einem lässigen Fußtritt zur Seite, als hätte er ihr nie gehört.

Clement erschrak. Also ist sie doch geistig verwirrt. Ohne ein Wort zu sagen, ließ sie ihre Sachen stehen. Oder suchte sie Streit, wollte sie provozieren? Schließlich hatte er ihr die Reise ins Süddeutsche vermasselt. Nun wollte sie es allen zeigen, dass sie gar keinen Wert auf ihre Sachen legte, wollte ihn vor allen Leuten blamieren, dass er ihre solche Nebensächlichkeiten, wie den Koffer überhaupt abgenommen hatte und jetzt auch noch stolz vorn weg trug.

Auf diese Herausforderung durfte er nicht reagieren, begann aber zu hoffen, dass sie sich mit ihm einen Gepäcklosen solidarisieren wollte, deshalb hätte sie ihren Koffer stehen lassen. Sein Puls schlug schneller. Heimlich schwor er sich: Ich werde sie nicht fragen, wohin wir jetzt gehen. Ja, es interessiert mich überhaupt nicht, was ringsum die Leute über uns denken. Er nahm ihre Hand, spürte ihre Schultern, die sich bei ihm anlehnen wollten.

So verließen sie miteinander den oberen Bahnhof in Plauen.

„Wenn schon, denn schon, also dann fangen wir beide zusammen, ohne Gepäck an", bestätigte sie seine Hoffnung, als sie mit ihm alleine draußen in der Dunkelheit stand.

Clement zog sie an sich und spürte ihre Schenkel.

„Warte noch", sagte sie, als sie merkte, dass er schon unruhig nach einer dunklen Ecke suchte, in der man miteinander verschwand.

Und alle Gaslampen entlang der Straße brannten schon, als sie ihn in der Stadt talwärts führte. Ihr „Warte noch" hatte er weiter im Ohr und ihre Hand ließ er weiter in seiner liegen. Doch je länger sie schweigend neben ihm ging, desto unsicherer wurde er. Sie hat mich auf später vertröstet, jetzt verliert sie kein Wort mehr darüber, wohin sie mich bringt. Mißtrauen machte sich bei ihm breit. Wahrscheinlich wiederholt sie die Tour über die Brücke täglich. Die Geschichte mit dem Koffer ist von ihr raffiniert eingefädelt. Auf diese Weise ergattert sie sich ständig ihre Männer, dachte er.

Und der Mond spiegelte sich schon auf dem flachen Wasser der Elster, als sie nach langem Fussmarsch, unten in der Stadt angekomen waren.

„Plauen, unterer Bahnhof", informierte sie sachlich, was er selbst lesen konnte.

Allmählich kam es ihm vor, als bereue sie mittlerweile das Abenteuer, auf das sie sich da einließ. Er war darauf gefasst, dass sie jeden Moment rufen würde: Haltet ihn! Er hat mich zum Aussteigen gezwungen, er nahm mir den Koffer.

Das Lachen, das ich ihr vorhin auf dem oberen Bahnhof in Plauen verbot, wird sie hier, in der Verlassenheit des unteren Bahnhofes gleich nachzuholen versuchen. Daraufhin tritt ihr Companion aus einer finsteren Nische und wird mich, wegen meiner Frechheit zur Verantwortung ziehen, dachte er.

Nichts dergleichen passierte.

Sie kaufte zwei Billets am Fahrkartenschalter, und er wagte nicht zu fragen: Wohin fahren wir?

Der Zug kam, sie stieg ein und er folgte ihr.

Wieweit denn noch?“ fragte er ungeduldig, nachdem sie schon eine Zeitlang flußabwärts fuhren.

„Jetzt unter der Brücke durch. Vorhin war es die Elster von oben, jetzt fahren wir unten, neben ihr“, erwiderte sie kühl.

Solange sie mit ihm allein im Abteil war, wollte sie jeden unkontrollierten Gefühlsausbruch seinerseits vermeiden. Wenn es jetzt schon zum Äußerstem kam, würde er jede Gelegenheit nutzen, alleine auszusteigen und sie konnte sich kümmern, wie sie ins Süddeutsche käme, kalkulierte sie.

Das Gaslicht im Abteil, wahrscheinlich wegen zu geringer Energiezufuhr, flackerte heftig.

„Übrigens heiße ich Klara“, sagte sie, die außergewöhnliche Situation nutzend, bevor das Licht ganz erlosch.

„Klara“, wiederholte er gespielt hilflos, als hätte er diesen Namen heute zum ersten Mal gehört.

Sodann überlegte er, ob es nicht besser wäre, wenn er seinen Namen Clement ablegte und sich wieder Sebastian nannte. Doch im schlesischen Niederlangenau hatte er es gerade deshalb zum Helden gebracht, weil er sich schon mit drei Jahren einen eigenen Namen zulegte. Eben deshalb hätschelten sie mich doch zuhause ins Antons Mühle, bevor das Hochwasser kam, überlegte er.

„ Clement, ich heiße Clement und komme aus dem schlesischen Niederlangenau“, stellte er sich Klara selbstbewusst vor.

Das Flackern des Gaslichtes beruhigte sich wieder, und die winzige Flamme brachte plötzlich das doppelte Licht.

„Beruf?“ fragte sie.

„Wassermüller.“ sagte er und „ Auf Wanderschaft.“

Als wäre ihr soeben die lustigste Geschichte der Welt begegnet, bog sich Klara vor Lachen.

„Windmüllerin und komme aus Wiederitzsch bei Leipzig“, ergänzte sie im besten sächsischen Dialekt ihre Personalien. Wartete aber vergebens darauf, dass er sich ihrer Heiterkeit anschloss. Einem heftigen Gefühlsausbruch seinerseits hätte sie sich jetzt nicht verweigert, nachdem sie es wußte, wie nah sie sich beruflich waren.

Clement aber wollte nicht glauben, was er hörte. Wegen einer

Windmühle war er aus Schlesien geflohen. Nun saß er mit ihr, einer Windmüllerin, auf der harten Abteilbank im Zug, und nur sie schien es zu wissen, wohin der Zug fuhr.

Sie wiederum verstand nicht, warum er so entsetzt schwieg. Warum nahm er sie jetzt nicht in die Arme, suchte ihre Lippen, aufgrund dieser Gemeinsamkeit. Und hätte er ihr in diesen Moment ewige Treue geschworen, hätte sie es als das Selbstverständlichste der Welt hingenommen: er kannte sich aus beim Wasser, sie beim Wind.

Doch Clement saß versteinert neben ihr.

Vor Glück hat es ihm die Sprache verschlagen, dachte sie, die große Liebe also, das muß sie sein.

„Windmüllerin", wiederholte Clement nachdenklich leise, als brauche der Schreck Gewöhnungszeit.

Doch eigentlich ist sie ja Haushälterin. Ja, Haushälterin ist sie, sagte er sich immer wieder, bis es für ihn feststand, dass sie bloß Haushälterin war, und nur wegen ihrer Herkunft machte er sich nicht zum zweiten Mal heimatlos.

Jetzt aber, ohne jede Vorwarnung des Flackerns, ging das Gaslicht im Abteil plötzlich aus.

„Wieweit fahren wir noch?" fragte er ungeduldig in die Dunkelheit.

„Nächste Station", sagte sie abwesend und konnte es nicht begreifen, warum er weiterhin stocksteif neben ihr saß. Und schon zweifelte sie, ob ihr sein gezwirbelter Schnurbart, seine großen Augen, sein pechschwarzes Haar, in der Mitte gescheitelt, immer noch so gut gefielen, auf dass sie sich sicher sein konnte, dem vertraue ich mich lebenslang an.

„Bartmühle", musste Clement den Namen der nächsten Station selbst entziffern, weil auf Nebenstrecken anscheinend kein Fahrdienstleiter beschäftigt war.

Und Klara – nachdem er so ungeschickt auf ihre Herkunft reagierte, verweigerte mittlerweile jede Information.

Der Zug hielt. Und jetzt endlich suchte er ihre Hand. Kaum hielt er sie fest, flüsterte sie überglücklich, denn sie ahnte ja nichts von seiner Angst vorm Wind: „Deine Windmüllerin."

Schockiert war er nicht mehr. Nicht einmal zu einem überlegenen Grinsen mußte er sich zwingen.

Und sie, aufgrund der Dunkelheit im Abteil, konnte sein Gesicht nicht sehen, spürte aber, wie er mit der ihm verbliebenen freien Hand, seinen Schnurbart zwirbelte. Sekunden später hatte er die Prozedur beendet, griff hinter sich, öffnete die Abteiltür, sprang rückwärts auf den Bahnsteig, wartend, dass sie sich ihm in die Arme fallen ließ...Und nach kurzem Zögern tat sie`s.

„Clement, du“, stöhnte sie, nachdem er sie ordentlich festhielt. „Clement, du“, wiederholte sie unsicher und wollte es nicht glauben, dass eine so hagere Gestalt mit krummen Beinen ihr Gewicht über längere Zeit aushielt.

„Das schaffst du nie. Soweit kannst du mich nicht tragen“, flüstert sie ängstlich, jedoch anspornend zugleich, nachdem sich der Zug weiter Elster abwärts bewegte und es wieder totenstill auf dem Bahnsteig war.

Sodann drehte sie ihren Kopf leicht zu Seite, in Richtung einer Scheune, die man nur in ihren Umrissen sah.

Nicht bloß über der Brücke, auch neben der Elster kennt sie sich gut aus, dachte Clement, als er sie, in die von ihr vorgegebene Richtung zur Scheune trug. Dort blieben sie, so dass die Geschichte weiter ging.

Manuskript eines Romanfragments, vorgestellt von Klaus Rohleder bei einer Dichterlesung am 15. Oktober 2003 im Oratorium Marianum der Universität Breslau im Rahmen des XI. Else-Lasker-Schüler-Forums „Güte ist unsterblich“.

Klaus Rohleder,
der 1935 in Waltersdorf bei Greiz geboren wurde und auch heute noch dort lebt, arbeitete bis 1989 bei einer DDR-typischen „LPG“ (Landwirtschaftlichen Produktionsgenossenschaft). 1988 wurde sein erstes Stück „Das Fest“ neben Heiner Müllers „Auftrag“ in der Berliner Volksbühne urgelesen und anschließend aufgeführt. Es folgten weitere Inszenierungen in Deutschland, Österreich und der Schweiz. 1991 wurde er mit dem Ludwig-Mülheim-Förderpreis ausgezeichnet und erhielt ein dreimonatiges Stipendium für Italien. Seit diesem Aufenthalt ist Rohle-

der von Italien und seiner Kultur begeistert; eine starke Affinität zur Commedia dell'arte kommt in seinem neuesten Stück zum Ausdruck, das am 28. Juni 2003 im Rahmen der (unterfinanzierten) Stelzenfestspiele bei Reuth (leider nur) in einer szenischen Lesung vorgestellt wurde. Klaus Rohleder hat sich zu einer Komödie über Leben und Wirken der Schauspielerin und Theaterprinzipalin Caroline Weißenborn, genannt „Die Neuberin", inspirieren lassen. Sie wurde 1697 in Reichenbach im Vogtland geboren – aus dieser Region stammt auch der 1935 geborene Rohleder. Der engagierte Aufbruch dieser jungen Caroline Weißenborn aus engen Verhältnissen, ihr leidenschaftlicher Kampf mit dem herkömmlichen Kunstgeschmack und verstaubten Bühnenformen hat Sichtweisen und Theatertraditionen verändert.

MAREK ŚNIECIŃSKI

Holtei

Die frühesten Wirklichkeitsbilder, an die ich mich erinnern kann, dürften höchstwahrscheinlich mit Oborniki Śląskie verbunden sein. Heute vermag ich nicht festzustellen, welches von ihnen das erste war: der Bürgersteig, vom frischen, an den Fußsohlen backenden Schnee bedeckt, das Haus mit roten Dachziegeln, eine beunruhigend gestaltete Anhöhe, die einen ebenso beunruhigenden, bizzaren oder einfach fremd klingenden Namen trägt: Holtei. Oder aber eines von Dutzenden separater Bildern, die ich jetzt schon mit keinem Kontext mehr zu versehen weiß. Diese Unsicherheit erweckt in mir eine gewisse Unruhe, es wäre gut zu wissen, ab welchem Bild das Weltbildnis beginnt, das ich in mir trage, oder – das mich in sich selbst trägt. Das ist wichtig, ich habe nämlich den Eindruck, dass von eben diesen, zuerst erblickten Wirklichkeitsbildern die Struktur meines Gedächtnisses, mehr noch, meine Identität abhängt. Vielleicht könnten diese Bilder meines Unterbewusstseins eine gewisse Ordnung in das Chaos der im Leben zu sammelnden Erlebnisse bringen und das Spezifische meiner Perzeption formen.

Ich spreche hier von Bildern, obwohl ganz klar ist, dass diese Bilder die Worte, die Gerüche, die Wärme der Sonne auf meinem Gesicht, die Berührungen durch die Hand meines Vaters oder meiner Mutter begleiten. Es handelt sich also um die vielseitige Wahrnehmung der Welt, in die alle unsere Sinne integriert sind. Die Welt zu erfahren bedeutet aber zusätzlich sie zu interpretieren – unsere Sinne und unser Denken sind, auch in der frühesten Kindheit, nicht uneigennützig. Die Perzeption ist immer mit der Interpretation verbunden. Wir empfinden ein unterbewusstes Bedürfnis nach einem Begreifen, das die Art und Weise darstellt, auf die wir unser weiter gefasstes Sicherheitsbedürfnis befriedigen. Wenn wir zur Welt kommen, finden wir sie als etwas bereits

Vorhandenes vor und beginnen Tag für Tag, immer mehr in die Welt einzutauchen, was gleichzeitig ein Eintauchen in die Sprache, die um uns herum gesprochen wird, in die Geschichte und in die Kultur bedeutet. Dies alles stellt die Art und Weise dar, wie wir die Welt betrachten und analysieren – und das elementarste Werkzeug dazu, das uns zur Verfügung steht, das sind einfach wir selbst, ausgerüstet mit unserer individuellen Sensibilität und den unvollkommenen, oft versagenden Sinnen.

Ich habe für lange Zeit meine kindliche, mit dem Namen Holtei verbundene Unruhe vergessen. Erst nach Jahren, als ich vergeblich zu erfahren suchte, woher dieser bizzare Name stammt, kann ich mich wieder an mein erstes Erstaunen erinnern. Vielleicht habe ich mich damals zu wenig um Erkenntnis bemüht, vielleicht habe ich nicht die richtigen Personen gefragt. Ich weiß es nicht. Ich weiß aber, dass mein Erstaunen noch gesteigert ist, weil mir scheint, dass dieser fremde Name und die Anhöhe wunderbar zueinander passen. Ich hatte das Gefühl, dass der Name untrennbar mit der Anhöhe verbunden ist, auf deren Abhängen wir im Winter Schlitten gefahren und zwischen deren Bäumen und Gestrüpp wir im Sommer herumgelaufen sind. Ich habe auch gespürt, dass die Bedeutung des Namens dieser Anhöhe ganz nah liegt, dass die Bedeutung versteckt ist in einer mich jetzt blendenden, jedoch flüchtigen Augenscheinlichkeit. Es war so, wie es bisweilen bei Kinderspielen passiert, wenn man die Spielregeln erahnen (oder diese Regel erfinden), wenn man die richtige Sprache finden muss, um die entsprechenden Fragen zu stellen. Ich bin mir nicht sicher, vielleicht aber habe ich schon damals gewusst, habe ich schon damals gespürt, dass ich erkennen werde, warum die Anhöhe einen solchen Namen trägt, dass ich mich in diesem Namen begegnen werde, ebenso auch mit anderen Namen, die mit diesem winzigen Fleck Erde verbunden sind. Die Begegnung war unvermeidlich, weil ich begann, mir der Tatsache bewusst zu werden, dass ich immer mehr diesem Ort gehöre, dass ich mich in sein Eigentum verwandelt habe, seitdem ich ihm erlaubt habe, mein erstes Verlangen festzuhalten.

Anfang der 90er Jahre habe ich ein Essay u.d.T. „Ein Weg auf die Anhöhe" geschrieben, den ich später in einem meiner Gedichtbände als Schlusstext veröffentlicht habe. Es ist ein Text über die Vergänglichkeit und über die Identität, Text – Reise, die zum Gelobten Land führt, und wenn wir auch bereits dorthin gelangt sind, konnten wir es als solches nicht erkennen. Man muss während einer solchen Reise außergewöhnlich aufmerksam all dem gegenüber sein, was unerwartet als ein Zeichen erscheinen könnte. Man muss dem Klang von Menschen- und Ortsnamen lauschen und unaufhörlich eigene Erkenntnisse befragen; man muss die Fragen und die Bedeutungen, die diese Fragen zu enthüllen scheinen, anschauen. Ich habe diesen Text auf einigen für mich wichtigen Fragen aufgebaut, und alle diese Fragen waren auch auf gewisse Weise mit der Anhöhe, die allgemein Holtei genannt wurde, verbunden. Ich schrieb diesen Text in dem Bewusstsein, dass meine Erzählung gleichermaßen in einem bestimmten Ort wie auch in mir verwurzelt ist, so dass ich nur auf diese Geschichte vertrauen muss, um zu den Bedeutungen zu gelangen. Ich wusste, dass ich die Geschichte nicht aufteilen darf: in eine scheinbar literarische Fiktion und eine geschichtsgetreue Erzählung. Hier ist ein Ausschnitt aus diesem Essay:

„Jeder Mensch baut um sich herum und in sich einen Kosmos, dessen Größe von menschlicher Einbildungskraft, vom Volumen des Geistes abhängig ist. Also, anders gesagt, manche von uns sind einfach schizophren, weil nur Menschen, die zufrieden und befriedigt sind, kein Bedürfnis haben, eine esoterische Welt zu konstruieren. Ja, diese kugelförmigen Welten – ihre Topografie kann so ergreifend werden.

Ein kleines Städtchen in Schlesien, wo vor Jahren unbeständige politische Bedingungen alle alten Hierarchien und Werte umgeworfen haben, wo frühere Einwohner nicht mehr in der Lage waren, frühere Grenzmähler oder heilige Symbole zu finden. Ein kleines Städtchen, dessen Name sich mit den politischen Änderungen ein bisschen gewandelt hat: Obora, Obernigk, Oborniki.

Wahrscheinlich sollte ich jetzt etwas in die Vergangenheit zurücktreten, in die Zeit greifen, in der diese alte Karte entstan-

den ist, als durch die Schöpfungstat eines gewissen Menschen eine Welt auftauchte.
Carl Wolfgang Schaubert war der älteste von den Gebrüder und hat deshalb auf natürliche Art und Weise von seinem verstorbenen Vater Carl Gottlieb ein kleines Dorf übernommen. Das war am 12. August 1800, und ich nehme an, dass der Tag sonnig und heiter war, dass er etwas Spezielles an sich hatte, da er das Leben dieses erfahrenen Kaufmannes so verändert hat. Bisweilen geschieht es, dass sogar ein in den Alltag fest eingewachsener Mensch eine metaphysische Unruhe spürt, eine Unruhe, die mit irgendwelchen unbestimmten Mängeln zusammenhängt. Wahrscheinlich deswegen hat dieser Tag, als er zwischen leichten Anhöhen stand, alles entschieden.
Kleine Brüste mit weicher Waldhaut; offene Hand unterstrichen vom Tal des großen Flusses; drollige Bergchen, Katzengebirge – kleine Katzen spannen ihre Rücken. Vielleicht muss man einen besonderen Platz einnehmen und seine Reisen vergessen. Im Augenblick sind die arbeitsamen Jahre in Amsterdam unwichtig, nur ein Pfad führt die Füße, den eleganten Stock wirft man weg, und ein Pfad windet sich ungewiss hinauf auf die Anhöhe. Carl Wolfgang Schaubert war sich vermutlich bis zum Ende seines Lebens nicht ganz sicher, was ihn hier hält, in der Gegend, wo seine Gefühle zu den Jungen verborgen bleiben müssen, wo er die Einsamkeit seiner Tage und die schweißbedeckten Nächte zu betäuben versucht, wenn er seine Fäuste kraftlos ballt. Möglicherweise wusste er nicht ganz genau, warum er träumt, dass in seinem Gut die höchste Anhöhe des Katzengebirges sein sollte. Er spürte nur, dass ihn das monotone Knarren der Ackerwagenräder und des Kutschers Rufe beruhigen, dass sich die vibrierende Unruhe beruhigt, wenn er auf die wachsende Spitze der Anhöhe schaute, die er aufschütten ließ. Damit erschuf er nur seinen eigenen Kosmos, beschrieb einen Kreis und füllte ihn mit sich aus, um sich zwischen den Zufälligkeiten des Lebens nicht zu verirren. Diese Welt hat er nicht nur für sich geordnet, seine Vision erstarrte nach und nach in den Mauern von Heilanstalten, rote Dächer sind zwi-

schen Bäumen gewachsen, die Türme beider Kirchen schauten von zwei kleinen Höhen aufeinander. Wenn man einen Pfad vor sich erkennt, muss man für einen Moment stehen bleiben, muss bedenken, welche Höhe man aufschütten lässt, um dieses seltsame Ächzen in sich zu beruhigen, bedenken, solange der Stock noch nicht weggeworfen ist.

Wolfgang Schaubert ist am 10. Mai 1846 gestorben, und zum Erben hat er seinen Neffen Carl Friedrich Gustav eingesetzt, der die Tat seines Onkels fortsetzte und zahlreiche neue Elemente dem nach und nach Gestalt annehmenden Kosmos hinzufügte. Eine besondere Hierarchie verfestigte sich langsam im Bewusstsein des Menschen: Schloss, Bahnhof, zwei Kirchen, die höchste Anhöhe in der Gegend, die den Namen des ersten Dichters bekam, der in dieser kleinen Ortschaft gewohnt hatte. Aus meiner Sicht nehmen sich alle diese schöpferischen Versuche etwas komisch aus. Wie anders doch heute alles aus dieser Höhe aussieht. Diese wechselnde Topographie hat etwas Entsetzliches an sich, wenn alle Sachen scheinbar auf ihren alten Plätzen bleiben; die Zeit, die Wut und Liebe, Angst und Zorn verschlingt, ist entsetzlich, die Zeit, die mich mit skeptischem Relativitätsgefühl vergiftet. Die Anhöhe, die den Namen Holtei bekommen hat, ist zwar auf der gleichen Stelle geblieben. Von dem Granitdenkmal mit dem im Flachrelief dargestellten Dichterbildnis aber ist nur ein im Gebüsch versteckter Stein geblieben, den nur die herrenlosen Hunde besuchen und dessen verwischter Inschrift sie mit hochgehobenen Bein die Ehre erweisen. Was für einen Wert aber hat sein Interesse für Polen gehabt, wer erinnert sich an sein Stück „Der alte Feldherr", das eine Episode aus dem Leben Tadeusz Kościuszkos beschreibt, oder an ein anderes Werk, „Der letzte Pole", das er nach dem Novemberaufstand geschrieben hat? Was ist von der Liebe dieser Menschen geblieben außer einigen Urkunden, außer Resten eines Kosmos, den man nur schwer an den durch die Zeit verwischten Spuren ablesen kann? Ich habe keine Illusionen. Doch bleibt uns keine andere Lösung, und man muss an diesem unsinnigen Spiel teilnehmen, also baut man ein Haus, zeugt Kinder, macht Testamente und glaubt bis zur letzten Minute, dass es uns gelungen ist, das Schicksal zu betrügen, dass wir über Körpergrenzen hinausgekommen sind.

Auf diese Weise entsteht unbemerkt eine weitere Fiktion, obwohl man die kleine Stadt in Niederschlesien ohne Schwierigkeiten auf der Karte finden, besuchen und ansehen kann. Warum schreibe ich dann das alles, warum kratze ich das Moos vom Granitfelsblock mit dem undeutlichen Namen des deutschen Dichters ab, der, wie man sagt, mit Mickiewicz befreundet war? Wie vielfältig ist die Antwort. Zu viel steckt in Bildern, die vor meinen Augen wandern. Es scheint aber, dass damals auch der einfachste Mensch auf natürliche Weise das Gelobte Land unmittelbar neben sich hatte, dass er genau wusste, wo dieser Punkt sich befindet, dank dessen man alle Weltgegenden bestimmen, das Gute und das Böse unterscheiden, Schönheit und Hässlichkeit erkennen kann. Intuitiv verglich er die ganze Welt mit dem Schloss, das in der Kindheit ängstliche Bewunderung in ihm erweckt hat, mit den Turmglocken. Das war die tastbare Seite der Weltordnung, die gleichzeitig ein Gerüst baute für ein geistiges Bild. Möglicherweise schreibe ich das alles, weil mich schon seit einer bestimmten Zeit der unwiderlegbarer Eindruck begleitet, dass alle Menschen einen solchen Nullpunkt brauchen, einen Punkt, um das ganze Chaos in Ordnung zu bringen. Immer noch kann ich die Befürchtung nicht unterdrücken, dass Sakramentalisierung des Wirklichkeitsfleisches nicht mehr helfen kann, weil keine eigene Erde mir gehört und ich keine Erben voller Reinheit finden kann. Deshalb ist mein Hass lau, deshalb lasse ich alles so leicht hinter mir stehen. Das unveränderliche Lügenbewusstsein begleitet mich bei Gesprächen, Spaziergängen, Einkäufen – zwischen allen Tätigkeiten, mit welchen ich meine unwiderrufliche Vergänglichkeit ausfülle, meinen Weg auf die Anhöhe.“

Ich weiß nicht, ob Holtei als Teenager das Aufschütten dieser Anhöhe sehen konnte. Eher nicht, höchstwahrscheinlich fand das viele Jahre später als sein erster Aufenthalt in Oborniki statt (er war hier kurz vor dem Jahr 1815). Mir gefällt zwar der Gedanke sehr, dass er auf die mit der Erde und Kies schwer beladene Wagen schaute, die langsam auf dem sandigen Weg zum Gipfel der Anhöhe, die später sein Name tragen sollte, rollten. Mir scheint, dass dieses Bild der wahre Anfang einer ungewöhnlichen Geschichte sein könnte – man kann leider nicht feststellen, ob es gerade diese Anhöhe war, die Karl Wolfgang Schaubert aufschütten ließ, und ich habe auch keine Beweise, dass Holtei die uneigennützige und etwas wahnsinnige Schönheit dieser Tat des damaligen Oborniki Besitzers gesehen und richtig eingeschätzt hat.

In den 90er Jahre, unabhängig von dieser im Verborgenen wartenden Geschichte, haben wir mit vielen konkreten Ereignissen zu tun gehabt, die beweisen, dass mehrere Personen ähnliche Wanderungen in die Vergangenheit unternommen haben, während derer sie verschiedene, für die Identität dieses Ortes wichtige Menschen getroffen haben. Karl von Holtei war auch unter den Personen, die aus der Vergessenheit hervorgezogen und ihren alten Orten zurückgegeben worden sind. Man kann auf einem Granitfels, der am Fuße der Anhöhe in Oborniki steht, wieder ein Medaillon mit dem Holteibrustbild finden, das der Keramiker Jan Janusz Drzewiecki nach einem Stich aus dem XIX. Jahrhundert herstellte. Keramisches Material ist sehr unbeständig, und nur diese Tatsache bildet für einige Leute eine solche Verlockung, dass man ab und zu dieses keramische Flachrelief erneuern muss. Das Medaillon mit dem Dichterbrustbild fühlt sich viel sicherer in der Oberschule von Oborniki, die in den 90er Jahren gegründet wurde und den Namen Karl von Holteis erhielt. Das Holteibrustbild kann man auch im Breslauer Rathaus finden, wo es seinen Platz hat zwischen anderen Skulpturen, die berühmte Breslauer darstellen. Es unterliegt keinem Zweifel, dass es nach allen diesen Bemühungen inzwischen viel mehr Menschen gibt, die erklären können, wer dieser Mann war, der zuerst dank der Dauerhaftigkeit der sprachlichen Gewohnheiten ein

Schirmherr der Anhöhe und dann schon von Rechts wegen ein Schirmherr einer neuen Schule geworden ist. Ein Letztes, das diesen Dichter, Dramatiker, Schauspieler, Rezitator und Direktor mehrerer Theater betrifft, ist eine Doktorarbeit, die Leszek Dziemianko in dem Institut für Germanischen Philologie an der Universität in Wrocław präsentierte.

Die Anwesenheit Holteis, seine späte, postume Heimkehr hat einen besonderen Charakter. Karl von Holtei ist nämlich hier nicht als Dichter, Dramaturg und Prosaautor zurückgekommen. Das ist sicher ein Paradox, Holtei aber ist nicht seiner Texte wegen zurückgekehrt – aus unserer Perspektive gesehen: Ich denke, dass unabhängig davon, ob diese Perspektive durch die deutsche oder durch die polnische Sprache bestimmt wird, die Mehrheit seiner Werke nur einen historisch-literarischen Wert zu haben scheint. Außer den Wissenschaftlern, die sich mit deutscher Literatur des XIX. Jahrhundert beschäftigen, gibt es nur sehr wenige, die bereit sind, seine Texte zur Hand zu nehmen. Er hat vor allem Unterhaltungsliteratur geschrieben. Aus diesen Gründen war auch der Zeithorizont, in dem seine Werke das Interesse der Leser erwecken konnten, sehr begrenzt. Karl von Holtei war vor allem ein Theatermensch. Vielleicht schätzte er die Möglichkeit des direkten Kontakts mit dem Publikum am höchsten. Es scheint, dass ein spezifisches hic et nunc, das er als Schauspieler in seinen selbst verfassten Theaterveranstaltungen und als ein Rezitator der Werke Shakespeares erfuhr, für ihn am wichtigsten war. Andererseits aber gehörte er, trotzt der mit dem Theaterleben verbundenen permanenten Wanderungen, so sehr zu diesen Orten (Oborniki, Breslau oder, breiter betrachtet, Schlesien), dass wir ihm begegnen mussten, als wir versuchten, die Identität dieses Landes zu verstehen. Karl von Holtei ist zurückgekommen, sein Gesicht aber, das gut zu einem Theatermensch passte, ist hinter einer eigenartigen Maske versteckt. Diese Maske bilden solche Begriffe wie: Dramatiker, Dichter, Schauspieler. Sind nicht auch unsere Masken, die wir so oft angelegt haben, aus ähnlichen Worten gewebt, die mehr verbergen als enthüllen?

Karl von Holtei ist 1798 in Breslau geboren, hier hat er das Gymnasium besucht und dann (1816–1819) Jura studiert. Sehr früh offenbarte er sein Interesse für das Theater, und er schuf in den nächsten Jahrzehnten (bis 1855.) ununterbrochen neue Bühnenwerke – insgesamt schrieb er über 50 Theaterstücke: Dramen, Komödien oder, dem Vaudeville nahe, Liederspiele. Holtei war nicht nur als Dramatiker und Regisseur mit dem Theater verbunden. Genauso stark interessierte ihn die Schauspielerei, in vielen Städten war er auch als Theaterdirektor tätig. Die Wahl eines solchen Berufes bedeutet gleichzeitig, dass er sich für eine bestimmte Lebensweise entschied – Holtei hat das Leben eines Wanderers gewählt, der ständig von Ort zu Ort (um)ziehen muss. Während diesen Wanderungen war er in den Theatern von Städten wie Breslau, Dresden, Berlin, Darmstadt, Riga, Königsberg, Hamburg, Paris und Graz tätig.

Es scheint, dass Karl von Holtei viele Begabungen hatte, die besonders im gesellschaftlichen Leben nutzbar waren, was auch für seinen Theaterberuf nicht ohne Bedeutung war. Ohne Schwierigkeiten hat er freundschaftliche Kontakte mit vielen Schriftsteller, Künstlern und anderen prominenten Persönlichkeiten des damaligen öffentlichen Lebens geknüpft und diese Kontakte zu halten gewusst, was sehr viel schwieriger ist. Die Zeitgenossen unterstrichen seinen Charme, die Geradlinigkeit und Ehrlichkeit, die ab und zu an Naivität grenzte. Es ist also kein Wunder, dass seine Autobiographie „Vierzig Jahre", in der zahlreiche herausragende Persönlichkeiten dieser Zeit auftreten, bis heute eine wertvolle Quelle für Historiker und Literaturhistoriker bildet.

Holtei wurde zuerst als „Radikaler", fast als Revolutionär betrachtet, der die seit dem Kongress in Wien bestehende Ordnung in Frage stellte. Solche Behauptungen muss man u.a. im Kontext mit der Thematik, die in Holteis Frühwerk auftrat (in den Bühnenwerke wie auch in der Lyrik), betrachten, besonders im Kontext der polnischen Teilung, die damals für die europäischen Mächte ein sehr heikles Thema war. Die Polenproblematik und das Schicksal der Polen sind schon im seinem frühen Drama

(1822.) „Stanislaus“ oder in dem Liederspiel „Der alte Feldherr“ (1825.) thematisiert worden. Ich habe aber den Eindruck, dass Holtei niemals ein Radikaler und Revolutionär war, von denen damals viele durch Europa zogen. Ein später Flirt Holteis mit preußischen konservativen Kreisen, was sich in seinen Veröffentlichungen „Preußische Kriegs- und Siegeslieder“ und „Kriegslieder“ wiederspiegelt, soll uns nicht allzu sehr verwundern. Seit 1815, als er sich noch als Teenager zur preußische Truppe als Freischütze anwerben ließ, war er immer ein loyaler Bürger des preußischen Staates gewesen. Schon seine Zeitgenossen haben ihn aber als einen Menschen betrachtet, den man keiner literarischen oder politischen Partei zuordnen kann.

Holtei hat sich in den letzten Jahrzehnten seines Lebens vor allem der Prosa gewidmet. Er veröffentlichte eine ganze Reihe von Romanen und Erzählungen, in denen er sich auf das Leben der mit dem Theater verbundenen Menschen konzentriert, obwohl man feststellen muss, dass seine Beschreibungen dieses Lebens meistens sehr oberflächlich sind. Der Schriftsteller ist nach seinen langjährigen Wanderungen in seine Heimat zurückgekehrt und hat sich in Breslau niedergelassen, wo er im Jahr 1880 starb.

Ich muss jetzt noch einmal auf die Anhöhe zurückkommen, auf der diese Geschichte ihrer Anfang hatte. Das ist für mich eine Rückkehr, die ich nicht vermeiden kann und will, weil diese Anhöhe für mich noch immer eine Herausforderung und gleichzeitig eine Frage ist. Es ist möglich, dass sich gerade hier meine Weltachse befindet, die Himmel und Erde verbindet, dank derer ich (besser oder schlechter) die Weltrichtungen bestimmen, das Gute vom Bösen unterscheiden kann. Wenn ich versuche, die Frage zu beantworten, was eigentlich entschieden hat, dass diese Anhöhe für mich so wichtig ist, finde ich keine zufriedenstellende Antwort. Ich weiß nur, dass ich immer wieder auf die Anhöhe, die Holtei heißt, zurückkehren muss, dass ich zu Schauberts Verlangen, das ihn eine von den umliegenden Anhöhen aufschütten ließ, zurückkehren muss (in mir sind die beiden Anhöhen gleich). Es handelt sich hier übrigens nicht um Antworten – der Sinn kann nur im Spiel von Enthülltem und Verborgenem, im ständigen Flimmern von Anwesenheit und Abwesenheit ans Licht kommen. Ich bin Holtei zum ersten Mal durch eine solche anwesende Abwesenheit und abwesende Anwesenheit begegnet, und weil ich in mir niemals die Prädispositionen entdeckt habe, über die, meiner Meinung nach, ein Literaturhistoriker verfügen sollte, pflege ich in mir die Erinnerung an mein erstes Erstaunen, das ich damals erlebt habe – auf einem sandigen Weg, der auf den Gipfel der Anhöhe, die Holtei heißt, führt.

Marek Śnieciński
Lyrik, Essays, Übersetzungen, Kunstkritik. Geboren 1958 in Oborniki Śląskie. Lebt und arbeitet in Wrocław. Studium der Geschichte (1977–82), klassische Philologie (1980/81), Kunstgeschichte (1981–86, Universität in Wrocław).

Veröffentlichungen:
Gedichtbände „Okruchy milczenia", 1988; „Poemat o pamięci i inne wiersze", 1988; „Droga na wzgórze", 1996; „Coitus sacralis", 2000
Essays „Od Ewy do Marii Magdaleny" Essays über Frauen in Bibel, 1997
Zahlreiche Veröffentlichungen in Ausstellungskatalogen, Anthologien, Literatur- und Kunstzeitschriften in Polen, Deutschland, Österreich, Slowakei, u.a. – Stipendium im Literarischen Colloquium Berlin (Stiftung Preußische Seehandlung).

HANSGÜNTHER HEYME

Daniel Casper von Lohenstein

Ibrahim Bassa, Ibrahim Sultan

Lohenstein ist für einen „politischen" Theatermann wie mich einer der wichtigsten Autoren – und dies vor Lessing –, mit dem man stets meint, hier finge das deutsche Theater erst an. Im barocken Breslau war der Dichter Lohenstein zeitweise Bürgermeister. Politische ZEIT-Stücke hat er geschrieben. Wichtiges Theater, welches zum DAMALS viel sagen wollte. Er sprach von den Ängsten, den Hoffnungen jener Zeit. Nicht nur standen die Türken vor Wien, nein – auch die alte Ordnung, die alte Sicherheit (in aller Beschränkung) war dahin.

Wenn wir uns heute mit diesen Texten des Lohenstein beschäftigen, weil Theaterleute, die dem Heute gegenüber verantwortlich sind, meinen, daß diese Stücke schon im Barocken höchste Qualität zeigten: Zeitbezogenheit, Wahrhaftigkeit, Poetik im besten Sinne des Damals. Und nur solche Texte sind zu bewahren.

Auch für das Publikum nach der Jahrtausendwende können sie wesentlich sein, wenn es den Aufführungen gelingt, das Heute im Gestern und Reste des Gestern im Heute zu spiegeln. Mit Lohenstein ist das möglich: Ein Autor, den es auch morgen zu spielen gilt.

Thomas Wirtz hat am 4. September 1999 über zwei schlesische Autoren geschrieben. Unter der Überschrift „Der wüste Elefant. Endspiele des Daniel Caspar von Lohenstein" hieß es u.a.:

„Über einer der berühmtesten Regieanweisungen der deutschen Dramenliteratur hängt eine Wolke von Verwesungsgeruch: ‚Der Schauplatzb liegt voll Leichen-Bilder / Cronen / Zepter / Schwerdter etc. Über dem Schau-Platz öffnet sich der Himmel / unter dem Schau-Platz die Helle.' Dieser vertikal verstrebte Ort aus Andreas Gryphius ‚Catharina von Georgien' hat das Bild vom Barock geprägt – Endspiele auf dem

Theater, pflegmatische Totenfeiern, ein monarchistisches ‚Kopf ab zum Gebet'. In diese Requisite hinein tritt die Ewigkeit und drängt zu einer Wahl, die keine ist: Wo schon Krone und Zepter von einer höheren Macht mit Füßen getreten werden, darf sich der kleine Theatergast keine Hoffnung auf Rettung machen. Am unfrohen Ende der Könige muss er vorwegnehmen, was auf ihn allemal wartet. Jedes Drama eine Leichenrede. Wer da beizeiten nicht seinen Frieden mit dem Himmel macht, hat den Verstand schon vor seinem Kopf verloren. Gryphius' Bühnenbild hat lange Zeit den Blick auf dramatische Nebenschauplätze verstellt. Im blinden Fleck saß vor allem ein Mann, der am selben Ort zur selben Zeit wie Gryphius wirkte und doch aus einer anderen Theaterwelt zu kommen schien. Der spätere 'Herr Daniel Caspar von Lohenstein / Erb-Herr auff Kittlau / Reise und Roschwitz / der Röm. Kaiserl. Mayst. Rath und der Königl. Stadt Breßlau Ober-Syndikus' schickte 1653 seinen Erstling ‚Ibrahim Bassa' auf die Schaubühne, als Gryphius noch ein Schaffensjahrzehnt vor sich hatte. Wo dessen Märtyrer sich eher das Leben als die Unschuld rauben lassen, brilliert Lohenstein mit zweifelhaften ‚Sexualgiganten', deren ‚Geschlechtshunger' an keinem jungfräulichen Appetithappen vorbeilaufen kann. Von der Transzendenz zur Potenz? Offensichtlich ist der barocke Weg in die Glückseligkeit verworrener, als es der Ewigkeit lieb sein kann.

Gryphius hatte einen groben Keil zwischen die Charaktere getrieben. Auf der abschüssigen Bühnenrampe in den Tod blieb für die Figur nur die Frage offen, ob sie lieber selbst meuchelmörderisch das Messer schwingen oder demütig in es hineinlaufen sollte. Der Tyrann hatte sich für die Verworfenheit entschieden. Die Leidensschreie (der Opfer) waren auch solche der ungeduldigen Vorfreude auf den Himmel. Und der Schlussakt enttäuschte mit seiner strengen Gerechtigkeitsmechanik nicht. Die Angst des Tyrannen spiegelte sich in der mitleidlosen Seligkeit seiner Opfer. Deren sichere Krönung im Jenseits war dem diesseitigen Zuschauer Trost genug. Gern ließ er sich auch außerhalb des Theaters auf die lange Folterbank spannen, war nur dem göttlichen Richter seine Beständigkeit nicht entgangen...

Lohenstein scheint sich dieser todversessenen Lebenswelt anzunähern, weil auch er den Hof als Spielstätte wählt: ‚Kein Leben aber stellt mehr Spiel und Schauplatz dar / Als derer / die den Hof fürs Element erkohren.' Nirgendwo lässt sich der Zeitraum zwischen Aufstieg und tiefem Fall auf dem Richtklotz enger zusammendrängen. Während aber Gryphius vom Ende der Karriereleiter leicht auf die Himmelssprosse überspringt, gibt es für den lohensteinschen Helden kein Leben jenseits der weltlichen Herrschaft: Kopflos ist er auch mundtot. Damit hat sich das Spiel um Seligkeit zur Politik verschoben. Diese Dramen haben keinen Platz für Märtyrer, weil die Opferwilligkeit ohne jeden Ausgleich nur Dummheit ist. Wer das nur eine Leben hat, legt auf seine Erhaltung größeren Wert. Die Selbstverschwendungssucht des Märtyrers beschneidet Lohenstein zur Machtaskese: Die hiesige Welt ist schlecht, aber sie muss keine Konkurrenz fürchten....

Gott hat sich aus dem dramatischen Spiel zurückgezogen und in der Geschichte verborgen. Bei Lohenstein zieht er nicht mehr die Fäden, sondern dreht die Stricke um den Figurenhals. Denn die Politiker...bleiben unaufmerksam gegen das Geschichtsganze."

Das erste und das letzte Trauerspiel des großen barocken Breslauers – wir, die Ruhrfestspiele in Recklinghausen, das Europäische Festival, haben diese beiden Texte in Zusammenarbeit mit dem Nationaltheater in Luxembourg im Winter bzw. Frühling des Jahres 2002 uraufgeführt. IBRAHIM BASSA war seinerzeit ein viel „nach-" gespielter Text, den Lohenstein schon mit 15 Jahren geschrieben hat. IBRAHIM SULTAN wurde unseres Wissens nach durch mich als Regisseur uraufgeführt. Beide Stücke behandeln die seinerzeitige Angst vor und die Faszination durch die Türken (dem Islam – vor Wien).

Im Jahre 02 nach der Jahrtausendwende interessiert an Lohensteins türkischen Trauerspielen natürlich die parallele Situation, neben der enormen Qualität der Texte. Mit wenigen, behutsamen „Modernisierungen“ sind sie heute lesbar, verstehbar, auf ihre Zeit und die unsere beziehbar.

Wir müssten lange zur Kenntnis genommen haben, dass es in der deutschen Dramatik weit vor Lessing, einem Shakespeare vergleichbaren Dichter gab und gibt – den aufzuführen, mit dem sich zu beschäftigen mehr als lohnt.

Neben den Monologen, den dramatischen Szenen, hat Lohenstein seine Stücke durch „Reihen“ gesprengt, erweitert. Dies sind nach der chorischen Reihe benannte Zwischenspiele, in manchem an antike Chöre erinnernd, in welchen sind z.B. die großen Ströme der Welt über die Menge unschuldig vergossenen Blutes beschweren, welche ihren Lauf Richtung Ozean unmöglich machen. Große barocke Bilder und Texte. Weise und auch bedenkbar im Heute.

Im IBRAHIM BASSA zeichnet Lohenstein einen zögernden, unentschlossenen Herrscher, schwankend zwischen Liebe und Verliebtsein, Hass und Zuneigung. Im SULTAN interessiert heute neben der Zeichnung des Sultan, vergleichbar einem Charakter wie Shakespeares Richard III., die Vater-Tochter-Beziehung, die Mutter-Sohn-Beziehung. Hier werden wir stets an Lessings EMILIA GALOTTI oder Schillers KABALE UND LIEBE erinnert. Nach dem Shakespeareschen Texten finden wir erstmals bei Lohenstein eine derartige subtile Mutter-Sohn-Situation dramatisch geschildert.

Große Texte. Sie gilt es der Vergessenheit zu entreißen.

Das Europäische Festival der Ruhrfestspiele hat im Januar 2002 in der Lohensteinschen Stadt Breslau seine jährliche internationale Pressekonferenz veranstaltet – auch natürlich im Zeichen, bzw. in der Hoffnung auf Deutschland. Wir haben Lohenstein fast vergessen, Polen und Deutsche. Fast unmöglich scheint es diesen großen dramatischen Texten in eine Zukunft zu helfen. Dies kann nur gemeinsam geschehen, in Breslau – einer Stadt, die wie wenig andere unter dem deutschen Terror im vergangenen Terror im vergangenen Jahrhundert gelitten hat – und welche doch so viel an deutschen Schätzen in ihrer ferneren Vergangenheit beherbergt. Arbeiten wir gemeinsam an Versöhnung und Annäherung zwischen Polen und Deutschland, an der oftmals noch schlimmen Grenzziehung zwischen den Völkern und Landen, zwischen Polen und Deutschland. Lohenstein wäre einer der Mittler.

Hansgünther Heyme,
geboren am 22. August 1935 in Bad Mergentheim.
Nach Assistenzen bei Erwin Piscator und einer Ausbildung zum Schauspieler erste Inszenierungen in Mannheim und Heidelberg (1957 bis 1959). Von 1963 bis 1968 Oberspielleiter in Wiesbaden, dann Wechsel zum „Schauspiel Köln", wo er 1972 Schauspieldirektor und 1975 Schauspielintendant wird. 1979 geht er als Schauspieldirektor ans Württembergische Staatsschauspiel Stuttgart. Zwischen 1985 und 1992 ist er Leiter des Essener Schauspiels. 1992 geht er als Generalintendant nach Bremen. 1994 löst er dort vorzeitig seinen Vertrag.
Von 1990 bis 2003 ist Hansgünther Heyme Festspielleiter und Geschäftsführer der Ruhrfestspiele Recklinghausen, die er mit großem Erfolg zu einem „EUROPÄISCHEN FESTIVAL" umgestaltet hat.
In den 60er Jahren gehörte er mit einigen aufsehenerregenden Inszenierungen (z. B. Wilhelm Tell, 1963) zu den Theaterleuten, die das moderne Regie-Theater in der BRD begründeten. Um vor allem ein junges Publikum wieder für das Theater zu gewinnen, gründete Heyme in Köln, Stuttgart, Essen und Bremen den „Jugendclub Kritisches Theater", ein wegweisendes und vielkopiertes Modell, in dem Jugendliche aus allen „Schichten" gemeinsam mit Theaterleuten an Inszenierungen und anderen Projekten arbeiten. Als Theaterpolitiker hat Heyme vor allem in Nordrhein-Westfalen in finanziell schwierigen Zeiten gegen den Abbau von öffentlichen Subventionen gekämpft. Er dachte auch als einer der Ersten (1985) über Überlegungen zu strukturellen Veränderungen in der Theaterorganisation nach.
Heyme vertritt als Schüler von Erwin Piscator dessen politische Theaterkonzeption. Jenseits aller Parteipolitik sieht er im Theater einen der letzten gesellschaftlichen Freiräume, in dem mit utopischen Modellen über ein lebenswerteres Leben diskutiert werden kann. Das Theater also als „Provokation" im ursprünglichen Sinn des Wortes, als ein politisches Forum, das Stellung bezieht.

MAREK ZYBURA

Ein großer Lump und Antichrist: August Scholtis 1901–1969

Jubiläen, Tagungen, Foren machen uns manchmal glauben – so vor kurzem Michael Rohrwasser –, dass Prokrustes in der Tat Schutzpatron der Literaturgeschichtsschreibung sei, so beflissen wird bei solchen Anlässen, die dann dem mythischen Bett des attischen Räubers gleichen, all das aus dem Weg geräumt, was sich nicht fügt, wird das Bekannte wiedererkannt und das Fremde ausgeklammert, das Unbequeme verdrängt. Dieses Schicksal hat August Scholtis (1901–1969) allerdings schon zu Lebzeiten ereilt. Ohne hic et nunc die ‚Scholtisologie' darauf abklopfen zu beabsichtigen, wollen wir uns dennoch das Bekannte wieder in Erinnerung rufen und das Fremde/Unbequeme an ihm vergegenwärtigen.

Darf man allerdings im Falle des Autors August Scholtis bei dem heutigen Lesepublikum „Bekanntes" überhaupt voraussetzen? Nicht einmal die lexikonüblichen Klischees, die so manchem verstorbenen, wackeren Tagelöhner der Literatur zur kürzeren oder längeren Ewigkeit verhelfen, können hierbei schnelle Auskunftsdienste leisten, weil sie bis auf – sage und schreibe – drei derartige Nachschlagewerke ganz einfach fehlen. Auch die Bücher dieses Autors fehlen: die von Joachim J. Scholz vor einigen Jahren besorgte Scholtis-Edition brachte zur einen Hälfte Briefe und zur anderen feuilletonistische Kurzprosa samt epischen Fragmenten. So verdienstvoll diese Edition auch war (maßgeblich trug sie doch zur Belebung der germanistischen Beschäftigung mit Scholtis in der letzten Zeit bei), so wenig vermochte sie sich doch in der breiteren Öffentlichkeit außerhalb der Fachwissenschaft durchzusetzen. Der Herausgeber musste es hinnehmen, dass bekannte Zeitschriftenredaktionen die eingesandten Rezensionsexemplare mit der höflichen Bemerkung zurückschickten: an dem Autor der kostbaren Bände zeige das Lesepublikum keinerlei Interesse, so dass man für die Rezensionsexemplare leider keine Verwendung sähe. Scholtis' Bücher, die einstmals für Aufsehen sorgten und an denen sich die Geister schieden: Baba, Ein Herr aus Bolatitz, werden seit Jahrzehnten nicht mehr aufgelegt; der 1970, ein Jahr nach dem Tod des Autors, erstmals seit seinem Erstdruck im Jahre 1932 neu veröffentlichte Ostwind konnte noch im literarischen Blätterwald einigen, wenn auch mehr pflichtschuldigen denn engagierten, Widerhall finden – aber der erneute Abdruck dieses Romans aus dem Jahre 1986 (den Horst Bienek im Deutschen Taschenbuchverlag durchsetzte) ging schon sang- und klanglos im Buchhandel unter. Die Tatsache, dass Ostwind nach dem Krieg als das einzige der Bücher des Schriftstellers insgesamt dreimal neu ediert worden war, festigte höchstens das Scholtis anhaftende Etikett, Autor eines Buches zu sein: eben des Ostwind, mit dem ihm ein singulärer Wurf gelungen sei.

Heute ist August Scholtis – ehemals Mitglied des deutschen PEN-Clubs, der Darmstädter Akademie für Sprache und Dichtung, der Berliner Akademie der Künste – ein Geheimtip, den nur mehr Literaturkenner und –liebhaber untereinander weitergeben. Im breiteren literarischen Bewusstsein unserer Zeit darf er als verschollen gelten. Solches Schicksal widerfuhr einem Schriftsteller, den sein Tageserfolg, an dem er unermüdlich, auch aus lebenspraktischen Gründen, gearbeitet hatte, um den vergeblich erstrebten, langwirkenden literarischen Nachruhm brachte. Denn der nach seinen eigenen Worten in die Literatur „unüberlegt gestolperte" provinzielle Autodidakt Scholtis, der nichts weiter als die Bildung einer Dorfschule vorzuweisen hatte, geriet in seinem wechselvollen, mitunter entbehrungsreichen Leben periodisch ins grellste Rampenlicht des öffentlichen Interesses. So nach der Veröffentlichung seines *Ostwind*-Romans, des sowohl in der deutschen als auch polnischen Literatur künstlerisch unübertroffenen Zeugnisses der „oberschlesischen Katastrophe", wie er die Plebiszitkämpfe und die Spaltung der Region nannte; so nach dem desillusionierenden Untergang des Dritten Reiches, als er – aus dem unterdrückten Unbehagen an seiner Anbiederung an das soeben in die Knie gezwungene Regime und aus dem auf seine gewandelte Sicht dieses Regimes und der Folgen von dessen Schreckensherrschaft für Deutschland und die Deutschen gegründeten Schock über ihre „Unfähigkeit zu trauern" und mental mit der Vergangenheit abzurechnen – als er also in den endvierziger Jahren mit *Fahnenflucht* und *Zauberkrücke* seinen literarischen Neuanfang startete und als selbsternannter Praeceptor Germaniae mit dem deutschen Gestern und Heute leidenschaftlich ins Gericht ging; so auch endlich um die Wende der 50er und 60er Jahre, als er in *Ein Herr aus Bolatitz* am roten Faden der eigenen Biographie aus den neugewonnenen historiosophischen und politischen Positionen heraus das letzte halbe Jahrhundert deutscher Geschichte kommentierte und in *Reise nach Polen* unorthodox das Thema des deutsch-polnischen Verhältnisses aufrollte. Es gab eigentlich keine bedeutende Zeitung in der Bundesrepublik, die den Autor damals nicht gebührend gewürdigt hätte. Umso überraschender kam danach sein Abrutschen in die Versenkung des literarischen Trödelmarktes, welches zur Folge hatte, dass er 1969 vereinsamt und vergessen starb, dass sich um seinen Tod Gerüchte ranken, er hätte aus Verzweiflung über sein Schriftstellerschicksal Selbstmord begangen beziehungsweise wäre er in seiner Steglitzer Dachklause buchstäblich verhungert.

Ein derartiges Ende dieser Schriftstellerlaufbahn macht den Eindruck, als wäre hier ein Mechanismus der sich selbsterfüllenden Prophezeiung am Werk, hat doch Scholtis das tiefsitzende Bewusstsein, sich als zunftfremder Geselle, ja Hochstapler in die deutsche Literatur eingeschlichen zu haben, im Grunde genommen sein Leben lang nicht verlassen. Die daraus resultierende Unsicherheit lähmte seine Schaffenskraft, die Angst, als vermeintlicher Wilderer in den Gefilden der Literatur entlarvt zu werden, produzierten bei ihm entweder einen übertriebenen Selbstbestätigungsdrang, der sich nur allzu oft in Wutausbrüchen, Fehden, Grobheiten, aber auch Bildungsposen entlud, oder demütigende Gesten der Anbiederung. Er fand aber auch mitunter zu der souveränen Erkenntnis, dass „man mit den alten

Stilmitteln ohnehin nicht weiterkommt und meine verlorene Generation zu sehr mit Gepäck noch aus der Zeit vor dem Ersten Weltkrieg beschwert ist", um den Anschluss an den Geist der neuen Literatur zu schaffen. Im Alter schlug diese Erkenntnis manchmal in Selbstmitleid um: „Was meine Wenigkeit angeht, so ging einiges wohl über meine Kraft. Man darf doch nicht vergessen, dass ich bis zum 20. Lebensjahr ein hinterwäldlerisches Dorfleben führte und nicht im Geringsten literarische Voraussetzungen haben konnte zu einem souveränen Durchbruch (...). Brecht kommt immerhin aus einem liberalen Bürgertum. So etwas existierte in Bolatitz nicht. (...) Für die Böll und die Grass hat eine Danziger oder Kölner Schule andere Grundlagen bereitet als für den Scholtis etwa der Schulmeister Schodrok (...). Heutzutage prämiert man nur das Experiment, den Manierismus (...). Ich stehe diesen Dingen ziemlich ratlos gegenüber (...). Ein Neubeginn ist nicht mehr möglich."

In der Tat: Dem in der westdeutschen Literatur der 60er Jahre ansetzenden Wandlungsprozess, der nicht nur die Literatur, sondern auch das Kulturleben schlechthin revolutionieren sollte, schaute der gealterte Schriftsteller entmutigt und kraftlos zu. Die Suche der Autoren nach neuen politischen und ästhetischen Literaturmodellen, die damals zu einer erheblichen Erweiterung des Literaturbegriffs führte, machte er nicht mit.

Die erwähnten Erfolge auf der einen Seite (mochten sie noch so rar sein, glückliche Eintagsfliegen waren sie nicht) und erst recht des Autors Eigenbrötlertum auf der anderen trugen zur früh einsetzenden Legendarisierung der Person und des Werkes von August Scholtis bei, der sie übrigens manchmal auch selbst kräftig förderte. Die Resonanz auf den Erstling *Ostwind* bescherte ihm im Rückkoppelungseffekt den Ruf, sozialkritischer Rebell, bauernschlauer Kauz und naturhaftes Kuriosum in einem, ein unberechenbares Unikum zu sein, von dessen frecher Ungebildetheit und unkonventioneller Sicht der Dinge ein seltsamer Reiz ausging. An der unmittelbaren Nachkriegslegende, im Dritten Reich unter dem Schreibverbot gelitten zu haben und somit Opfer der Naziherrschaft gewesen zu sein, bastelte der

Schriftsteller selbst; im Nachhinein sollte sie sich auch von allen sich um ihn rankenden Legenden am zähesten erweisen. Als besonders zählebig erwies sich allerdings auch eine andere Nachkriegslegende, die mitunter auch heute noch ihre Blüten treibt, und die sich Scholtis Ende der 50er Jahre durch seine auf Versöhnung mit Polen bedachte und der Politik militanter Rückkehr in die ehemaligen deutschen Ostprovinzen abgeneigte Haltung sowie seine ironische, durch unverhohlene Distanz gegenüber der politischen Entwicklung in der Kanzlerdemokratie Adenauers gekennzeichnete und schonungslose Formulierungen nicht scheuende Stimme eingehandelt hatte. Danach wäre der Schriftsteller „Nestbeschmutzer", „Treibholz des Lebens ohne eigenen Standpunkt", „ein schräger Vogel", „Clown unter Clownen", „antiwestlich, zonenfreundlich, pazifistisch", „allenfalls ein kleiner Heine" gewesen. Dass der politische Scholtis so manchem „Ostlandreiter", wie der Schriftsteller die Funktionäre der Vertriebenenverbände zu bezeichnen pflegte, lange über seinen Tod hinaus ein Dorn im Auge geblieben ist, beweist die vom März des Jahres 2000 stammende, einem jener Ostlandreiter (Herbert Hupka nämlich) aus der Feder geflossene Abqualifizierung seines Buches *Reise nach Polen* als „serviles Reisetagebuch", worin der Autor „das von ihm gar nicht abgeforderte Soll an zeitgebundener Ergebenheit" geliefert hätte.

So trifft Scholtis posthum immer noch der Groll des Milieus, das durch die politische Vereinnahmung und Ideologisierung des Themas „Schlesien" es so sehr mit Vorurteilen versiegelte und marginalisierte, dass Schlesien aus der westdeutschen Öffentlichkeit allmählich verschwand, weil es den „Ostlandreitern" überlassen wurde, mit denen man es gleichsetzte. Und natürlich war dieses Verschwinden eine Verbannung auch aus der Literatur. Die um die Vertriebenenverbände zentrierte Förderung schlesischer Literatur durch die Bundesrepublik hatte zur Folge, dass diese in eine staatlich geförderte Marginalitätsnische abrutschte, die außerhalb dieser Kreise nicht wahrgenommen wurde. Nach anfänglichen Versuchen eines Arrangements mit den Vertriebenen zog es Scholtis vor, nicht einmal diese Nische in Anspruch zu nehmen, womit er sein Schicksal endgültig besiegelte, entschloss er sich doch nach dem Krieg, dem schlesischen Universum seines bisherigen Schaffens treu zu bleiben (und belegte somit freilich auch die Unfähigkeit, daraus ausbrechen zu können). Als literarisches Thema war Schlesien aber für die Nichtbetroffenen praktisch nicht mehr existent. „Schlesien ist nicht mehr gefragt", stellte Scholtis konsterniert kurz vor seinem Tode in einem Brief an Max Tau fest. In der Tat hat Jürgen Joachimsthaler, der sich kürzlich mit dieser Problematik beschäftigt hat, im Umkreis der jungen Literatur der Bundesrepublik um diese Zeit lediglich zwei, dafür aber sehr symptomatische Erwähnungen Schlesiens ausmachen können. Ich wende mich stellvertretend nur der ersten dieser Erwähnungen vom Jahre 1968 zu. In Hubert Fichtes damals erschienenem Roman *Die Palette* liest man auf einmal den folgenden Satz: „Zur gleichen Zeit, als Jäckis Oma in Glogau geboren wurde, erschien in Leipzig eine Encyclopädie des Allgemeinen Wissens". Jäcki ist die alles Erzählte perspektivierende Zentralperson in Fichtes Roman, deren Bewusstsein dem personalen Erzähler als Beobachtungsplattform im experimentell dokumentaristisch darstellten Hamburg der 60er Jahre dient; die zumindest teilweise Herkunft dieser Figur bzw. ihrer Familie aus Schlesien wird aber in einen Nebensatz abgedrängt, der einem sachlich bedeutungslosen, korrekten Hauptsatz – von diesem verdrängt werdend – so vorangestellt wird, dass die Hauptinformation die für den weiteren Roman völlig irrelevante Tatsache darstellt, dass in Leipzig eine Enzyklopädie erschien. Das Verschwinden, die Verdrängung des Themas Schlesien lässt sich hier bis in die Satzstruktur hinein verfolgen.

Der Abschied Deutschlands von Schlesien und insbesondere von Oberschlesien, dem vorzüglichen Objekt von Scholtis' Schaffen, begann allerdings schon lange vor 1945. Und dem Schriftsteller war das nach dem Krieg vor dem Hintergrund seiner gewandelten Sicht der schlesischen Grenzlandthematik durchaus bewusst. Nur hat sich das lähmend auf seine literarische Gestaltungskraft ausgewirkt. Das jahrzehntelange und letztendlich vergebliche Ringen Scholtis' um sein ehrgeizigstes Romanprojekt nach dem Krieg, um *Schloß Fürstenkron*, beweist, dass er vor den eigenen fundamentalen Einsichten in die deutsche Ostpolitik im Allgemeinen und die deutsche Oberschlesienpolitik im Besonderen kapitulierte. Dass Oberschlesien lange vor Atlantikpakt und Potsdamer Beschlüssen als Heimat verlorenging (meinte hierzu Joachim J. Scholz), weil es sich nicht als Grenzland verstehen wollte, weil es dem missverstandenen Ehrgeiz nachgab, sich als rein innerdeutsche Provinz zu gebärden, weil es für unter seiner deutschen Würde hielt, dem Polen Wawel Dreihaupt (Protagonist in *Schloß Fürstenkron*) Heimat zu sein, war eine Erkenntnis, deren innerer Spannung Scholtis am Ende nicht gewachsen war; er wich ihr immer mehr aus, verharmloste sie, bis er bei vertraulicher Heimattümlichkeit mit versöhnlicher Detailfreude auf den Klippen gelandet war, die er hatte vermeiden wollen. Hier liegt die Tragik der schriftstellerischen Existenz von Scholtis nach dem Krieg, dass er Kraft und Mut nicht aufbringen konnte, die diskursiv in den Interviews, Zeitungsartikeln, Briefen vertretenen Positionen zu jenem Prozess des Auseinanderdriftens von Schlesien und Deutschland literarisch souverän zu gestalten.

Vom Wandel der historiosophischen und politischen Anschauungen des Schriftstellers blieb sein Verhältnis zu Polen (vor dem Krieg von ziemlichem Antipolonismus getragen, während des Krieges anbiederisch mit der nazistischen Propaganda schritthaltend) nicht unberührt. Ja darin manifestierte sich jener Wandel besonders eindrucksvoll. In seiner Autobiographie von 1959 reflektierte er: „Immer wieder muß ich mich fragen, woher meine Geringschätzung insbesondere des polnischen Volkes kommen mag. Was war das für eine Methode, und woher kam sie, die mir systematisch eine derartige Verachtung dieses Volkes einimpfte, dessen Blut möglicherweise auch durch meine Adern rinnt? Hier scheinen die Deutschen ihrer selbst zu spotten, ohne zu wissen, wie sehr, wenn man bedenkt, welche Ströme polnischen Blutes seit Jahrhunderten westwärts flossen. Auch ist das Faktum nicht schamhafter damit abgetan, dass Hunderttausende an Bewohnern Deutschlands während der Hitlerzeit, aber auch schon vorher, ihren polnischen Familiennamen ablegten, um sich mit einem deutschen Ersatznamen als fanatisierte deutsche Nationalisten zu bestätigen. Fast möchte man hier von Haßliebe unter Halbbrüdern sprechen." Scholtis' Lehrer und späterer schwieriger Freund Szczodrok beispielsweise nannte sich ab 1933 Schodrok. Hatte Scholtis noch 1949 „starke Bedenken (...) insbesondere wegen der Oder-Neiße-Linie" und sprach in diesem Zusammenhang von den „polnischen Imperialisten", so rang er sich 1953 zur Erkenntnis durch, dass „Schlesier vertrieben wurden, weil Hitler vertrieb", und fand nach der Rückkehr von seiner 1961 erfolgten Polenreise, dass „man sich über Polen und seine Historie nicht nur in Negationen auslassen kann", auch „dass das polnische Argument nicht von der Hand zu weisen war, dass durch Jahrhunderte einer preußischen Volkstumspolitik polnische Volkssubstanzen ins Deutschtum abgeflossen und demnach die zweisprachigen Oberschlesier eine Substanz darstellten, die es zu retten galt". Scholtis' neue Sicht der deutsch-polnischen Beziehungen, an der er fortan hartnäckig festhalten sollte, seine Bemühungen, die Deutung dieses Verhältnisses auch vom Standpunkt der polnischen Staatsraison nachzuvollziehen, waren Resultat seines für die damaligen deutschen politischen Standards als exzeptionell zu bezeichnenden Versuchs, die von ihm als endgültig betrachtete Westverschiebung beider Völker nach dem Zweiten Weltkrieg in ihrer strategischen Bedeutung für die deutsche Seite zu ergründen. Eines der zentralen Anliegen des Schriftstellers nach seinem Polenbesuch wurde in diesem Zusammenhang, der deutschen Öffentlichkeit (und insbesondere den deutschen intellektuellen und politischen Eliten) bewusst zu machen, dass jene Westverschiebung Polens – sprich: der deutschen politischen, territorialen und kulturellen Niederlage im Osten – die einzigartige Verkennung der Bedeutung dieser Region für Deutschland zugrunde lag. Diese verhängnisvolle Verkennung hätte sich in der Betrachtung der national gemischten Grenzgebiete durch die Verantwortlichen der deutschen Ostpolitik nur vom eigenen Standpunkt aus, der der Selbstbestimmung der Polen keinen Raum ließ, geäußert. Mit seinem Polenbuch und den darauf folgenden Lesungen, Diskussionsrunden etc. strebte Scholtis an, die im Kollektivbewusstsein der Deutschen fest verankerte Ansicht, im Osten wäre Polen im Gegensatz zu Russland nur ein zweitrangiges Land für die deutschen Interessen, in Frage zu stellen. Mit weit ausholender geschichtlicher Argumentation legte er dar, dass das Problematische der deutsch-polnischen Nachbarschaft letzten Endes immer aus der deutschen Unterschätzung dieses kleineren Nachbarn resultierte und dass es nun gälte, in den Dialog mit Polen zu treten, ja es womöglich zum Partner zu gewinnen. Welche hindernisse es für den Schriftsteller dabei zu überwinden galt und über welchem massiven Druck er sich damals als Fürsprecher der deutsch-polnischen Annäherung befand, geht aus einer brieflichen Mitteilung an den mit ihm befreundeten A. Lubos hervor: „Man sagt es mir ganz deutlich, ich sollte bedenken, ein Deutscher zu sein und über Polen mehr Negatives berichten. Ganz gewiss kann man über Polen viel Negatives niederschreiben; ob damit aber das Wesentliche zwischen Deutschland und Polen berührt wird, ist fraglich". Als frommes Wunschdenken oder bestenfalls reine Utopie mochten sich deshalb 1962 Scholtis' folgende Worte ausnehmen, mit denen er an seinen Ausspruch von den Deutschen und Polen als Halbbrüdern aus der Autobiographie anknüpfte: „ Die Polen haben eine unglückliche Liebe für die Deutschen, und eine nähere oder spätere Zukunft wird beweisen, dass sie die treuesten Verbündeten der Deutschen sind." Heute aus der Perspektive des beginnenden 21. Jahrhunderts muss man Scholtis einen geradezu prophetischen Weitblick attestieren, auch wenn die augenblickliche politische Entwicklung im Schatten des Irakkrieges in einem scheinbaren Gegensatz dazu stehen mag. Diesen Weitblick legte er auch an den Tag, als er Ende 1968 vor dem oberschlesischen Schriftsteller Rafał Urban seine Visionen eines befriedeten Mitteleuropas ausbreitete, die jetzt allmählich Wirklichkeit werden: „Am besten wäre es, wenn die (...) Deutschen (...), dazu die Österreicher, Ungarn, Tschechen, Slowaken und Polen eine gemeinsame Pädagogik anstrebten und ein gemeinsames Schulgesetz, im Austausch ihrer Sprachen als Pflichtfach für alle Kinder.

Damit wäre der wasserpolackische Schimpf ausgestanden und die geringste Scheune, die geringste Birke am Bach und der geringste Düngehaufen davor geschützt, einmal germanisiert und dann hinwiederum polonisiert zu werden (...). Als Europäer wünsche ich mir nichts sehnlicher als Vernunft auf beiden Seiten, und mit ein wenig Einsicht und Vernunft wäre wohl eine Verständigung möglich, denn ein magerer Vergleich ist immer besser als ein fetter Prozess." Mit dieser Haltung wurde Scholtis (der sich in den 50er Jahren nach und nach vom Saulus zum Paulus wandelte) zum frühen Wegbereiter und Befürworter des deutsch-polnischen Nachkriegsdialogs, dessen starke Intensivierung in der Brandt-Ära er allerdings nicht mehr erleben durfte.

Diese gewandelte Einstellung zu Polen, wohlbemerkt: zu dem damals noch kommunistischen Polen, war es u.a., was ihm seitens der Vertriebenenfunktionäre das Epitet einbrachte, „Treibholz des Lebens ohne eigenen Standpunkt" zu sein und zu seiner negativen Legendarisierung als „antiwestlicher, prokommunistischer Nestbeschmutzer" in diesen Kreisen. Selbstverständlich war August Scholtis kein Kommunist, nicht einmal ein ‚Salonkommunist' war er gewesen, wie so viele Intellektuelle und Schriftsteller im westlichen Europa jener Zeit. Seine Haltung dem Kommunismus gegenüber ist vor dem Hintergrund der historiosophischen Positionen, die er sich nach dem Zweiten Weltkrieg in bezug auf Oberschlesien mühsam und schmerzlich erarbeitet hat, zu sehen. Nachdem er sich nämlich unter dem Eindruck der Kriegskatastrophe von der „deutschen Reichsmagie" in dieser Region, von der „deutschen Mission" im Osten, in deren propagandistische Dienste er im Dritten Reich seine Feder stellen zu müssen glaubte, endgültig verabschiedet hatte, lernte er den Sieg des russischen Kommunismus (den er insbesondere in der Tschechoslowakei für eine späte Variante des Panslawismus ansah) nicht nur als realpolitische Gegebenheit zu akzeptieren, sondern auch als den Modernitätsfaktor zu schätzen. In seinem zelotischen Fortschrittsglauben schenkte er dabei dem nationalen, kulturellen und rein menschlichen Preis der kommunistisch vorangetriebenen Modernität keine Aufmerksamkeit. Die unbestreitbare sozial-industrielle Revolution, die mit der Installierung der kommunistischen Herrschaft in seiner mährischen Heimat und in Polen begonnen hatte, und deren materielle Segnungen (von der damaligen Perspektive her gesehen) er mit eigenen, in die deutsch-preußische Misere der Jahrhundertwende zurückgekehrten Augen inspizierte, waren ihm der unumstößliche Beweis für die Richtigkeit des eigenen Standpunkts und den reaktionären Sinn der ständig Unzufriedenen. Darüber hinaus verschleierte er niemals den Prozess seines Denkens über politische und soziale Fragen. Aus dieser Aufrichtigkeit resultiert auch das Bestechliche an Scholtis. Es war die Leidenschaftlichkeit seines Denkens, die für ihn einnimmt, das Ungeschützte seiner wechselnden Positionen, die ihn mitunter in der Tat zu politisch extremen Schlüssen führten, als er zum Beispiel den Prager Frühling aufs Schärfste verurteilte. Es war, um mit einem auf Sebastian Haffner gemünzten Wort zu sprechen, ein „Wechseldenker“. Vom Wechsel lebt aber das Leben.

JÜRGEN SERKE

Gedenken zum 55. Todestag

Moderation zu einer Alfred-Kerr-Lesung mit Stella Maria und Mario Adorf in der Breslauer Synagoge „Zum Weißen Storch“ (16. Oktober 2003)

Es sind genau 100 Jahre her, als der 36-jährige Alfred Kerr Palästina besuchte und im Angesicht Jerusalems schrieb: „Lange her, dass ich von hier weg bin. Aber heilig lebt Erinnerung bis zum letzten Atemzug... Ich fühle mich bei meinen großen Vätern voll Hingebung, den Weltahnen. Erschüttert, beglückt in ihrer Nähe... Und mein Herz kniete nieder...Ich habe die Klagemauer mit meiner Hand berührt. Sehnsucht. Ich habe sie mit meiner Stirn berührt. Mauer der wehesten, über diesen Stern schwellenden Sehnsucht... Aus meinem Herzen klingt es tausend-tausendmal: Möge Friede und Wonne einkehren in Zion.“
Zugleich bekannte Alfred Kerr: „Ich hab auch in Jeruschalajim gewusst: dass ich ein Deutscher bin, und dass wunderbar das Schicksal mit mir spielt, weil es... vom Davidsschloss mich hinübertrug... in das unsterblich dahinklingende, jetzo von mir geliebte Deutschland.“

Dreißig Jahre später musste der Mann, der sich auf diese Weise zu Deutschland bekannt hatte, über die Grenze fliehen, um nicht von den nationalsozialistischen Machthabern in einem Keller der Gestapo erschlagen zu werden. Sie hassten ihn, den überragenden und einflussreichsten Theaterkritiker seiner Zeit, der bestimmend war für das Ansehen deutscher Kultur, einer Kultur, die ihr Zentrum in Berlin hatte. Sie hassten ihn noch mehr, weil er bereits früh in seinem publizistischen Wirken den ungehinderten Aufmarsch der Nationalsozialisten bekämpft hatte und ein leidenschaftlicher Verfechter der Demokratie war in der Weimarer Republik.

Wie alle „echten“ Berliner kam Alfred Kerr in Schlesien zur Welt. So, wie die Tschechen behaupten, Wien mit seinen vielen

Namen tschechischer Provenienz sei nach Prag die größte tschechische Stadt, so konnte man in den ersten Jahrzehnten des 20. Jahrhunderts sagen, Berlin sei ein Ausläufer Schlesiens mit seiner Metropole Breslau. Alfred Kerr, der diesen Nachnamen 1911 annahm, wurde am 25. Dezember 1867 in Breslau als Sohn des Weinhändlers Emanuel Kempner geboren.

Ein besonders enges Verhältnis verband Kerr mit seiner Mutter Helene, die nach seinen Worten resolut und lebensfroh, keinen Anlass zu einem Scherz vorübergehen ließ. „Auch Verse schrieb sie gern aus dem Stegreif." In der Schweidnitzer Straße 27 gegenüber dem Stadttheater betrieb der Vater mit seinem französischen Kompagnon gutgehende Weinstuben. Das Theater wurde für den Sohn Traum- und Ereignishaus. An die ersten Erlebnisse als jugendlicher Zuschauer erinnerte sich der 60-jährige so: „Also Wallenstein (Galerie), Nibelungen (unter Angelo Neumann). Meininger: Wilhelm Tell." Der stärkste Eindruck: Mozart. „Keine Darstellung des Don Juan als Gymnasiast versäumt. Ich trank die Musik."

Bei Professor Bohn, dem Organisten der Kreuzkirche, lernte der Jugendliche „Klavier und Bassbezifferung." Sein Gymnasium St. Elisabeth nannte er liebevoll Elisabethan, obwohl er zweimal hintereinander sitzengeblieben war. Die ersten zwei Semester Germanistik und Philosophie studierte er an der Breslauer Universität. Mit knapp 20 Jahren wechselte er nach Berlin und schloss sein Studium 1894 zum Dr. phil. ab. Die Eltern hätten in ihrem Sohn gern einen Professor an der Universität gesehen.

Alfred Kerr wurde Journalist. Theodor Fontane wurde aufmerksam auf den jungen Theaterkritiker und zeigte sich enthusiasmiert. Kerr kam im Augenblick einer kulturellen Zäsur. Er verhalf dem Naturalismus zum Durchbruch. Er traf auf Größen wie Ibsen und Björnson und noch Unbekannte wie Gerhart Hauptmann und Frank Wedekind. Auch Kerrs Heimatstadt Breslau wurde auf ihn aufmerksam und verpflichtete ihn mit feuilletonistischen Betrachtungen aus der Reichshauptstadt. Unter dem Titel: „Berliner Brief" erschienenen sie Sonntag für Sonntag von 1895 bis 1900.

Kerr war in ganz Deutschland zu lesen. Und nicht nur als Theaterkritiker, der Otto Brahm, Max Reinhardt, Leopold Jessner und Erwin Piscator beurteilte. Er schrieb in einem bis heute unverwechselbaren Stil: Hauptsätze, verkürzte Hauptsätze, Vermeidung von Nebensätzen, also temporeich, ruppig und schnoddrig, seine Sentimentalität verbergend, die Umgangssprache, den Jargon einschmelzend in die Hochsprache, irgendwann jeden Absatz nummerierend. Die Kritik stellte er gleichgewichtig neben Lyrik, Drama, Epik und betrachtete sie als vierte Kunstgattung.

Obwohl Kerr von sich behauptete, er würde nur im Winter arbeiten und im Sommer nur genießen, war er ein immens fleißiger Autor. Eine intellektuelle Wollust trieb ihn voran. Seine Neugierde nahm mit zunehmendem Alter nicht ab. Er wurde auch ein großer Reiseschriftsteller, der die Welt erkundete – mit einer Vorliebe für Frankreich und Italien. Er schrieb Lyrik und Prosa. Er war ein Dichter der Lust und der Lebensbejahung. Er mobilisierte alle Kräfte der Phantasie.

Im Jahre 1917 erschienen seine gesammelten Werke. Fünf Bänder unter dem Titel „Die Welt im Drama", 1920 zwei Bände unter dem Titel „Die Welt im Licht". Er hatte 1912 die Zeitschrift „Pan" begründet, sie durch Kauf übernommen und zu einer Bühne politischer und geistiger Erörterungen gemacht. Pan war ein Symbol für Kerr selbst. Walter Huder, der sich nach dem Zweiten Weltkrieg für die Wiederentdeckung Kerrs einsetzte, die erst jetzt in den letzten Jahren zu kommen scheint, nannte diesen Kerr „einen genießenden Mittagsgott, der Schönheit und der Liebe zugetan".

Als Kerr 1919 für das „Berliner Tageblatt" zu schreiben begann, stand der 52-jährige im Zenith seines Ansehens, aber längst noch nicht im Zenith seines Könnens. Als Theaterkritiker war er gefürchtet – wegen der Treffsicherheit seines Urteils. Bei der Premiere des „Fröhlichen Weinbergs" 1925 saß, wie sich Carl Zuckmayer erinnerte, der „grimmige Kerr, der mich bisher so entsetzlich verrissen hatte, gleich neben meiner Mutter. Als ich sie in der

Pause für eine Minute hinter der Bühne traf, war sie starr und bleich, und sie flüsterte nur mit verkrampften Lippen vor sich hin: Kerr hat zweimal gelächelt. Es klang wie: Der Scharfrichter ist erkrankt, die Hinrichtung ist aufgeschoben."
Kerr irrte – und zwar mit Konsequenz. Seine Fehleinschätzung Bertolt Brechts ist das berühmteste Beispiel dafür. Kerrs Narzissmus war beträchtlich, seine Eitelkeit auch. Kurt Tucholsky, der Berliner aus Stettin, sah das und schrieb zu einem Gedicht über ihn dennoch die Refrainzeile: „Ick kann mir nich helfen – ick hab Ihnen jerne!" Die Berlinerin Else Lasker-Schüler aus Elberfeld befand über Kerr: „Er träumt immer von seinem Bruder Heinrich Heine. Bald gleicht er ihm auf einen Nerv."

Als leidenschaftlicher, bürgerlicher Demokrat hat Kerr nach dem Ersten Weltkrieg sehr schnell das Aufkommen Hitlers erkannt und vor der Gefährlichkeit der Nationalsozialisten gewarnt. Er war ein Freund des jüdischen Industriellen, Schriftstellers und deutschen Außenministers Walther Rathenau, der 1922 von rechtsradikalen Offizieren ermordet wurde. Im Exil hielt Kerr das Gedenken an Rathenau hoch und veröffentlichte 1935 ein Buch über ihn. Alfred Kerr war ein Gegner jedes Appeasements gegen Hitler und seine Leute.

Joseph Goebbels erklärte den Berliner aus Breslau in seiner Zeitung „Angriff" 1929 zu den intellektuellen und politischen Hauptfeinden seiner Partei und setzte ihn zusammen mit Persönlichkeiten wie Heinrich Mann und Arnold Zweig, auch aus Schlesien, auf eine schwarze Liste. Die NS-Zeitung verlangte, Kerr und „solche Leute, an die Wand zu stellen", ohne wegen dieser Morddrohungen mit strafrechtlichen Maßnahmen rechnen zu müssen. In einem Schreiben Kerrs an seine Frau Julia aus jener Zeit heißt es: „Liebste Julia, falls die Nazis mich heute erschießen, so muss ich Dir sagen, Du warst das Liebste, was die Welt mir gab."

Mit dem Machtantritt Hitlers am 30. Januar 1933 ist es nur eine Frage der Zeit, wann die Nazis zuschlagen. Alfred Kerr wird von einem Beamten des Berliner Polizeipräsidiums gewarnt: Der

Reisepass soll ihm abgenommen werden. Er flieht in die Tschechoslowakei, geht dann weiter in die Schweiz, wohin seine Frau Julia mit dem zwölfjährigen Sohn Michael und der neunjährigen Tochter Anna Judith nachkommen. Der Feuerspruch eines Studenten bei der Bücherverbrennung am 10. Mai 1933 in Berlin – also vor 70 Jahren – lautet: „Gegen dünkelhafte Verhunzung der deutschen Sprache, für Pflege des kostbaren Guts unseres Volkes! Ich übergebe dem Feuer die Schriften von Alfred Kerr." Kerr wird die deutsche Staatsbürgerschaft entzogen.

Der Weg ins Exil ist ein Weg in die Armut. Mittellos zieht Kerr mit seiner Familie nach ein paar Monaten weiter nach Paris, wo er mit Arbeiten für deutsche Exil-Zeitungen ein kärgliches Salär bekommt. 1935 geht sein Weg und der der Familie nach London, wo er den Krieg überlebte. Kerr wurde Präsident des Deutschen PEN im Londoner Exil. Er versuchte – auch jetzt lebensbejahend – , dieses Leben zu meistern. Aber gemeistert hat es unter schwierigen Umständen seine 31 Jahre jüngere Frau. In zwei Büchern, die in Minimalauflage erschienen, kämpfte er weiter mit literarischen Mitteln gegen Hitler.

Alfred Kerr, der kein religiöser Mensch war, empfand, wie er schrieb, seine jüdische Herkunft, seine „Herkunft von diesem Fabelvolk immer als etwas Beglückendes, so gewiss ich von seiner Sprache nichts weiß als die für mich schönen sechs rauhen Riesenworte: Schma Jisroel, Adonai Elohenu, Adonai Jechod. Höre Israel: der Herr, dein Gott, der Herr ist ewig. Sie haben jedoch ewige Geltung für meine Phantasie."

Wir von der Else-Lasker-Schüler-Gesellschaft sind der Jüdischen Gemeinde von Wrocław dankbar, dass sie an diesem Abend die Tür geöffnet hat für den Sohn Breslaus, ihren Sohn. Und wir sind dankbar, dass Mario Adorf, einer der Großen der Schauspielkunst und mit Sicherheit ein Mann nach dem Herzen Alfred Kerrs, die Rolle des vielseitigen Berliners aus Breslau übernommen hat. Es ist wohl auch eine Rolle nach dem Herzen Mario Adorfs, der neben seiner Schauspielkunst auch ein Prosaautor mit sprühendem Geist und präziser Formulierung ist. Man könnte sich auch einen Leseabend vorstellen, bei dem man die

Texte Kerrs neben die Adorfs gestellt hätte – mit einem jeweiligen Blick auf Orte, die der eine und der andere beschrieben hat.

Wir mussten an diesem Abend der Hommage auf Alfred Kerr darauf verzichten. Wir haben auch – mit wenigen Ausnahmen – auf den Berliner Theaterkritiker verzichtet und auf seine Feuilletons, die Kerr am Ende des 19. Jahrhunderts von Berlin an die „Breslauer Zeitung" schickte und die vor wenigen Jahren in Deutschland als Entdeckung gefeiert wurden. Mario Adorf wird an diesem Abend nicht mehr und nicht weniger zeigen als den Dichter Kerr, den Lyriker und Prosaisten. Auch den Dichter Kerr mit Blick auf seine Heimatstadt Breslau. Mit der Dichtung Kerrs werden die biographischen Stationen des Mannes gezeigt. Der Mann erklärt sich selbst. Und Judith Kerr, die achtzigjährig in London lebt, erklärt ihren Vater in zwei ihrer Bücher, die ihr Weltruhm einbrachten: „Als Hitler das rosa Kaninchen stahl" erschien vor genau drei Jahrzehnten in Deutschland. „Warten bis der Frieden kommt" erschien zwei Jahre später. Ins Deutsche übersetzt wurden beide Werke von Annemarie Böll, der Frau des Literaturnobelpreisträgers Heinrich Böll.

Stella Maria Adorf wird an diesem Abend in die Rolle der Judith Kerr und ihrer autobiographischen Figur Anna schlüpfen. Vater und Tochter Adorf für diesen Abend als Vater und Tochter Kerr. Der Apfel fällt nicht weit vom Stamm. Und so haben wir eine beglückende Kombination. Wenn ich mich nicht täusche, so ist es das erste Zusammenspiel in ihrer beider Beruf. In der Synagoge ist es eine Premiere für uns alle.

Eines sei noch festzustellen: Vor vier Tagen war der 55. Todestag Alfred Kerrs. Es gibt kein besseres Gedenken als hier an dieser Stelle.

HELGA VON LOEWENICH

Ein Abend in der Synagoge

Stimmen aus einem Raum – die Zukunft der Vergangenheit

Im Rahmen dieses XI. Forums der Else – Lasker – Schüler – Gesellschaft in Breslau/ Wrocław fand sich am Abend des 16. Oktober 2003 ein besonderes Publikum in der Synagoge „Zum Weißen Storch" ein, um den Schauspieler Mario Adorf und seine Tochter Stella Maria Adorf zu hören. Der Abend war dem Journalisten und Theaterkritiker Alfred Kerr und dessen Tochter Judith Kerr gewidmet. Aus Breslau stammen viele bedeutende jüdische Persönlichkeiten, so auch Alfred Kerr, der eigentlich Kempner hieß und als Sohn eines Weinhändlers 1867 hier geboren wurde , in dieser schönen Stadt aufwuchs und bereits als Student in mehreren Tageszeitungen und Zeitschriften markante Theaterkritiken und Erzählungen veröffentlichte. Während seiner Berliner Jahre gründete er mit Paul Cassirer die Kunstzeitschrift „Pan". In der „Frankfurter Zeitung" und im „Berliner Tagblatt", zwei der bedeutendsten Tageszeitungen der Weimarer Republik, erschienen seine scharfen, bisweilen zynischen Kommentare in einem unverwechselbaren Stil, der ihn zum bekanntesten Kritiker Deutschlands werden ließ. Seine Gedichtbände und Reisebücher erschienen in hoher Auflage.

Wegen seiner Rundfunk-Glossen zur Bekämpfung des Nationalsozialismus stand er nach der Machtergreifung Hitlers als einer der ersten Autoren auf der Verhaftungsliste. Es gelang der Familie, über die Schweiz nach Paris ins Exil zu fliehen. London wurde dann der endgültige Aufenthaltsort. Alfred Kerr nahm demonstrativ 1947 die britische Staatsbürgerschaft an und starb bei seinem ersten Besuch nach dem Krieg 1948 in Hamburg. Die Erinnerungen seiner Tochter Judith, die das alltägliche Leben eines Kindes und jungen Mädchens beschreiben, erschienen 1973 viel beachtet: „ Als Hitler das rosa Kaninchen stahl" und wenig später „Warten bis der Frieden kommt".

Mario Adorf und seine Tochter betraten für eine Probelesung am Nachmittag durch einen großen, von hohen grauen Gebäuden umfriedeten Innenhof die Synagoge Zum Weißen Storch. Sie befindet sich, etwas versteckt ,an der ul. Wlodkowica 7/9, inmitten des ehemaligen jüdischen Viertels der Stadt, nur wenige Minuten vom Marktplatz entfernt. Dieser engen Nachbarschaft zur Altstadt verdankt die Synagoge ihr Überleben, denn die Flammen am 9. November 1938 hätten die prachtvollen historischen Häuser mitvernichtet. Aber was heißt überleben! Dieser Tempel wurde von Carl Ferdinand Langhans 1827–29 im klassizistischen Stil erbaut und war, nachdem die liberalen Juden ein eigenes Gotteshaus errichteten, das Bethaus der konservativen Gemeinde bis zum September 1939. Bis 1968 wurde in dem verfallenden Raum von den wenigen Überlebenden gelegentlich Gottesdienst gehalten, danach verwahrloste der Bau vollends während der kommunistischen Zeit. Nach den politischen Veränderungen erhielten die Jüdischen Gemeinden in Polen Anfang der 90er Jahre ihren Besitz zurück, ein erster Gedenkgottesdienst zum 9. November 1938 führte 1998 Gäste aus verschiedenen Ländern zusammen. In den letzten Jahren konnte ein neues Dach eingezogen und kleinere Sanierungen vorgenommen werden. Kulturelles und religiöses Leben ist wieder eingekehrt. Theateraufführungen und Konzerte beleben seit einiger Zeit den Raum. Deshalb war es, auch im Gedenken an Else Lasker-Schüler, eine konsequente Idee der Gesellschaft, die Lesung der beiden Adorfs an diesem Ort zu veranstalten.

Unter den zahlreichen Besuchern waren auch zwei Schulklassen aus Freiburg/Breisgau und Olomouc/ Olmütz, die auf Einladung der ELS-Gesellschaft nach Breslau gekommen waren. Eine lebhafte feierliche Atmosphäre erfüllte den halbdunklen Raum der Synagoge, bevor der Journalist und Schriftsteller Jürgen Serke und der polnische Schauspieler Olgierd Lukaszewicz aus Warschau zweisprachig das Programm des Abends eröffneten: Gleichsam ein Stück deutsch- polnischer Geschichte.

Mario Adorf lieh Alfred Kerr seine Stimme, die im Laufe der Lesung die Texte immer lebendiger und schärfer klingen ließ: diese klugen, aggressiven, depressiven Textpassagen, diese auf den Punkt gebrachten Sätze, die manchmal wie auf ein vorweggenommene politisch düstere Zukunft deuten, lose miteinander verbundene Augenblicksbilder, Beobachtungen, messerscharfe Kritiken und Reflexionen, die an diesem Abend gestenreich von dem Schauspieler Mario Adorf in den Synagogenraum geschleudert wurden. Wo sonst gilt das Wort mehr, als hier, wo hinter einem dunkelblauen bestickten Samtvorhang auf einem einfachen Podest an der kahlen Ostwand das Wort, das Wort Gottes, die Thora, aufbewahrt ist.

Im Wechsel dazu las Stella Maria Adorf mit mädchenhafter, klarer Stimme aus den Erinnerungen von Judith Kerr das Kind Anna. In Berlin lässt sie sich mit ihrer Freundin im verschneiten Grunewald auf dem Heimweg von der Schule kurz vor der Flucht 1933 auf ein Gespräch ein; Anna, die nicht versteht, warum der Vater mit seiner Familie nach Paris weiterreisen will, wo sie sich doch eben erst in der Schweiz eingelebt haben; das Mädchen Anna, das in London mit Todesangst die deutschen Bombenangriffe erlebt und begreifen lernt, was Leben heißt. Solche genau beschriebenen Momente und Empfindungen aus dem Exilalltag vermittelte die Vorleserin sehr plastisch dem Publikum.

In einer gelösten Stimmung nach der Veranstaltung kamen sich die Schülerinnen und Schüler und Mario und Stella Adorf nahe. Neugierde und Unbefangenheit ließen die Distanz zu dem prominenten Schauspieler schnell schwinden. Brennende Teelichter gaben dem hohen Inneren Wärme und sanftes Licht. Gespräche, Zwiesprache, zweisprachig.

Für einen Abend lang wurde der verwundete Raum pneumatisiert. Neben mir standen Urszula Koziol und Felix, ihr Mann, beide sind in Polen hoch geehrte Lyriker und Übersetzer. Wir gingen in den Hof hinaus. Auf diesem Platz mussten sich die Breslauer Juden 15-mal zur Deportation in den Tod einfinden. Trotz der Dunkelheit war die Erinnerungstafel an der Mauer lesbar:

„Von diesem Platz sind in den Jahren
von 1941–1944 die Breslauer Juden
durch die Nationalsozialisten in die
Vernichtungslager deportiert worden.
Wir wollen es niemals vergessen.“

Während der mit Vorträgen und Lesungen angefüllten Tage wurde die Abwesenheit der Dichterin Else Lasker-Schüler zur Anwesenheit erhoben.

Helga von Loewenich
lebt und arbeitet in Berlin. Der bildnerische Dialog mit Werken der Dichtung und der Musik sind seit langem Grundthema und Schwerpunkt ihres künstlerischen Schaffens. Exemplarisch stehen dafür u.a. Arbeiten zur Lyrik Else-Lasker-Schülers, Paul Celans und Reiner Kunzes.
Sie ist Mitglied mehrerer Literaturgesellschaften und hatte zahlreiche Ausstellungen im In – und Ausland, u.a. auch als Vertreterin Deutschlands beim Wettbewerb „Malerinnen in Europa“, 1995. Sie wurde1997 in Bayern mit dem Rabbiner-Seligmann-Meier-Preis ausgezeichnet. Die Künstlerin wirkte bei der Konzeption der Ausstellung „Geschichte und Kultur der Juden in Bayern“ mit und ist heute Mitarbeiterin des Jüdischen Museums zu Berlin. In Zusammenarbeit mit der Deutschen Botschaft in Israel wurden 1996 und 2000 die Arbeiten der Künstlerin in Jerusalem und Tel Aviv präsentiert. In Baku/Aserbaidschan leitete sie ein kunstpädagogisches Projekt mit Jugendlichen.

Von den Flammen verschont: Synagoge *Zum Weißen Storch*
Foto: Brendan Botheroyd

Wo das Wort aufbewahrt ist ...
Foto: Helga von Loewenich

Vater und Tochter – Mario Adorf und Stella-Maria Adorf – lesen Texte von Tochter und Vater – Judith und Alfred Kerr
Foto: Brendan Botheroyd

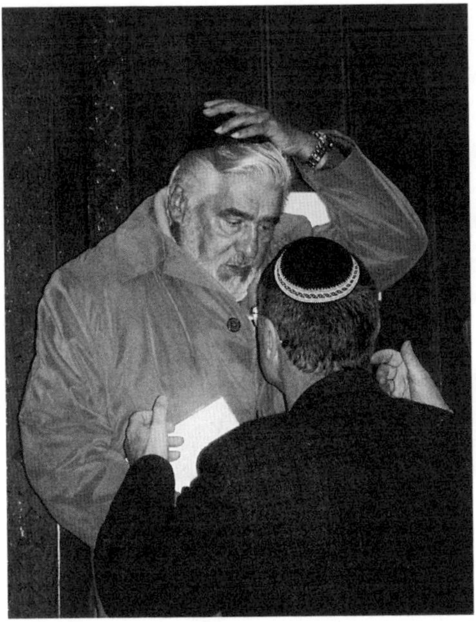

Zwiegespräch
Foto:
Helga von Loewenich

Schnappschuss statt Autogramm: Schulklasse aus Freiburg mit dem Star
Foto: Helga von Loewenich

Professor Wojciech Kunicki, Germanist und Polonist mit dem Fachgebiet deutsche Literaturgeschichte, eröffnete die Ausstellung „Liebes- und Musengedichte“ mit einem Vortrag über „Den Schmerz der Lust“.
Foto: Ingrid Winzer

Momentaufnahme während der Lesung
Foto: Helga von Loewenich

Der Dichter Reiner Kunze – hier mit seiner Ehefrau Elisabeth und Jürgen Serke (links) – genießt in Polen Ansehen.
Foto: Ingrid Winzer

Polens ehemaliger Außenminister Wadislaw Bartoszewski, Schirmherr des Forums, im Gespräch mit Jürgen Serke (links im Bild) und Hajo Jahn (Mitte).
Foto: Ingrid Winzer

KAROL SAUERLAND

Die Rezeption der deutschen Literatur in Polen

Als Erich Fried im Warschauer Schriftstellerverband seine Gedichte vortrug, hatte ich, der damals noch Student war, das Vergnügen, in den etwas hinteren Reihen neben Julian Przyboś zu sitzen. Er reagierte lebhaft auf die Gedichte Frieds, aber manchmal gefiel ihm eine Wendung nicht und er flüsterte mir eine andere – in deutscher Sprache – zu. Ich erinnere mich, daß mich eine von ihm vorgeschlagene Schlußzeile als die bessere überzeugte. Beim Abendessen im österreichischen Kulturzentrum, bei dem Przyboś aus irgendeinem Grund nicht anwesend war, teilte ich Fried dessen Veränderungsvorschlag mit. Dieser reagierte ungehalten. Er schien nicht zu wissen, daß Przyboś einer der bekanntesten Dichter Polens war, und nicht zu verstehen, daß man in einem Land, wo deutsch nach der Besatzungszeit nicht gerade als eine beliebte Sprache galt, eher überrascht sein mußte, daß sich jemand offen dazu bekannte, dieser Sprache nicht nur mächtig zu sein, sondern sie auch zu lieben – denn es ist schwer in einer fremden Sprache zu dichten, die in einem Abscheu hervorruft. Es war noch die Zeit, wo es gefährlich sein konnte, auf offener Straße deutsch zu sprechen.

Die Reaktion von Przyboś brachte mich auf die Spur einer besonderen Rezeption der deutschen Literatur und poetischen Sprache. Wenn man von der Rezeption deutscher Literatur in Polen oder anderswo spricht und darüber schreibt, ist es ja üblich, auf die übersetzten Titel und die Höhe der Auflagen zu verweisen. Ich selber habe dazu in dem Band *Deutsche und Polen. 100 Schlüsselbegriffe*, der in der Wendezeit zum Druck vorbereitet und 1991 vom Piperverlag herausgegeben wurde, einen Artikel geschrieben, wo ich u.a. erklärte, daß in Volkspolen zwar vielerlei aus dem Deutschen übersetzt worden ist, aber es schwer war, an die übersetzten Bücher heranzukommen, weil die Auflage zu klein ausfiel und sie zu selten nachgedruckt wurde. Als Beispiel führte ich den *Doktor Faustus* an, der 1960 in der Übersetzung von Kurecka, Wirpsza und Kołakowski in einer Auflage von 10000 Exemplaren erschienen war. 1962 folgten noch weitere 10000 Exemplare, dann sollten 23 Jahre vergehen, bis er wieder neuaufgelegt wurde.[1] Heute möchte ich mich einer spezifischen Rezeption deutscher Literatur in Polen zuwenden, die ich mit dem Begriff der Zweisprachigkeit bezeichnen möchte.

Die deutsche Literatur begann man in Polen etwa um 1800 in der Weise wahrzunehmen, wie sie Przyboś an den Tag legte. Ich würde als ersten Stanisław Kostka Potocki anführen, der 1815 einen *Polski Winckelmann* herausgab. Mit dem Titel *O sztuce u dawnych czyli Winkelmann Polski* (Über die Kunst der Alten oder der polnische Winckelmann) wollte Potocki andeuten, daß dieses Werk nicht eine einfache Übersetzung der *Geschichte der Kunst des Altertums* darstellt, sondern eine Bearbeitung, in der er sein Wissen um die Antike hinzufügte, das vierzig Jahren nach Erscheinen des Originals natürlich auch genauer geworden war.[2] Potocki gehörte zu den großen Aufklärern Polens, er hatte zusammen mit seinem Bruder Ignacy (1750–1809) aktiv an der Reformierung der Polnischen Republik (Rzeczpospolita Polska) teilgenommen, vor allem an der Ausarbeitung der berühmten Verfassung, die am 3. Mai 1791 vom Sejm und König beschlossen wurde. Sie sollte den polnischen Staat modernisieren, was der Zarin Katharina II. aber nicht zusagte. So kam es zum Einmarsch der russischen Truppen und dem Untergang der Polnischen Republik mit der Dritten Teilung im Jahre 1795. Das bedeutete aber nicht, daß die Aufklärer davon abließen, weiterhin die polnische Kultur zu fördern und sich aus anderen Ländern Anregungen zu holen. Ein Beweis dafür sind die Gründung der Warschauer Gesellschaft für die Freunde der Wissenschaften im Jahre 1800, u.a. durch Initiative von Stanisław Kostka Potocki,[3] und der *Winckelmann Polski*.

Kurz danach sollte die deutsche Literatur eine wichtige Rolle bei der Herausbildung der polnischen Romantik spielen. Sie wurde nun nicht mehr durch Übersetzungen ins Französische wahrgenommen (man muß wissen, daß die erste polnische Ausgabe der *Leiden des jungen Werthers* eine Übersetzung aus dem Französischen war), sondern durch die Lektüre des Originals. Bereits die Aufklärer Niemcewicz und Brodziński verfolgten intensiv das, was sich im Deutschen tat. Eine qualitative Veränderung des polnischen poetischen Stils bewirkte aber erst der Kreis um Adam Mickiewicz, für den die deutsche Literatur neben der englischen ein Vorbild darstellte. Insbesondere waren Mickiewicz und seine Freunde von Bürgers Ballade *Lenore* mit ihrer damals einmaligen Lautmalerei und der Aufwertung des Gespensterhaften und Dämonischen fasziniert. Es kam zu einem förmlichen Wettstreit, wie man in der eigenen Sprache am besten eine *Lenore* schaffen könne. 1818 trägt Tomasz Zan auf einer Sitzung des Philomatenkreises seine *Neryna* vor. Sie *war eine Nachdichtung der Lenore-Ballade „Ljudmila" des russischen Poeten Shukowski, der sich selber einige Freiheiten in der Behandlung dieses Stoffes erlaubt hatte.*[4] 1819 übertrug Lach-Szyrma die *Lenore* direkt aus dem Deutschen unter dem Titel *Kamilla i Leon*. 1822 erklärte Mickiewicz in einem Vorwort zu der Übersetzung der Bürgerschen Ballade *Der wilde Jäger* von Odyniec, daß die *Lenore* die Königin der Balladen darstelle. Sie sei in fast alle Sprachen des alten Kontinents übertragen, habe auch in England viele Übersetzer gefunden, unter ihnen befinde sich der berühmte Walter Scott.[5] Mickiewicz selber verarbeitete das Lenore-Motiv in einer seiner schönsten Balladen, der *Ucieczka* (Flucht).[6]

Die deutsche Literatur war für die Herausbildung der polnischen Romantik in den zwanziger Jahren des 19. Jahrhunderts deswegen so wichtig, weil sie neben der englischen die älteste antiklassizistische Tradition aufwies. Diese setzt in Deutschland bekanntlich mit dem Sturm und Drang ein, weswegen dieser in der polnischen Literaturgeschichtsschreibung als Romantik oder zumindest als Präromantik verstanden wird.

In den nächsten Jahrzehnten werden Werke der gleichaltrigen deutschen Schriftsteller in der polnischen Literatur kaum beachtet. Die deutsche Dichtung hatte um die Jahrhundertwende bzw.

mit der Kunstperiode ihren Höhepunkt erreicht, dem die folgende Generation nur noch durch Distanz und Ironie, wenn nicht Ablehnung, beizukommen suchte. Wenn man Heines Dichtung liest, hat man den Eindruck, er kennt jedes Gedicht, alle poetischen Bilder, und er scheut nicht davor zurück, an sie zu erinnern. Um nicht zum Epigonen zu werden, zerstört er immer wieder am Ende mit Freude, aber vielleicht auch mit einem Gefühl der Melancholie, die Stimmung, in die er seine Leser versetzt hat.

An einer solchen Art zu dichten fehlt es weitgehend in der polnischen Literatur. Der Generation nach den polnischen Romantikern war es nicht gegeben, sich in ironischer Weise über deren Lyrik zu erheben. Dazu war die Lage der Nation zu ernst. Während Heine ein Aufleben des deutschen Nationalgeistes befürchtete, kämpften die Dichter und Denker Polens darum, daß sich ihre Nation nicht in den Teilungsgebieten auflöst.

Heine wurde von seinen polnischen Zeitgenossen kaum wahrgenommen, die deutsche Literatur reduzierte sich immer mehr auf die Werke von Goethe und Schiller. Bei dem großen Dreigestirn Mickiewicz-Słowacki-Krasiński stieß Heine auf Ablehnung, was verständlich wird, wenn man seine abfälligen Bemerkungen im Buch *Ludwig Börne. Eine Denkschrift* und in seinem Gedicht *Zwei Ritter* aus dem *Romanzero* liest. In dem 1840 publizierten Buch *Ludwig Börne. Eine Denkschrift* schreibt er, daß ihn der Novemberaufstand der Polen im Jahre 1830, der erst im Sommer 1831 von den zaristischen Truppen endgültig niedergeschlagen worden war, zwar anfänglich begeistert habe, in Wirklichkeit sei er aber eine schlecht vorbereitete und durchgeführte Unternehmung gewesen. Polen sei durch *Verwirrung* und *Unzuverlässigkeit* zu Grunde gegangen, gleichsam durch eigene Schuld. Für die Begeisterung, die die Deutschen – d.h. die Nicht-Preussen – den durch ihre Städte ziehenden geschlagenen polnischen Revolutionären entgegenbrachten, hat er nur Spott übrig. Heine warnt die Deutschen, aus bloßer Sentimentalität im fremden Interesse und so spontan und undurchdacht wie die Polen eine Revolution zu entfachen. Prinzipiell stelle zwar jede Revolution *ein Unglück* dar, *aber ein noch größeres Unglück* sei eine *ver-*

unglückte Revolution.[7] Für die Deutschen habe die polnische Revolution jedoch den Vorteil gehabt, fügt Heine seinen Ausführungen hinzu, daß sie den Russenhaß ins deutsche Gemüt übertragen hat.

Polen ist für ihn nicht mehr das Land, das als erstes das Schicksal aller Nationen teilt, in einer brüderlich gesinnten, sich liebenden Welt aufzugehen, sondern ein Vorbote, die Avantgarde des großen Kampfes zwischen Deutschland und den westlichen Völkern einerseits und Rußland andererseits, dem Gendarmen Europas, dem Despoten an sich. Polen lehrte die Deutschen und andere freiheitsliebende Völker den Haß, an dem die Sarmaten leider zugrundegehen werden.

Um seine harten Urteile etwas zu mildern, beendet Heine seine Polenausführungen in *Ludwig Börne. Eine Denkschrift* mit den Worten:

> *Nein, Polen ist noch nicht verloren... Mit seiner politischen Existenz ist sein wirkliches Leben noch nicht abgeschlossen. Wie einst Israel nach dem Falle Jerusalems, so vielleicht nach dem Fall Warschaus erhebt Polen sich zu den höchsten Bestimmungen. Es sind diesem Volke vielleicht noch Taten vorbehalten, die der Genius der Menschheit höher schätzt, als die gewonnenen Schlachten und das rittertümliche Schwertengeklirre nebst Pferdegetrampel seiner nationalen Vergangenheit! Und auch ohne solche nachblühende Bedeutung wird Polen nie ganz verloren sein... Es wird ewig leben auf den rühmlichsten Blättern der Geschichte!!!*[8].

Polen wollten verständlicherweise nicht zum Buchstaben bzw. zu einem Kapitel auf den Blättern der Geschichte herabgewürdigt – oder wenn man will – erhoben werden. Sie fragten vielmehr, welche Rolle ihnen in Zukunft zugewiesen werden könnte. Mickiewicz war es, der nach 1831 sehr schnell sowohl dichterisch wie auch publizistisch das Wort ergriff und die entsprechenden Metaphern fand. Die wichtigste war, daß Polens Leidensweg nicht umsonst gewesen sei, so wie es auch Christi Martyrium und das der frühen Christen nicht war.[9] Polens Kampf um die Freiheit sei in den Freiheitskampf aller unterdrückten Völker einzureihen; zwar habe es zur Zeit den Anschein, als würden die Despotien für immer das Sagen haben, aber so sah es ja auch im ersten Jahrhundert unserer Zeitrechnung aus. Keiner gab damals den Christen eine Chance, doch sollte alles anders kommen. Auch jetzt werde die Freiheit siegen. Mickiewicz verleiht dem Kampf der Völker um ihre Eigenständigkeit einen universellen Sinn, indem er ihn als ein Ringen um ein befreites Europa – die Europaidee eines Novalis, die ja auch eine universalistische ist, lebt hier in veränderter Form fort – auslegt, bei dem die slawischen Völker eine besondere Mission zu erfüllen haben, da die gut situierten, ja satten westlichen Völker nichts mehr von ihrem Elan besitzen. Das Ziel bildet für Mickiewicz – in gut politischer Romantik – eine allgemeine europäische Föderation, die aber ohne Opfer nicht zu haben ist. Ein Vorbild dieser Föderation stellt für ihn die einstige Union zwischen Polen und Litauen dar. Sie sei *eine Figur der künftigen Vereinigung der christlichen Völker im Namen des Glaubens und der Freiheit.*[10]

So nimmt es nicht wunder, daß sich Mickiewicz laut Überlieferung ablehnend über Heine geäußert hat. Man muß hierbei wissen, daß beide Dichter eine bestimmte Zeit lang in den gleichen Pariser Salons verkehrten und sie einen gemeinsamen Freund hatten: den Grafen Eugen von Breza, der den *Pan Tadeusz* ein Jahr nach seinem Druck im Jahre 1832 ins Deutsche übersetzt hatte. Aber weder Heine noch Mickiewicz haben in ihrem Werk durch eine Namensnennung oder durch indirekte Zitate eine Bekanntschaft durchscheinen lassen. Wir verfügen einzig über den Bericht von T.Lenartowicz, der einmal seinen Freund Adam Mickiewicz nach Heine gefragt hatte. Dieser soll den Mund verzogen und geantwortet haben:

Nicht Israel, denn das ist eine große Sache – ein Jude. Vor aller Schönheit kniet er nieder (in der Kunst, im Leben, in der Geisteswelt), gibt ihr sein Szepter aus Schilf, – und dann ohrfeigt er mit dem lauten Ruf: sei gegrüßt, jüdischer König! Aber es werden sich Kritiker finden, du wirst es sehen, die dies Fortschritt, etwas Neues, das den wissenschaftlichen Deduktionen ent-

spricht, nennen werden; – ach, die Dummheit unseres Jahrhunderts.[11]

Auf das Gedicht *Zwei Ritter* will ich hier nicht eingehen. Das Ärgerliche ist u.a., daß Heine so tut, als würden sich nur die polnischen Emigranten in den Haaren liegen, dabei stellt sein Streit mit Börne ein Musterbeispiel für die Zerrissenheit in der deutschen Vormärzszene dar.

Zu einem Heineton ist es in der polnischen Literatur nie gekommen, weswegen es auch so schwer ist, seine Gedichte so zu übersetzen, daß sie nicht trivial wirken. Natürlich hat es unzählige Versuche gegeben, Heines Gedichte ins Polnische zu übertragen, aber keiner hat die Qualität erreicht wie Lermontows Übertragung des Heineschen Gedichts *Ein Fichtenbaum steht einsam im Norden auf kahler Höh*, welches, wie es der russische Literaturwissenschaftler Wilhelm Lewik formulierte, *aus dem deutschen Gedicht ein russisches* machte, *das dem Original nicht nachsteht.*[12] Dagegen ist es Mickiewicz gelungen, Goethes Mignonlied und Schillers *Handschuh* so ins Polnische zu übertragen, daß beide wie polnische Poesie klingen.

Die meisten polnischen Dichter und Denker waren in früheren Zeiten zweisprachig. In der Aufklärung und Romantik beherrschten sie zumeist neben dem Polnischen das Französische, weswegen auch, worauf der Breslauer Aufklärungsforscher Mieczysław Klimowicz hinweist, weder Rousseaus *Neue Heloise* noch Goethes *Leiden des Jungen Werthers* im 18.Jahrhundert ins Polnische übersetzt wurden. Es sei daher nicht verwunderlich, daß Jan Potocki den heute berühmten Roman *Le manuscrit trouvé ą Sarragosse* (Die Handschrift von Sarragossa) französisch verfaßt hat. Klimowicz nennt ihn die „interessanteste Errungenschaft“ der europäischen Romanliteratur der Aufklärungszeit.[13] Adam Mickiewicz hielt seine Vorlesungen sowohl in Lausanne wie auch am Pariser College de France in Französisch. Aber es gab auch Polen, die anfingen, deutsch zu schreiben. Unter ihnen befanden sich die Philosophen August Cieszkowski,

Bronesław Trentowski und Karol Libelt. In den endzwanziger Jahren des 19.Jahrhunderts gehörte es zum guten Ton, die Vorlesungen Hegels – dieser starb bekanntlich 1831 – zu besuchen. Der Krakauer Philosoph Józef Kremer (1806–1875) schrieb in seinen Erinnerungen an die Berliner Zeit 1867:

Für die lernende Jugend war Hegel eine Art Halbgott [...] Eine Menge Jugendliche, vor allem aus dem Herzogtum Posen, studierten damals in Berlin, sie stellten auch die Hälfte der Hörer Hegels dar [...] Wer diese [Vorlesungen – K.S.] nicht besuchte, gehörte zu den Ausnahmen, er wurde von seinen Landsleuten mißachtet, denn man sah ihn für einen Dummkopf an, der in der Heimat keine Achtung erwarten wird.[14]

Und viele der Hörer und Schüler Hegels schrieben in dessen Stil. An erster Stelle wäre Cieszkowski zu nennen. Mit seinem in deutscher Sprache verfaßten Buch *Prolegomena zur Historiosophie* (1838) begründete er die Philosophie der Tat, mit der er einen großen Einfluß auf die folgenden Generationen, insbesondere in Polen, aber auch in Rußland, ausübte. Auguste Cornu meint in seinem einst viel gelesenen, biographisch und geistesgeschichtlich angelegten Buch über Marx und Engels, daß Cieszkowski mit der Philosophie der Tat als erster auf die Notwendigkeit hingewiesen habe, die konservative Philosophie Hegels durch eine revolutionäre zu ersetzen.[15] Cieszkowskis weitere Entwicklung zum konservativen Denker hat Cornu offenbar nicht zur Kenntnis genommen. Es ist aber nicht zu bestreiten, daß Cieszkowski durch die Verknüpfung der Historiosophie Hegels mit der Fichteschen Philosophie der Tat und Tathandlung den Weg zu einem Denken schuf, das stärker auf die Probleme der Gegenwart und näheren Zukunft ausgerichtet war. In der *Prolegonema* heißt es u.a.: *Wir wollen uns also nicht scheuen, es auszusprechen, die Philosophie wird von jetzt an beginnen* angewandt zu werden.[16] Marx sollte mit seiner Formel „bisher haben die Philosophen die Welt nur verschieden interpretiert, jetzt kommt es darauf an, sie zu verändern“, nichts anderes sagen.

Der zweite polnische Philosoph, der mit einer Arbeit in deutscher Sprache debütierte, war Bronesław Ferdynand Trentkowski (1808-1869). Nach der Niederlage des Novemberaufstandes, an der er als Ulan teilnahm, ging er nach Freiburg im Breisgau und verteidigte dort 1837 seine Dissertation *Grundlage der universellen Philosophie*. Drei Jahre später veröffentlichte er die *Vorstudien zur Wissenschaft der Natur*. Eine Professur für Philosophie in Freiburg schien am Widerspruch der Katholiken zu scheitern, aber er ließ es erst gar nicht zu einer Entscheidung kommen, sondern beschloß dank günstiger finanzieller Bedingungen, nur noch polnisch zu publizieren. Es ist hier nicht der Raum, seine Arbeiten zu besprechen und vor allem auf seine Auseinandersetzung mit der deutschen Philosophie im Polnischen einzugehen, aber immerhin sei darauf verwiesen, daß er unter dem Einfluß der neuen philosophischen Sprache im Deutschen versuchte, gewisse Neubildungen im Polnischen nachzuahmen. Nur weniges gelang ihm. Dazu gehört immerhin das von ihm geprägte Wort jaźń, das noch heute gern verwendet wird. Die deutsche Entsprechung wäre eigentlich die Ichheit, die es auch einmal gab, die man aber nur in älteren Texten findet.

Als dritter sei Karol Libelt, einer der engsten Hegelschüler, genannt. Er strebte aber nie einen Verbleib in Deutschland an. Kaum hatte er 1830 seinen Doktorgrad mit der Spinozaarbeit *De pantheismo in philosophia* an der Berliner Universität erlangt, kehrte er eiligst nach Polen zurück, um dort am Novemberaufstand teilzunehmen. Seine Bücher verfaßte er auf Polnisch. Er verstand sich als polnischer Patriot. 1846 wurde er wegen Teilnahme an der Krakauer Revolution in Berlin zum Tode verurteilt, danach zu 20 Jahren Zuchthaus begnadigt; während der Märzereignisse kam er frei und wurde Anführer der Polnischen Liga in Berlin. Vom 5. bis zum 8. Mai 1848 nahm er in Breslau an einem Treffen polnischer Patrioten aus allen drei Teilungsgebieten teil, übrigens zusammen mit Cieszkowski, dessen Schriften er einige Jahre zuvor auf polnisch ausführlich besprochen hatte. Man wollte hier eine gemeinsame politische Linie festlegen. Darum ging es auch auf dem 1. Panslawischen Kongreß, der im Juni in Prag stattfand. Nach der Meinung des amerikanischen, in

Wien geborenen Historikers Robert A. Kann brachte dieser „eindrucksvolle Ergebnisse“, die, „wenn sie eine engstirnige und phantasielose Regierung nicht ignoriert hätte, [...] zu interessanten Lösungsversuchen nationaler Probleme geführt“ hätten.[17] So gab es Vorschläge, wie es zu einem friedlichen Zusammenleben der Polen und Ruthenen, d.h. Ukrainer, der Ungarn und Slowaken, der Kroaten und Deutschen kommen könnte, ohne daß die eine Nationalitätengruppe über die andere dominiert. Es ging nicht in jedem Falle um Eigenstaatlichkeit. Darüber, daß eine solche zu militärischen Konflikten führen würde, waren sich die Teilnehmer des Kongresses im klaren. Der Sektion, in der die polnisch-ukrainischen Konflikte besprochen wurden, stand Libelt vor. Er redigierte auch die deutschen Fassungen der einzelnen Resolutionen. Der Kongreß hätte folgenreich sein können, erklärt Robert A. Kann, wenn die österreichischen Machthaber nicht so borniert gewesen wären. Die Folge war, daß der nächste Kongreß mit ganz anderen Vorstellungen in Moskau stattfand.

Libelt war nie ein engstirniger Patriot. Schon vor der Märzrevolution hatte er die Meinung vertreten, daß, wie mächtig Polen auch sein werde – „weithin von Meer zu Meer reichend“ –, es „nicht mehr als ein einheitlicher Staat mit einer Nationalregierung auferstehen“ werde, „sondern als eine Föderation der Litauer, Ruthenen, Preußen und anderer Völker“. In der Zeit nach der Niederschlagung der Revolutionen und nationalen Befreiungskämpfen in ganz Europa wurden sowohl Libelt wie auch Cieszkowski in den Preußischen Landtag gewählt, in dem sie so weit wie möglich für das Wohl der polnischen Bevölkerung wirkten. Libelt war von 1859 bis 1870 Abgeordneter. Zur gleichen Zeit gab er mehrere philosophische Schriften heraus, in denen deutsches Gedankengut eine wichtige Rolle spielte, wenngleich er der Ansicht war, daß es die Slawen seien, von denen die künftige Gestaltung der Geschichte ausgehen wird. Diese Idee war selbstredend ein aus Herderschem Geist geborener umgedrehter Hegel.

In der Dichtung ist es Stanisław Przybyszewski, der erst deutsch schrieb, ehe er ein berühmter Vertreter des sogenannten

Jungen Polen werden sollte. Er hatte in Thorn das deutsche Gymnasium 1889 absolviert und sich von dort aus nach Berlin begeben, wo er schnell mit Richard Dehmel, Alfred Mombert, Eduard Munch, Ola Hansson und August Strindberg enge Bekanntschaften schloß. Aufsehen erregte sein Buch *Zur Psychologie des Individuums* (1892), in dem er voller Enthusiasmus sowohl über Friedrich Nietzsche und Friedrich Chopin wie auch über den damals äußerst bekannten dänischen Essayisten und Dramatiker Hansson schrieb. Mit diesem Buch wurde er im literarischen Berlin über Nacht berühmt. Er avancierte neben Strindberg zum Kopf der Berliner und skandinavischen Bohemiens in deren bekannter Stammkneipe »Zum schwarzen Ferkel«. Er trug wesentlich zur Durchsetzung der Moderne bei. Später folgten u.a. die *Totenmesse*, die *Vigilien*, *Pro fundis* und der dreibändige Roman *Homo sapiens* (1896), Publikationen, die alle große Beachtung fanden. In Polen ist vor allem der erste Satz der *Totenmesse* unvergeßlich geblieben: „na początku była chuć“[18] – „Am Anfang war das Geschlecht“,[19] wobei man zu vergessen pflegt, daß Przybyszewski dies im androgynen Sinne meint und daß Geschlecht und chuć nicht bedeutungsgleich sind. Ich habe auf dem Internationalen Kongreß zum 100.Todestag Friedrich Nietzsches in Naumburg die Frage gestellt: Ist der Übermensch androgyn? Um sie im Sinne Przybyszewskis eher bejahend zu beantworten.[20]

Przybyszewskis Ruhm drang auch bis nach Polen. Die jungen Dichter und Intellektuellen, die sich nach einer Modernisierung bzw. Europäisierung der polnischen Literatur sehnten, wollten, daß er in seine Heimat zurückkehrt, um mit ihm einen neuen Geist zu begründen. Als er sich überreden ließ, im Herbst 1898 nach Krakau zu kommen, hatte man dort schon lange die Trommel gerührt, so daß er begeistert empfangen wurde. Er galt als der große Europäer. Als Chefredakteur der Zeitschrift *ȵycie* konnte er tatsächlich einiges für die Öffnung der polnischen Literatur nach Europa hin tun. Er schrieb jetzt auch mehrere Dramen in polnischer Sprache, von denen einige noch heute erfolgreich gespielt werden.

Nach Ausbruch des Ersten Weltkriegs nahm er zum ersten Mal zu politischen Fragen Stellung, als er 1915 den zweisprachigen Aufsatzband *Polen und der heilige Krieg. Polska i święta wojna*, herausgab, in dem er sich für die Zentralmächte aussprach, was u.a. hieß, für eine polnisch-deutsche Verständigung. In dieser Zeit setzt er sich auch für die polnischen Expressionisten ein, die sich um die Zeitschrift *Zdrój* scharten, obwohl er ihnen abriet, sich zu sehr vom deutschen Vorbild beeinflussen zu lassen.

In einer ganz anderen Weise war seine Tochter aus erster Ehe, Stanisława Przybyszewska, zweisprachig. Sie ist heute durch ihr Drama *Sprawa Dantona* (Die Sache Danton) bekannt, das Andrzej Wajda in den achtziger Jahren zur Grundlage seines Dantonfilms genommen hatte. Dieses Drama spiegelt in gewisser Weise die Auseinandersetzungen mit ihrem Vater wider, den sie erst mit achtzehn Jahren kennengelernt und dann eine kurze Zeit lang trotz vieler Gerüchte idealisiert hatte, um ihn später nur noch zu verachten. Ihr Stück war ein Hohelied auf Robespierre, der zu Recht Danton, den korrupten Lebemann, bekämpfte. Aber im Grunde genommen bleibt die Dantonfigur, wie sie im Drama erscheint, ein sympathischer Mann, den man gern Recht gibt. Selbst Przybyszewska weiß, daß sich die Dantons nicht aus der Welt schaffen lassen. Nach der Hinrichtung sagt Robespierre mit gequältem Lächeln zu Saint-Just:

> *Wir haben Danton nicht erschlagen. Wir haben ihn vermehrt – ihn ausgesät. Die Saat seines Blutes geht schon auf. Wie das Blut eines mythischen Heros: aus jedem Tropfen wird ihm ein Rächer geboren. [...] Doch den Danton kann man nicht töten. Denn Danton ist ein Koloss des Lebens – der erstgeborene Sohn der Natur – die unsterbliche Bestie im Menschen. [...] Bis der Mensch über diese Bestie in seinem Innern hinausgewachsen ist – wird er sich immer wieder vergebens auflehnen und vergebens bluten. Die Revolution wird weder dieses, noch das nächste, noch das fünfte Mal bis an ihr Ziel gelangen. Dantons Korruption und Dantons Lüge überwiegen die Kraft des Aufschwungs früher oder später ... [...].*[21]

Und am Ende des Dramas kommt er resignierend zu dem Schluß:

Die Zukunft steht unter dem Zeichen des heute verschiedenen Danton.[22]

Przybyszewskas Robespierrebegeisterung ergab sich aus ihren linken Auffassungen,[23] die sie mit Romain Rolland teilte, der bekanntlich zu Beginn des Jahrhunderts mehrere Dramen zur französischen Revolution verfaßt hatte. Büchners *Danton*, den sie ausgezeichnet kannte, stand sie dagegen kritisch gegenüber, obwohl sie sich von seinem Einfluß nicht lösen konnte.[24] Durch ihn war ihr Interesse für die Französische Revolution überhaupt erst geweckt worden. Sie hatte ihn auch ins Polnische übersetzt.

Przybyszewska hatte in Polen mit ihrem Dantondrama kein rechtes Glück. Sie lebte zurückgezogen in Danzig und hoffte, daß Leon Schiller, der polnische Piscator, es aufführen werde, wußte aber nicht, daß dieser den guten Willen dazu hatte, aber sich selber mit Mühe über Wasser hielt. Sie ließ das Stück ins Deutsche übersetzen, doch da kamen die Nazis an die Macht, so daß aus einer deutschen Aufführung nichts wurde. Ihr nächstes Stück, den *Thermidor* hatte sie übrigens in deutscher Sprache verfaßt – es war die Zeit, wo sie bedauerte, nicht überhaupt alles in Deutsch geschrieben zu haben. Sie wäre dann nach ihrer Meinung eine bekannte Autorin geworden.

Das führt mich zu einer anderen Autorin, die anfänglich polnisch schrieb, um dann ins Deutsche überzuwechseln. Es handelt sich um Eleonore Kalkowska, die von 1883 bis 1937 lebte. 1904 erschien in Warschau ihr Erzählband *Głód ẓycia* (Lebenshunger). 1916 veröffentlichte sie *Rauch des Opfers*, ein lyrisches „Frauenbuch zum Kriege", es war eines der ersten deutschsprachigen Antikriegsbücher. Am Ende der Weimarer Republik war sie dank ihrer Dramen *Jozef* (es geht hier um den Jakubowski-Fall), *Sein oder Nicht-Sein* (1931) und den *Zeitungsnotizen*, die 1932 im Berliner Schillertheater aufgeführt wurden, keine unbekannte Autorin mehr. Sie erntete u.a. von Heinrich Mann großes Lob. 1933 wurde sie verhaftet, aber dank der Intervention der polnischen Botschaft kam sie frei und konnte Deutschland verlassen. Sie starb 1937 an einer Schilddrüsenoperation in Bern. Ich spreche von ihr auch deswegen, weil sie die Mutter der großen polnischen Germanistin Elida Maria Szarota ist, bei der ich studiert und meine Dissertation geschrieben habe. Auch sie gehörte zu den zwei- oder besser dreisprachigen: deutsch-polnisch-französisch. Eine klassische Mischung in Polen, wie sich erweist.

Ein besonderes Kapitel würde die Freundschaft zwischen Joseph Roth, Wittlin und Mayen bilden. Letzteren konnte ich noch kennenlernen. Er erzählte kurz von den Treffen zu dritt. Sie sprachen sicher deutsch und polnisch miteinander, vielleicht auch jiddish. Mayen, der viel für die Schaffung einer polnischen Radiokultur in den dreißiger Jahren getan hatte, erinnerte in unseren Gesprächen auch daran, daß Roth und Wittlin in der gleichen k.-k.-Einheit dienten und ihre Wege sich nach 1918 trennten. Roth wurde deutscher Autor, Wittlin polnischer, wobei sie sich gegenseitig übersetzten. Aber man kann auch sagen, sie sind der gleichen Kultur treu geblieben – im Grunde genommen waren ihnen nationale Identitäten fremd. Es ist kein Zufall, daß Józef Wittlin in seinen berühmten Romans *Salz der Erde* den Protagonisten Peter Niewiadomski (gleichsam den Unwissenden, Unbekannten) einführt, von dem er an einer Stelle sagt:

> *er war auch Ruthene, wenn auch von einem polnischen Vater. Da hatte die Konfession entschieden.*

Doch das

> *Nationalbewußtsein war nie Peters starke Seite. Wenn man so sagen darf, blieb Peter hart an der Schwelle des Nationalbewußtseins stehen. Er sprach polnisch und ukrainisch, er glaubte an Gott nach griechisch-katholischem Ritus, er diente dem österreichisch-ungarischen Kaiser. Ukrainische Agitatoren drangen zwar bis Topory vor, sie konnten jedoch nichts gegen den Einfluß des Pfarrers Makarucha ausrichten, dem am guten Verhältnis mit den Gutsbesitzern lag – nicht nur der Honigstransaktionen wegen. Während der Wahlen zum Sejm empfahl der Pfarrer von der Kanzel, die Stimme einem Kandidaten der altruthenischen Partei zu geben, es bereitete ihm aber nicht*

viel Kummer, wenn mit Hilfe der Huzulenstimmen irgendein polnischer Graf gewählt wurde. Ebenso war es mit den Reichstagswahlen, obzwar in einigen aufgeklärten Bezirken Huzulen auch Huzulen wählten. Peter Niewiadomski aß die ukrainische Wurst, die als Wahlgeschenk verteilt wurde, er aß auch die altruthenische, aber seine Stimme gab er dem Grafen. Ein Graf – ist sicherer.[25]

Diejenigen, die in Nationalitätenschemen denken, vergessen, daß die nationale Herkunft einem Menschen nicht ein für allemal auf den Leib geschrieben sein muß. Es gibt den Wechsel, es gibt die Übergänge, es gibt die Mischung.

Ich möchte zu Przyboś zurückkehren, wenn auch indirekt. Die eigentliche Geschichte betrifft Adam Włodek, dessen *Cornet*-Übersetzung Przyboś 1959 redaktionell betreut hatte.[26] Aber nicht dies ist das Wichtigste, sondern die folgende Geschichte. Diese Übersetzung war 1943 während der deutschen Besatzungszeit unter konspirativen Bedingungen entstanden und in einem Untergrundverlag erschienen.[27] Włodek kannte die polnischen Übersetzungen des *Cornets* von früher her, aber deren Lektüre hatte ihn keineswegs zufrieden gestellt, so daß er schon lange Lust hatte, das Original einzusehen und eine neue Übertragung anzufertigen. Das Original fiel ihm in die Hände, als er in einem deutschen Büchermagazin in Krakau zwangsarbeitete:

Eines Tages fischte ich aus einem Stoß von Propagandabroschüren, wie sie typisch für die derzeitige Periode deutscher Literatur waren, ein kleines Bändchen heraus: »Die Weise von Liebe und Tod des Cornets Christoph Rilke«. Sofort machte ich mich an die Übersetzung. Ich habe es nicht gewagt, das Bändchen mit nach Hause zu nehmen, ich fertigte während der Arbeitszeit – in der entferntesten Ecke des Lagers – jeden Tag einen Teil der Übersetzung an. Erst ein wenig später kam ich auf die Idee, die Inventarliste zu fälschen und den „Cornet“ einfach zu entwenden.[28]

Dieses Original sollte ihm einige Monate später das Leben retten. Und nicht ihm allein:

Während der Okkupationszeit war ich zusammen mit Tadeusz Jęczalik, damals einem jungen Dichter, heute Publizisten und Redakteur, Herausgeber der konspirativen Poetischen Bibliothek in Krakau. Im Zusammenhang damit haben wir zweimal Julian Przyboś in seinem Heimatort GwoŘnica besucht. Beim zweiten Besuch, im Juni 1944, hatte ich die Übersetzung und das Original des »Cornets« dabei, weil mir sehr daran gelegen war, kritische Bemerkungen von Herrn Julian zu erhalten. Auf dem Rückweg, auf den uns Przyboś bis zur ziemlich entlegenen Bahnstation auf einem Bauernfuhrwerk begleitete, fielen wir in die Hände einer Streife der Hitlerpolizei. Zuerst wurde mein Rucksack durchsucht. Darin befanden sich verschiedene zur Durchsicht mitgebrachte konspirative Publikationen sowie Handschriften mit Gedichten von Przyboś, die für die nächste im Untergrund herausgegebene Sammlung bestimmt waren. Darin war auch das Bändchen von Rilke. Zufällig lag es zuoberst im Rucksack. Bei dessen Anblick nahm der befehlshabende Polizist, der in seinem dumpfen Chauvinismus Genugtuung empfand, von einer weiteren Durchsuchung Abstand.[29]

Ob der Deutsche nun wirklich ein Chauvinist war, soll dahingestellt bleiben. Włodek lebte damals mit Wisława Szymborska zusammen. Die Übersetzung des Cornets gilt als eine der besten. Vielleicht durch den Einfluß von Szymborska, aber gleichzeitig vermute ich, daß Szymborska, die in ihrer Jugend so furchtbar schlechte Stalingedichte verfaßte, durch die Beschäftigung mit Rilke und anderen großen Dichtern zu ihrer späteren Qualität gefunden hat.

Rilke galt in Polen immer als einer Großen. In Verbindung damit sei noch eine Geschichte erzählt, die der Kritiker Artur Sandauer, den ich noch persönlich gut kannte, von Bruno Schulz zu berichten wußte:

So oft ich an einem Sonnabend bzw. Sonntag nach stundenlan-

gem Pedaltreten beim Fahrradfahren sein Kabinett (d.h. das von Bruno Schulz – K.S.) *betrat, mit den Wänden voller Bücher, sah ich ihn vertieft, wenn nicht in Thomas Mann, so in Rilke. Der in meine Bibliothek hinübergerettete Band der „Neuen Gedichte", der durch Wunder die Okkupationszeit überdauert hat, stammt aus seinem Besitz. Im Regal war er mir ein ewiger Vorwurf (Mit seiner tiefen, samtenen, prophetischen Stimme pflegte mir Schulz Rilke vorzulesen).*[30]

Um diesem Vorwurf zu begegnen, übersetzte Sandauer Rilke:

Und wenn ich nach so vielen Jahren nach seinem Tode dem polnischen Publikum etwas übergebe, was wenigstens entfernt an diese Verse erinnert, so tue ich dies unter anderem auch deshalb, um den Eindruck zu vermitteln, den dieses Vorlesen in mir hinterlassen hat. Ich möchte das Timbre der Stimme von Schulz wiedergeben.[31]

Solche Geschichten könnte man noch und noch erzählen.

Anmerkungen:

1 Karol Sauerland, Literarische Rezeption, *Deutsche und Polen. 100 Schlüsselbegriffe*, hg. Ewa Kobylińska, Andreas Lawaty u. Rüdiger Stephan, München 1992, S.195-200

2 Das Werk wurde neu aufgelegt: Stanislaw Kostka Potocki; Janusz A. Ostrowski; Joachim Sliwa (Hrsg.): *O sztuce u dawnych czyli Winkelmann Polski.* Warschau 1992.

3 Siehe hierzu auch Karol Sauerland, „Sozietätsbewegung und demokratisch-patriotische Bestrebungen in Polen am Ende des 18. und zu Beginn des 19.Jahrhunderts", in: *Europäische Sozietätsbewegung und demokratische Tradition. Die europäischen Akademien der Frühen Neuzeit zwischen Frührenaissance und Spätaufklärung*, Bd.II, hg. von Klaus Garber und Heinz Wismann unter Mitwirkung von Winfried Siebers, Tübingen 1996, S.1031-1038.

4 Barbara Surowska, Am Anfang waren Geister und Gespenster – zum Durchbruch der polnischen Romantik, in: in: *Parallelen und Kontraste. Studien zu literarischen Wechselbeziehungen in Europa zwischen 1750 und 1850*, hrsg. von Hans-Dietrich Dahnke in Zusammenarbeit mit Alexander S. Dmitrijew, Peter Müller und Ta-

deusz Namowicz, Berlin und Weimar 1983,S.178.

5 Adam Mickiewicz, *Dzieła. T.V (Proza artystyczna i pisma krytyczne)* [Werke (Künstlerische Prosa und kritische Schriften)], Warszawa 1996, S.158.

6 Eine genaue Analyse dieses Gedichts, es mit der Vorlage vergleichend, führt B.Surowska in der angeführten Studie durch.

7 Ebd.

8 Heinrich Heine, *Sämtliche Schriften in zwölf Bänden*, a.a.O., Bd. 7, S.81.

9 Hier müßte auch noch der jüdische Messianismus genannt werden, ohne den der polnische nicht denkbar ist. Das Leiden des jüdischen Volkes eignet sich aber schlecht für ein Aktionsprogramm, wie es Mickiewicz vor Augen hat. Vgl. hierzu Zofia Stefanowska, *Historia i profecja. Studium o „Księgach Narodu i Pielgrzymstwa Polskiego" Adama Mickiewicza*, (Geschichte und Prophetie. Eine Studie über die Bücher des polnischen Volkes und seiner Pilgerschaft), Warszawa 1962, S. 76 ff.

10 Adam Mickiewicz, *Dzieła* (Werke), Bd.V, Warszawa 1996, S. 18. (alle polnischen Zitate in meiner Übersetzung).

11 zit. nach Adam Mickiewicz, *Dzieła wszystkie* (Sämtliche Werke), Bd.14, Warszawa 1933, S. 364. Nach Maria Janion mochte Mickiewicz Heine nicht, weil er in ihm einen assimilierten Juden gesehen habe (siehe: Maria Janion, *Do Europy, tak, ale razem z naszymi umarłymi* /Nach Europa ja, aber zusammen mit unseren Verstorbenen/, Warszawa 2000, S. 55).

12 Wilhelm Lewik, „Heine und die russische Poesie" in: *Heinrich Heine. Streitbarer Humanist und volksverbundener Dichter. Internationale wissenschaftliche Konferenz*, Weimar 1972, S. 420.

13 Mieczysław Klimowicz, *Oświecenie* (Aufklärung), Warszawa 2002, S.286.

14 Zitiert nach S. Boryzm, H. Floryńska, B. Skarga, A. Walicki, *Zarys dziejów filozofii polskiej (1815–1918)* (Geschichte der polnischen Philosophie (1815–1918), Warszawa 1986, S. 58 (in meiner Übersetzung).

15 Auguste Cornu, *Karl Marx und Friedrich Engels. Leben und Werk*, Bd.1 (1818–1844), Berlin 1954, S. 132. Cornu schuf mit seinem Buch Grundlagen für den sogenannten Revisionismus der späten fünfziger und beginnenden sechziger Jahren. Indem er detailliert das Leben und Schaffen der beiden Begründer des Marxismus schilderte, zeigte er, daß sie in einem bestimmten Kontext wirkten. Er nahm ihnen die Einzigkeit, mit der sie in der Zeit des sogenannten Stalinismus dargestellt wurden. Die Forschungen Cornus setzte in Polen Bronisław Baczko in seinen Seminaren fort, in denen intensiv nach

der Bedeutung der Zeitgenossen von Marx gefragt wurde. In diesem Lichte wäre auch Kołakowskis großes Werk der Geschichte des Marxismus zu sehen. Cornu hatte bereits 1934 in seiner Studie *Moses Hess et la gouche hégeliŹnne* auf die Bedeutung Cieszkowskis für Übergang vom Junghegelianismus zum Marxismus verwiesen (siehe Jan Garewicz, S. 195).

16 August von Cieszkowski, *Prolegomena zur Historiosophie*, Hamburg 1981, S. 130.

17 Robert A.Kann, *Geschichte des Habsburger Reiches 1526-1918*, Wien, Köln, Graz 1982, S. 279. Nach Wolfgang J.Mommsen verschärfte der Kongreß „die Lage noch mehr, indem er die Einigung aller slawischen Nationalitäten unter dem Dach des österreichischen Kaisertums zu seinem Programm erhob, eine Lösung, die die Deutschen perhorreszierten“ (*1848. Die ungewollte Revolution*, Frankfurt am Main 1998, S. 226). Mommsen bringt den Kongreß im Gegensatz zu Robert A.Kann auf eine einzige Formel.

18 Stanisław Przybyszewski, *Requiem aeternam...*, Lwów 1904, S. 5.

19 Stanisław Przybyszewski, *Totenmesse*, Berlin 1893, S. 7. In Killys Literaturlexikon steht eigenartigerweise „Im Anfang war die Lust“. Sollte der Autor aus dem Polnischen übersetzt haben, wobei es besser gewesen wäre, von Begehren zu sprechen.

20 Siehe: Ist der Übermensch androgyn. Zu Przybyszewskis Nietzsche-Rezeption, in: *Zeitenwende – Wertewende. Internationaler Kongreß der Nietzsche-Gesellschaft zum 100.Todestag Friedrich Nietzsches,* Berlin 2001, S. 262-266.

21 Stanisława Przybyszewska, *Dramaty* (Dramen), Gdańsk 1975, S.328f. (zitiert nach der deutschen Übersetzung, die im Typoskript als *Sache Danton* im Nachlaß von Stanislawa Przybyszewska, Archiwum PAN, Poznań, vorliegt, dort S. 298.

22 Ebd. S. 303.

23 Eine ironische Bemerkung, die er über ihren Robespierrekult machte, sollte den Beziehungen zwischen beiden den Rest geben. Sie konnte ihm diese „Taktlosigkeit“ nie verzeihen.

24 Vgl. hierzu meinen Aufsatz „Przybyszewskas Dantondrama. Mit Blick auf Georg Büchner und Romain Rolland“, in: *Acta Universitatis Nicolai Copernici*, Z. 262, Toruń 1993, S. 11-32.

25 Józef Wittlin, *Das Salz der Erde*, Leipzig und Weimar 1980, (aus dem Polnischen übertragen von I.Bergmann, durchgesehen von Marianne Seeger), S. 161.

26 Rainer Maria Rilke, *Poezje* (Lyrik), hrsg. von Julian Przybos, PIW Warszawa 1959, darin: Pieśń o miłości i śmierci korneta Krzysztofa Rilke, übers. von Adam Włodek.

27 Rainer Maria Rilke: *Słowo o miłości i śmierci korneta Krzysztofa*

Rilke, übersetzt von Adam Włodek, (Abschrift des Manuskripts); vervielfältigt in einem konspirativen Verlag, Kraków 1943.

28 Rainer Maria Rilke: *Pieśń o miłości i śmierci korneta Krzysztofa Rilke*, übersetzt und mit einem Nachwort versehen von Adam Włodek, Wydawnictwo Literackie Kraków 1976, (aus dem Nachwort) S. 67

29 Ebenda, S. 67 f.

30 Rainer Maria Rilke, *Poezje* (Lyrik). Übersetzt und mit einem Vorwort versehen von Artur Sandauer, PIW Warszawa 1972, (aus dem Vorwort) S. 7.

31 Ebd.

Karol Sauerland
flieht mit seinen Eltern als Kind vor den Nazis über Paris nach Moskau, wo Stalins Geheimdienst den Vater, einen jüdischen Kommunisten, erst einsperrt und dann erschießt. Nach dem Ende der Nazidiktatur geht Karol Sauerland ins angeblich bessere Deutschland, in die DDR. Vor dem dortigen kleinkarierten Mief flüchtet er nach Polen. Das ist zwar auch eine Diktatur, nur die Menschen sind lebensfroher. Heute fühlt sich Karol Sauerland heimisch zwischen Bug und Rhein. Er ist Professor für deutsche Literaturwissenschaft und Ästhetik an den Universitäten in Warschau und Thorn, Vorsitzender der Philosophischen Gesellschaft in Warschau (1990–2000).

Bücher:
Diltheys Erlebnisbegriff und Einführung in die Ästhetik Adornos (Walter de Gruyter) und *Zur Geschichte der deutschen Ästhetik* (polnisch), *Dreißig Silberlinge*, *Denunziation in Gegenwart und Geschichte*, Berlin Volk & Welt 2000, Artikel und Essays in internationalen Zeitschriften, Herausgeber der Zeitschrift *Europa* im polnischen „zweiten Umlauf" (Samisdat), 1980–1990 Mitglied des Vorstands der Internationalen Germanistenvereinigung (IVG), Mitherausgeber des *Jahrbuchs für Internationale Germanistik*, Gastprofessuren an der ETH Zürich in Vertretung von Adolf Muschg (1988), in Mainz (1988/89) und an der FU Berlin (Sommersemester 1994), 1995 Förderpreis für deutsche Sprache und Literatur in Mittel- und Osteuropa der Alexander von Humboldt-Stiftung, Mitglied der Internationalen Jury für den „Europäischen Buchpreis" und des Beirats des Hannah-Arendt-Preises für politisches Denken in Bremen.

HENRYK BERESKA

Polen – die lustigste Baracke im sozialistischen Lager

Rezeption polnischer Literatur in der DDR

Die große polnische Literatur des 19. Jahrhunderts erschien vorwiegend außerhalb Polens. Viele Dichter hatten das besetzte, dreigeteilte Land in Richtung Westen verlassen. Adam Mickiewicz schrieb sein Hauptwerk „Pan Tadeusz" in Paris, Teile der „Totenfeier" in Dresden. Slowacki, Krasinski, Norwid schrieben ihre Werke in Paris.

Ein Jahrhundert später, nach zwei Jahrzehnten Unabhängigkeit und der neuen Besetzung Polens und der Vertreibung der Polen aus ihren Ostgebieten lebten zahlreiche polnische Dichter wieder außerhalb Polens. Der spätere Nobelpreisträger Czeslaw Milosz lebte ein Jahrzehnt wie ein Eremit in Paris, von der Linken verfemt, danach in Kalifornien, wo er die slawischen Literaturen lehrte (wie vor über einem Jahrhundert sein großer Vorgänger Adam Mickiewicz in Paris). Das Werk von Herling Grudzinski entstand in Neapel, wo er ebenfalls verfemt, wie ein Aussätziger lebte und seine „Nachts geschriebene Tagebücher" verfasste, das Werk von Witold Gombrowicz entstand in Argentinien, das des Lembergers Zbigniew Herbert in Frankreich, Italien und Deutschland, ein anderer Lemberger, Adam Zagajewski, der seine Kindheit in Gleiwitz, seine Studienzeit in Krakau verbrachte, lebte in Paris und Kalifornien, kehrte aber in den letzten Jahren wie Milosz und Mrozek nach Krakau zurück.

Die Übersetzung polnischer Literatur hatte in Deutschland eine reiche Tradition. Im 19. Jahrhundert wurden fast alle bedeutenden polnischen Werke kurz nach ihrem Erscheinen ins Deutsche übersetzt. In der Nazizeit ging ihre Zahl zurück. Und nach 1945 gab es im geteilten Deutschland eine recht unterschiedliche Entwicklung.

Hätte ein Außerirdischer die Abläufe der polnischen Übersetzungen in beiden deutschen Staaten beobachtet, so hätte er meinen können, es gäbe zwei unterschiedliche polnische Literaturen. In den Verlagen der Bundesrepublik gingen die Impulse von einzelnen Übersetzern aus – von Karl Dedecius, Klaus Staemmler, Kunstmann, den Lachmanns.1959 überrascht Dedecius den Leser mit einer schmalen, aber gewichtigen Auswahl polnischer Lyrik („Lektion der Stille"), es folgen die Aphorismen von Stanislaw Jerzy Lec (der in der DDR bereits vorher entdeckt, aber wegen Subversität wieder verbannt worden war), hier erschienen die großen polnischen Autoren des Exils wie Gombrowicz, Milosz, Wat, Jozef Czapski oder Herling Grudzinski. Die Zahl der übersetzten Titel hielt sich hier anfangs in Grenzen, zwischen 1951 und 1958 waren es (nach Kneip) 2,1 Erstausgaben pro Jahr. Die DDR publizierte1949–1971 15 Titel jährlich.

Aber in der DDR liefen die Dinge überhaupt anders. Die Aneignung der polnischen Literatur wurde geplant, die Freundschaft verordnet. Dennoch wuchs im geschundenen Osten Deutschlands ein spontanes Interesse am polnischen Nachbar und seiner unbekannten Kultur. Bei der Auswahl der zeitgenössischen polnischen Literatur gab es klare ideologische Maßstäbe. Polnische Exilautoren blieben draußen, dafür galt die Fürsorge dem klassischen Erbe und der Gegenwartsliteratur, die die großen Themen Krieg, Okkupation, Holocaust und den sozialistischen Aufbau behandelte.

Als ich 1953 das polnische Lektorat des Ostberliner Aufbau-Verlags übernahm, fand ich auf meinem Schreibtisch einen Berg klassischer Literatur – neue Nachdichtungen von Mickiewicz' „Pan Tadeusz", die großen Romane von Boleslaw Prus, Zeromski sowie Werke der Gegenwartsliteratur, die den Aufbau verherrlichten und sich als Anleitung zum Handeln verstanden. Ihre Titel: *Traktoren erobern den Frühling, Nr. 16 produziert, Die Saat geht auf.* Keines dieser Bücher erschien in der Bundesrepublik. Autoren wie Andrzejewski, Breza, Maria Dabrowska, Zofia Nalkowska, Iwaszkiewicz, Lem, Rozewicz – erschienen hüben wie drüben.

Mit dem Tauwetter veränderte sich das politische Klima in Polen. Die Tabuzonen schrumpften, Adam Wazyks kühnes „Poem für Erwachsene", das Brecht nachdichten wollte, machte mit seiner ungeschminkten Beschreibung des sozialistischen Alltags der Schönfärberei den Garaus: „Sie lebten vom Morgenlicht / und säeten Finsternis / Sie lebten von der Idee und trennten sich von den Menschen...". Polen wurde zur lustigsten Baracke im sozialistischen Lager. Die Kultur wurde weltoffen, was das Misstrauen der DDR verschärfte. Hier wehte ohnehin immer ein frostigerer Wind, die DDR empfand sich als besonders gefährdeter Vorposten gegenüber dem westlichen Imperialismus. In der Kunst schuf sie sich unentwegt fiktive Feinde: Formalismus, Objektivismus, Subjektivismus, Ästhetizismus, Nihilismus, Expressionismus, Dekadenz, Versöhnlertum etc. Also kam die Zensur ins Spiel, die es offiziell gar nicht gab. Eigentlich hätte es sie auch nicht zu geben brauchen. Denn Parteitage und Kulturkonferenzen bestimmten die Linie, Verlage und Redakteure wußten, wie es lang ging, die Autoren hatten einen Zensor im Kopf; aber sie alle konnten irren, also mußte ein Amt für Literatur her, das auf Abweichungen empfindlich reagierte, am liebsten mit Verboten. Auch berühmte Künstler wie Brecht, Hanns Eisler, Dessau, Peter Huchel hatten Federn lassen müssen. Der hochgeschätzte Thomas-Mann-Verleger Walter Janka verbrachte fünf Jahre im Zuchthaus Bautzen, der Philosoph Harich, der Slawist Ralf Schröder „saßen" in den Nachbarzellen das doppelte Strafmaß ab. Erich Loest kam mit sieben Jahren davon. Heiner Müller flog wegen seines Stücks „Die Umsiedlerin" aus dem Schriftstellerverband.

Die Zensur trat aber gelegentlich auch im Gewande der Fürsorge auf: „Das können wir unseren Menschen nicht zumuten", hieß es beim Verbot von Andrzejewskis „Asche und Diamant", einem Roman, der die komplizierten politischen Verhältnisse der Nachkriegsjahr eher geschönt schildert, aber der DDR-Zensor findet ihn immer noch unannehmbar und vermißt das obligate Schwarz-Weiß-Muster. Mir wurde vorgeworfen, ich hätte den Roman übersetzt, weil Andrzejewski die Partei verlassen hatte. Auch Wajdas Verfilmung des Romans mit Cybulskis Glanzrolle war in der DDR jahrelang geächtet. Filmstudenten, die sich ihn im Polnischen Kulturinstitut heimlich ansahen, wurden relegiert. Das gleiche Schicksal ereilte die Studenten, die Heiner Müllers „Umsiedlerin“ aufführten, und wenige Jahre später die der Leipziger Universität, die Różewiczs „Zeugen oder die Kleine Stabilisierung“ inszeniert hatten. Das Stück schildert den wachsenden Egoismus des neuen, auf Stabilisierung bedachten Kleinbürgers – dergleichen konnte es in der DDR-Solidargemeinschaft nicht geben.

Auch die Erzählungen von Tadeusz Borowski, einem KZ-Häftling, der bei der Schilderung der Verhältnisse in Dachau und Auschwitz ebenfalls die Trennungslinie von Gut und Böse verletzte, wurden geopfert. Besserwisser warfen ihm vor, seine Schilderung sei „durch eine einseitige, flache Beleuchtung der Wirklichkeit verfälscht.“ Aus der zweiten Auflage der Anthologie „Moderne polnische Prosa“ ist seine Erzählung „Bei uns in Auschwitz“ verschwunden, sein großartiges Werk blieb in der DDR verfemt.

Różewicz und Mrozek, die gegen zu viele Tabus verstießen, durften erst Mitte der siebziger Jahre auf die Bühne. Das Publikum wußte Ihren vom konventionellen Theater abweichenden Stil, die Fantasie, Groteske, den subversiven schwarzen Humor und die verschlüsselten Botschaften sehr wohl zu schätzen; nach den Aufführungen wurde im Foyer lebhaft diskutiert, und hier ging es nicht allein um Formfragen. Man fand bei den polnischen Dramatikern drängende Zeitprobleme, die man bei einheimischen Autoren vermißte. Das wiederum stieß die Funktionäre vor den Kopf. Różewiczs Theater brachte man mit Jonesco, Beckett und Genet – verachtete Dekadenz – in Verbindung. Den Autor amüsierte das, er schrieb: „Die Kritik zählte meine Stücke zum absurden Theater, dabei waren das nicht nur in Polen, sondern in ganz Osteuropa die einzigen realistischen Stücke. Realistische, nicht soz-realistische.“

Von jungen engagierten Dramaturgen und Regisseuren gegen Widerstände lokaler Größen listig „durchgesetzt“, gelangten Różewicz und Mrozek über die Provinz – Nordhausen, Rudolstadt – bis Potsdam und Ostberlin, wo sie in den achtziger Jahren zu den meistgespielten Dramatikern zählten. Der hohe poetische und philosophische Anspruch ihres dramatischen Werks gaben dem Theater den Rang als moralische Anstalt wieder. Die weltbekannten Kantor und Grotowski wurden zwar bis zuletzt von den DDR-Bühnen ferngehalten, immerhin aber erschien ein Dramenband von St.I. Witkiewicz, genannt Witkacy, einem genialen Vorkriegsautor, dessen Stücke das absurde Theater der Nachkriegszeit vorwegnahmen. Das Berliner Ensemble trug sich zwar mit dem Gedanken, Witkacys „Schuster“ aufzuführen, aber dieses 1934 entstandenes Lehrstück, sein scharfer, schlitzohriger Blick auf die Klassenkämpfe seiner Zeit – die ausgebeuteten Schuster lösen die herrschende Klasse ab, werden jedoch ihrerseits bald von geleckten Herren mit Aktenmappen abgelöst – war den Kunstrichtern ein halbes Jahrhundert später immer noch nicht geheuer.

Polen mit seiner freieren Kunst, Literatur und Lebensweise war für die DDR-Bürger eine immense Bereicherung. Dies Ausbrechen aus der grauen, biederen, spitzelreichen DDR war in den siebziger Jahren bis zum Entstehen der Solidarnosc – beim Vorzeigen des Personalausweises – leicht möglich. Hier erlebte man, wie ein ökonomisch schwächeres Land kulturell aufgeschlossen und weltoffen existieren kann. Der Gegensatz ist heute kaum noch nachvollziehbar. Polens Literatur – universell wie unverkennbar polnisch, jüdisch, bäuerlich, eulenspiegelhaft, mythenbildend, philosophisch, rebellisch, sprachlich schöpferisch, von unerhörtem Reichtum und Witz – entfaltete sich trotz vorhandener Schranken, war das Gedächtnis des Landes und trug Verantwortung. „Ein Intellektueller ist dazu da“, schrieb Zbigniew Herbert, „auf eigene Rechnung zu denken, und sei es gegen alle.“ Und im „Vermächtnis des Herrn Cogito“ heißt es: „Geh aufrecht zwischen denen, die auf Knien rutschen... / Du hast nur wenig Zeit, um Zeugnis abzulegen... / sei tapfer... / allein das zählt bei deiner Schlussbilanz“. Der Widerstandsgeist und die künstlerische Vielfalt der Polen faszinierten den DDR-Leser, es war das Andere, was die Neugier auf das Nachbarland weckte und der

DDR den Ruf eines „Leselandes“ eintrug. Auch anspruchsvolle unbekannte Autoren verschwanden rasch von den Bücherregalen. Dazu trug die selbstverordnete Abschottung bei, aber auch die Arbeit engagierter Lektoren und Redakteure. Listig und couragiert brachten sie wichtige Titel durch, die keineswegs den Zensuransprüchen entsprachen. Lem mit seinen intelligenten Utopien, Andrzejewski, Kazimierz Brandys (Briefe an Frau Z), Jaroslaw Iwaszkiewicz, Hanna Krall – sie genossen Kultstatus und erschienen in zahlreichen Auflagen. „Der Pharao“ von Boleslaw Prus erreichte mehr als zwanzig Neuauflagen, die Romane von Ignacy Kraszewski über die sächsisch-polnische Geschichte mehr als ein Dutzend. Desgleichen Sienkiewicz und Reymont (beide Nobelpreisträger) Und auch sehr schwierige und als fast unübersetzbar geltenden Werke wie das Kochanowskis (1530–1584), Wyspianskis „Die Hochzeit“ (beide im Leipziger Reclam-Verlag), St. Ignacy Witkiewicz (Verlag Volk und Welt), aber weder „Die Hochzeit“ noch eines der furiosen Stücke erschienen auf den Bühnen der DDR. Immerhin waren sie aber zu lesen.

Im letzten Jahrzehnt der DDR lockerte die DDR ihr strenges Auswahlprinzip, Gombrowiczs „Ferdydurke“ und Miloszs „Das Tal der Issa“ konnten (nach dem Nobelpreis) erscheinen. Ein bißchen spät. Die Werke der beiden Autoren und die vielen aus kleinlichen Gründen Verfemten hätten dem „Leseland“ gut getan. Desgleichen die unterlassenen philosophischen, soziologischen, politischen Schriften, die polnische Reportage, etwa Ryszard Kapuscinskis, der sie in den Rang hoher Literatur erhob, das Feuilleton, die Literatur des polnischen Untergrunds („Der zweite Umlauf“) – sie wären für das „Leseland“ ein Gewinn gewesen. Dennoch sieht die Bilanz der übersetzten polnischen Literatur – zumal mit dem Blick auf das Ganze – äußerst positiv aus. Das Paradoxe der tragischen Teilung Deutschlands: Was der eine Teil – aus welchen Gründen auch immer – nicht brachte, brachte der andere. Es hatte sich ein produktiver Wettstreit herausgebildet, der seine guten Seiten hatte. Fast alle bedeutenden polnischen Autoren sind im Osten oder im Westen Deutschlands übersetzt worden. Kein anderes Land hatte so umfassend polnische Literatur übersetzt. Obendrein sind verschiedene Texte im östlichen wie westlichen Deutschland paralell übersetzt. Ein Tummelfeld für Philologen und ein Gewinn für Theaterleute und die übersetzten Autoren.

Nach der Wende änderte sich die Situation für die DDR-Verlage radikal. Im Gegensatz zu den polnischen Großverlagen, die nach wie vor florieren, sind viele DDR-Verlage eingegangen. Das „Leseland" entdeckte in den ersten Jahren nach dem Mauerfall andere Prioritäten. In Polen kam eine junge Schriftsteller-Generation zum Zuge mit einem neuen, nicht durch politische Pression geprägten Weltbild. Sie wird in Deutschland zügig übersetzt. Im Jahr 2000 auf der Frankfurter Messe (mit Schwerpunkt Polen) wurden über einhundert neue polnische Titel vorgestellt. Zahlreiche bundesrepublikanischen Einladungen, Stipendien, Lesungen, Literaturpreise fördern die polnischen Autoren, von denen kaum einer allein vom Schreiben existieren könnte, sie üben also Zweit-und Drittberufe aus. Und sie haben trotz Vielstimmigkeit einen sehr eigenwilligen Part im Konzert der europäischen Literatur.

Henryk Bereska,
1926 in Kattowitz-Schoppinitz in einer Bergarbeiterfamilie geboren. 1940 Landdienst in der Nähe von Bunzlau. Verwaltungslehre in Kattowitz und Segelfliegerei. Mai 1944 – Mai 1945 Luftkriegsschule Fürstenfeldbruck. Nach kurzer amerikanischer Gefangenschaft Schiffbauhelfer in Elsfleth bei Bremen, Landarbeiter in der Lausitz. 1947–48 Abitur an der Vorstudienanstalt in Berlin. 1948–52 Studium der Germanistik und Polonistik an der Humboldt-Universität. Während des Studiums Übersetzungen und Arbeit am Mickiewicz-Lesebuch. 1953–55 Lektor für Polnische Literatur am Aufbau-Verlag. Ab 1955 freischaffender Übersetzer polnischer Literatur von der Renaissance bis Gegenwart. Eigene Lyrik und Aphorismen. Zuletzt übersetzt: Prosa von Zagajewski, Lyrik von Tadeusz Różewicz, Urszula Koziol, Zurakowski u.a. Auszeichnungen der letzten Jahre u.a. 1990 Literaturpreis der Polnischen Kulturstiftung; 1994 Übersetzerpreis des Polnischen PEN-Clubs, Warschau; 1996 Kulturpreis Schlesien des Landes Niedersachsen in Breslau; 1997 Bran-

denburgischer Kulturpreis; 1998 Kommandeurskreuz zum Verdienstorden der Republik Polen; 2000 Hans-Sahl-Preis, 2001 Samuel-Bogumil-Linde-Preis von Thorn und Göttingen; 2002 Dr. phil. h.c. der Universität Breslau.

MATTHIAS BUTH

Deutsche Polenbegeisterung

„Dem deutschen Volke als Zeichen seiner aufrichtigsten Achtung und Dankbarkeit für die brüderliche Aufnahme, die ihm und seinen unglücklichen Landsleuten bei demselben auf der ihrer Pilgerschaft geworden."

Adam Mickiewicz (1798–1855), der Begründer der polnisch-romantischen Schule und spiritus rector des polnischen Messianismus, der in seiner Dichtung seinem Volk eine universalistische Sendung gab, stellte der deutschen Ausgabe seiner „Bücher des polnischen Volks" diese erstaunliche Widmung voran.

Das war 1833, ein Jahr, nachdem auf dem „Nationalfest der Deutschen" im Mai 1832 die deutsche Trikolore neben der polnischen Fahne auf das Hambacher Schloss hinaufgetragen worden war und die Burschenschaftler gesungen hatten: „Noch ist Polen nicht verloren". Die Deutschen sahen die Polen geradezu als „die edelste Nation auf Gottes Erden". Es war der Höhepunkt der Polenschwärmerei in der Zeit des *Vormärz* und des *Völkerfrühlings* von 1830 bis 1848. Wann waren die deutsch-polnischen Beziehungen herzlicher? In der Zeit der Suche nach nationaler Einheit zwischen Rhein und Weichsel erkannten viele in den polnischen Aufständen der Jahre 1830/31 ihre verborgenen Wünsche. Die dann folgende große Emigration zehntausender polnischer Aufständischer in die deutschen Fürstentümer verstärkte die Sehnsucht nach Überwindung der feudalen Systeme.

Als Ende 2003 Polen in Kooperation mit Spanien die Europäische Verfassung, die allerdings eher ein Vertrag zwischen Regierungen ist, wenn nicht unbedingt zu Fall, so jedoch um ein Jahr verzögerte, waren viele erstaunt. Was hatte Polens Premier Leszek Miller bewogen, so kompromisslos seine Auffassungen kund zu tun, was ging vor in Polen?

„Polen ist ein großes, stolzes Land“, sagte Miller, um damit sein Abstimmungsverhalten zu erklären. Warschau war der Meinung, dass sein EU-Referendum vom Juni 2003 auch eine Abstimmung über den Vertrag von Nizza gewesen sei. Danach waren Polen mit seinen 39 Millionen Einwohnern im EU-Ministerrat 27 und Deutschland mit seinen 82 Millionen Einwohnern 29 Stimmen zugestanden worden und dies habe – so die polnische Regierung – nunmehr in der Europäischen Verfassung fortzugelten. Warschau übersah allerdings, dass der Nizza-Vertrag die dann folgenden Verhandlungen im EU-Konvent über zwei Jahre nicht präjudizieren und die Abstimmung über die Verfassung nicht vorweg nehmen konnte. Zudem hatte Nizza bei der EU-Kampagne in Polen im Frühjahr 2003 überhaupt keine Rolle gespielt. Die Parole „Nizza oder der Tod“ des polnischen Oppositionspolitikers Jan Maria Rodika hatte die Regierung Miller emotional herausgefordert und die Bevölkerung gefühlsmäßig aufgeladen. Adam Krzeminski schrieb in der FAZ vom 18. Januar 2004 vom „dümmsten Slogan des Jahres“. Aber er kam nicht von ungefähr.

Politik wird motiviert durch ein bestimmtes Eigenbild. Welche Rolle die einzelnen Staaten im europäischen Verbund spielen wollen, ist nicht nur wirtschaftspolitisch, sondern auch geschichtlich und besonders kulturgeschichtlich fundamentiert. Die polnischen Eliten – folgt man Thomas Urban in der Süddeutschen Zeitung – sehen Polen auf einem besonderen Platz in der EU. Und diese Platzierung resultiert nicht aus der wirtschaftlichen Potenz Polens (sie entspricht zur Zeit der Wirtschaft Hessens), nicht aus seiner politischen Lage oder militärischen Kraft, sondern eben aus der Geschichte. Polen sei – so wird in Polen argumentiert – durch den deutschen Überfall 1939 und durch die sowjetische Besatzung von 1944 an gegen den Willen der Bevölkerung von der technologischen und wirtschaftlichen Entwicklung Westeuropas abgeschnitten gewesen. Dafür läge die Verantwortung primär bei den Deutschen, jedoch auch bei den Franzosen und den Briten, die 1939 ihrer Beistandsverpflichtung eben nicht nachgekommen seien und zudem 1945 akzeptiert hätten, dass Polen dem sowjetischen Machtbereich zugeschlagen worden sei. Aus dieser Geschichte, in der Polen Objekt und nicht Subjekt gewesen ist, d.h. auf der europäischen Landkarte eher Spielball der Politik anderer Staaten, ergeben sich Motivationen, die jetzt eine Rolle spielen und welche nicht nur Deutschland, Frankreich und Großbritannien einmal mehr deutlich machen, dass Geschichte und deren Deutung stets in die Politik der Gegenwart hineinwirken.

Für das gegenwärtige polnische Selbstverständnis gibt es jedoch noch tiefere Gründe, die nicht nur im 20., sondern auch im 18. und 19. Jahrhundert wurzeln.

Zurzeit liegt eher Bitternis statt Brüderlichkeit über dem deutsch-polnischen Verhältnis. Sich zu erinnern, in welcher Begeisterung sich Deutsche und Polen vor über 170 Jahren einig waren, kann vielleicht erklären, warum manche Polen so national gestimmt sind.

Polen war Deutschland nie gleichgültig. Zwischen der ersten Teilung Polens im Jahre 1772 und der Revolution von 1848 reflektierten zahlreiche deutsche Autoren in Prosa, Lyrik und Drama sowie in kulturhistorischen Aufsätzen und Tagebüchern das nachbarliche Schicksal.

Als im November 1771 der polnische König Stanisław August Poniatowski verschleppt wurde, um ihn zur Abdankung zu zwingen, wurde dies von Europa und insbesondere von den Deutschen aufmerksam beobachtet, nicht unbedingt mit Missfallen und die spätere Rettung des Königs nicht unbedingt mit Jubel.

Die erste Teilung Polens im Jahre 1772 galt vielen in Europa als zwangsläufig, geradezu als Sieg über die Anarchie. Dichter wie Christian Friedrich Daniel Schubart beklagten jedoch die verlorene Unabhängigkeit Polens. Schubart sah romantisch schwärmerisch in Poniatowski das Ideal eines Monarchen, das er sich für Deutschland wünschte, so für Friedrich II. von Preußen oder Kaiser Joseph II., die ihm von diesem Ideal weit entfernt schienen. „Sie sind entzweit in dem gemeinen Falle: /Was eine Kralle packt,

packt auch die andere Kralle! / Drum zerren sie so jämmerlich – / O Vaterland, wie daurst du mich!", dichtete er. Als einer der wenigen erkannte Schubart in der Verfassung Polens vom 3. Mai 1791 den Weg zur Rechtsstaatlichkeit, zu Freiheits- und Menschenrechten, die vor dem Zugriff der Fürsten schützten. Und so sah er in dem Polenkönig den „Ersten Wohlthäter des Menschengeschlechts". Die Französische Revolution war in Polen anders angekommen als in anderen europäischen Staaten. Schubart schrieb in der „Deutschen Chronik" von 1791: „Die Pohlen wollen es nicht leiden, dass man zwischen ihrer und der Französischen Staatsumbildung eine Parallele zieht. In Warschau hat man keinen Laternenpfahl zum Galgen gemacht, sah keinen Schädel eines unansehnlichen Mannes starraugig und bluttröpfelnd auf Stangen herumtragen; da gibt es keine Rotten, die gleich den Teufeln in Miltons Pandämonion über jeweiligen Verderben rathschlagen, die nicht ihres Gelichters sind. In Warschau ist man vor Rasenden sicher, in Paris nicht... Der Polhnische Magnat und Bürger bleibt zu Hause, und freut sich seiner glücklichen Verfassung. Aus diesen und mehreren Gründen verbittet sich der Polhe zwischen ihm und den Franken eine Vergleichung. Wahr ist, dass die Polnische und Französische Staatsumwälzung derzeit noch himmelweit von einander unterschieden sind."

Die Mai-Konstitution lebt im Selbstverständnis der Republik Polen von heute fort, auch wenn sie nur kurze Zeit galt und ihre Wirkung nicht entfalten konnte. Die erste geschriebene Verfassung in Europa begründet den Nationalfeiertag der dritten polnischen Republik. Für die wenige Monate später erlassene französische Revolutionsverfassung galt sie als Vorbild. Das Rousseausche Prinzip der Volkssouveränität wurde das erste Mal verwirklicht.

Schon am 27. April 1792 wurde gegen die Mai-Verfassung in St. Petersburg opponiert; dort trafen sich einige polnische Magnaten, um sich mit einer „Erklärung" gegen die Reformtätigkeit des „patriotischen" Flügels zu wenden. Der durch die Mai-Konstitution seines Einflusses beraubte konservative Adel schloss sich zu einer Konföderation zusammen und mobilisierte zum Kampf gegen Verfassung und Reichstag, um seine „Goldenen Freiheiten“ wiederzuerlangen. Dies wurde mit der „Erklärung“ im ukrainischen Städtchen Targowica dokumentiert. Unmittelbar darauf erfolgte der Einmarsch von 100.000 russischen Soldaten in Polen. Die nur 30.000 Mann starken polnischen Truppen unter Tadeusz Kosciusko widerstanden gerade mal zwei Monate.

Preußen unterstützte das polnische Heer nicht, weil es die neue Verfassung als Verstoß gegen Bündnispflichten Polens auffasste.

Im Januar 1793 kam es zur zweiten polnischen Teilung zwischen Russland und Preußen. Die weißrussischen und ukrainischen Gebiete fielen an das Reich von Katharina II., Danzig, Thorn und Großpolen wurden preußisch.

Mit der Zerschlagung des Staates, mit der auch die Verfassung vernichtet wurde, wollten sich die Polen nicht abfinden. Auch die Freiheitsdichter aus Deutschland melden sich in Gedichten zu Wort. Und so schrieb August von Platen: „Sendend ihre Mordgesellen, / Die geschlachtet Alt und Jung, / Ließ sie mit Geschütz umstellen / Unsre Reichsversammlung. / Schweigend saßen unsre Väter/ In dem ringsbedrohten Haus: /Sei es früher, sei es später, / Rache sann sich jeder aus!“

In Polen ging die Angst um, auch noch das 240.000 Quadrat-Kilometer große Restpolen mit 3,5 Millionen Einwohner zu verlieren; die völlige Vernichtung stand vor Augen. Bemerkenswerter Weise formierte sich Widerstand nicht in Polen, sondern in Deutschland, im Königreich Sachsen. Dort begannen polnische Emigrationspolitiker eine nationale Erhebung vorzubereiten, in deren Folge es am 24. März 1794 unter dem Oberbefehl von Tadeusz Kościuszko am Krakauer Ring zum Aufstand kam. Preußen und Russland sahen sich dadurch gefährdet, waren es aber aufgrund der tatsächlichen Kräfteverhältnisse natürlich nicht.

Der Kościuszko-Aufstand wurde schnell zu einem nationalen Mythos der Polen und symolisierte revolutionär – romantisches Denken. Wieder waren es deutsche Dichter, die sich mitfühlend in den polnischen Nachbarn versetzten, so Zacharias Werner:

„Ich seh ein Feld mit Gräbern angefüllt, /Auf jedem Grabe eine Bürgerkrone: / Kosziusko's Name und der Freiheit Bild/Auf einem umgestürzten Fürstenthrone."

Die Niederschlagung des Aufstandes wurde zum Trauma des polnischen Volkes. Werner macht in seinen Versen jakobinisches Denken deutlich und er identifiziert sich mit Polen so, als sei es seine eigene Nation. Johann Gottfried Seume sah den Krakauer Aufstand gelassener. Er diagnoszitierte vielmehr in der „unglücklichen Verfassung, welche ihre Auflösung in sich trug", also in der Mai-Konstition von 1791, den eigentlichen Grund für den Untergang des polnischen Königreiches. Seume hatte mehr Verständnis für die russische Polenpolitik, wohl aus opportunistischen Gründen, war er doch in Diensten der preußischen Besatzungsmacht, die sich mit Russland verständigte. Ist also eine reservierte Haltung in der Polenfrage bei ihm feststellbar, so erkennt er doch mitfühlend den Freiheitsdrang der polnischen Nation und deren Hang zum Heroismus. In seiner Reise-Beschreibung „Mein Sommer" aus dem Jahre 1805 stellt er in der Beschreibung die Aufstände aus dem Jahre 1794 fest, dass die Polen „mit Schwärmerei dem Andenken vergangener Zeiten nachhingen, die jeden Schimmer zur Hoffnung auf eine Auferstehung ihres Vaterlandes ergriffen".

Mit dem Singspiel „Der alte Feldherr" gab Karl von Holtei im Jahre 1825 dem Kościuszko-Kult einen markanten Ausdruck. Auch Heine befasste sich in seinem Aufsatz „Ueber Polen" im Jahre 1820 mit dem Nachbarland: er sah zwar Armut und Elend der Menschen, beschönigte jedoch das Unterdrückungssystem der Fürsten und zog sich darauf zurück, die „polnische Frau" zu besingen, wohl um damit Sympathie für das ganze Volk zu entwickeln. „Das ganze Volk kommt mir vor wie ein alter Soldat, der sein erprobtes Schwert mit dem Lorbeer an den Nagel hängt, zu den milderen Künsten des Friedens sich wendet, den Geschichten der Vergangenheit nachsinnt, die Kräfte der Natur erforscht und die Sterne misst oder gar die Kürze und Länge der Silben, wie wir es bei Carnot sehen." Heine zeichnet ein Polenbild, das allzu bemüht wirkt und die Ironie streift: „Während diejenige Völker, welche bisher an dem babylonischen Turmbau europäischer Kultur mühsam arbeiteten, erschöpft sind, werden unsere neuen Abkömmlinge mit ihrer slawischen Behändigkeit und noch unerschlafften Rüstigkeit das Werk weiter fördern."

Die Kulturnation Polens, das geistige Polen, lebte indes für Heine fort. In seinen Worten klingen Vorstellungen an, die ja auch für das zersplitterte, nach Einheit suchende Deutschland gelten. Auf dem Wiener Kongress 1815 wurde aus dem Herzogtum Warschau das Königreich Polen, das sog. Kongress-Polen, und in Personalunion mit Russland vereinigt. Nach dem Tode Alexanders I. im Jahre 1825 kam es zu Spannungen im polnisch-russischen Verhältnis, bis am 29. November 1830 eine 20-köpfige Verschwörergruppe auf Befehl des Leutnants Piotr Wysocki die Residenz des Großfürsten Konstantin, eines Bruders des Zaren Nikolaus I. und Oberbefehlshabers der polnischen Armee, erstürmte. Am 25. Februar 1831 kam es bei Grochow zu einer Schlacht, die die russische Armee unter Feldmarschall Diebitsch zwang, zunächst von Warschau abzulassen und die Stadt nicht zu erstürmen. Die Polen wurden jedoch am 26. Mai 1830 bei Ostrołeka entscheidend geschlagen, General Paskiewitsch nahm Mitte August Warschau ein. Am 8. September erfolgte die Kapitulation. Es setzte eine große Flucht der Aufständischen über die preußische Grenze nach Westen ein, vor allem nach Sachsen, Hessen, Bayern, in die Pfalz und über Württemberg bis nach Frankreich und in die Schweiz.

Die Aufständischen wurden jedoch wie Sieger gefeiert, zahlreiche Polenkomitees gegründet und Lebensmittel, Geld und Kleidung in Wohltätigkeitsveranstaltungen und Lotterien gesammelt. Polens Niederlage war eine deutsche Herzensangelegenheit. Man lag sich in den Armen. Das Duett „Denkst du daran, mein tapferer Lagienka" aus dem literarisch nicht so bedeutenden Singspiel von Karl von Holtei „Der alte Feldherr" wurde ein Gassenhauer. Sogar Richard Wagner befasste sich mit dem Plan einer Kościuszko-Oper, der nicht verwirklicht wurde, doch komponierte immerhin eine Ouvertüre mit dem Namen „Polonia“. Über tausend deutsche Polen-Lieder entstanden in Deutschland. Polen war ein Stück der deutschen Lyrik geworden. Ob Chamisso, Platen, Schwab, Kerner, Lenau, Uhland, Hebbel, Droste-Hülshoff, Grabbe, Geibel, Grillparzer, Herwegh – alle schluchzten und weinten über das polnische Schicksal, das sie miterlebten, als sei es das eigene. Nikolaus Lenau schrieb im Gedicht „Der Polenflüchtling“: „Im Quellen armen Wüstenland / Arabischer Nomaden / Irrt, ohne Ziel und Vaterland, / Auf Wind verwehten Pfaden / Ein Polenheld und grollet still, / Dass noch sein Herz nicht brechen will.“

Ohne ein einiges und freiheitliches Vaterland waren auch die Deutschen und deshalb konnten die Dichter der deutschen Sprache die Verlorenheit der Polen nachempfinden. Die polnischen Aufständischen waren gerührt. Dichter wie Adam Mickiewicz widmeten ihre Bücher den deutschen Nachbarn. Die Polenbegeisterung erreichte nicht nur die deutschen Staaten, sondern erfasste auch Frankreich, die Schweiz und die Länder der Habsburger Monarchie. Dieses Mitempfinden gründete sich auch auf den Philhellenismus der 20er Jahre des 19. Jahrhunderts, als sich die Griechen von der osmanischen Vorherrschaft befreiten, so wie es die Polen gegenüber dem zaristischen Imperialismus tun wollten.

In Deutschland sah man die Parallelität zum eigenen nationalen Streben. Die Deutschen kämpften gegen die napoleonische Besatzung. Gut in Erinnerung waren die flammenden Aufrufe von Fichte und Arndt an die deutsche Nation. Die vaterländischen Lieder von Theodor Körner, Max von Schenkendorff oder Friedrich Rückert wurden viel gesungen. Man bewunderte die Polen, die eine Revolution versucht hatten, war sie auch nicht erfolgreich. Wie gerne hätten das auch die deutschen Freiheitskämpfer zu Wege gebracht. Und so war die Polenbegeisterung die Kehrseite des eigenen Versagens. Heinrich Heine stellte mit satirischem Scharfsinn fest: „Ja wir Deutschen waren nahe daran, eine Revoluzion zu machen, und zwar nicht aus Zorn und Noth, wie die anderen Völker, sondern aus Mitleid, aus Sentimentalität, aus Rührung für unsere armen Gastfreunde, die Polen. Thatsüchtig schlugen wir unsere Herzen, wenn diese uns am Kamin erzählten, wie viel sie ausgestanden von den Russen... Und nichts gleicht der holden Schwärmerei, womit deutsche Mädchen und Frauen ihre Bräutigame und Gatten beschworen, so schnell wie möglich eine Revolution zu machen... zum Besten der Polen."

Revolutionäres Denken hat sich bei den Polen bis heute erhalten, es entspricht indes auch den Vorstellungen, welche die Dichter aus Deutschland von Polen entworfen haben. Im Hinblick auf die im Januar 2004 begonnene EU-Präsidentschaft der Iren und mit Blick auf die nationalstolzen Auftritte der Polen (und der Spanier) auf dem Brüsseler Gipfel Ende letzten Jahres lesen sich die Einschätzungen von Friedrich Engels aus dem Jahre 1882 geradezu wie eine Kommentierung der Gegenwart: „Ich bin der Ansicht, dass zwei Nationen in Europa nicht nur das Recht, sondern die Pflicht haben, national zu sein: Irländer und Polen. Sie sind am besten international, wenn sie recht national sind. Das haben die Polen in allen Krisen begriffen und auf allen Revolutionsschlachtfeldern bewiesen."

Wenn Polens Premier Leszek Miller im Dezember letzten Jahres in Brüssel also bekannte: „Polen ist ein großes, stolzes Land", wird in dieser Äußerung eben einiges von dem nationalen Selbstverständnis transportiert, was in Deutschland zu Recht gelassen zur Kenntnis genommen wurde. Polen war uns immer ein naher Nachbar. Von sich als Staat ein etwas dramatisches Bild zu zeichnen ist als Mittel der Politik in westlichen Demokratien genauso üblich wie in den östlichen. Dass die deutsche Literatur insbesondere im 19. Jahrhundert ein Polengemälde entwarf, das dem heutigen Selbstbild der Polen einen starken Rahmen gegeben hat, macht erkennbar, wie ähnlich die Gefühle von Deutschen und Polen einmal waren. Den tragisch-ruhelosen Emigranten, den Polen als ruhelosen Helden, zeichneten Dichter wie Platen und

Lenau. Auf dem „Nationalfest der Deutschen" im Mai 1832 wurde nicht nur das Freiheitslied „Noch ist Polen nicht verloren" gesungen, sondern auch proklamiert: „Ohne Polens Freiheit keine deutsche Freiheit, ohne Polens Freiheit kein dauernder Friede, kein Heil für alle anderen europäischen Völker!"

Wenn man sich dieser Worte erinnert, entsteht vielleicht wieder ein wenig mehr Nähe und lässt die Erkenntnis wachsen, dass Polen und Deutschland einen Freiheitsraum freilegen müssen, der nur verschüttet, der aber unter manchem Sprachschutt noch erkennbar ist. Auf das *Pompeji in uns* kommt es an.

Matthias Buth,
geb. 25. Mai 1951 (Wuppertal-Elberfeld)
Veröffentlicht seit 1973 in Zeitschriften, Zeitungen und Anthologien.
Seine Texte wurden übersetzt ins Französische, Englische, Tschechische, Polnische, Rumänische und Arabische.
Über 40 Gedichte wurden in Kammermusik- und Chorwerken von deutschen und israelischen Komponisten vertont.
Buth arbeitet als Jurist bei der Beauftragten der Bundesregierung für Kultur und Medien (Bonn-Berlin).

KURT SCHNÖRING

Else und Ferdinand als Brückenbauer

Die Dichterin aus dem Wupper-Tal und der Sozialist aus Breslau

„Freiheit, Gleichheit, Brüderlichkeit – Einigkeit macht stark!" – so lautet das Motto auf dem sozialdemokratischen Traditionsbanner, das an den wichtigen Schritt zur Organisation einer selbständigen politischen Arbeiterbewegung 1863 durch Ferdinand Lassalle erinnert. Else Lasker-Schüler, die nach eigener Aussage im Gegensatz zu Lassalle „*nie eine Weltanschauung mir irgendwo befestigte*", hat die politische Entwicklung in Deutschland sehr bewusst wahrgenommen. So wurde sie, die nach der nationalsozialistischen Machtübernahme ihre Heimat verlassen musste, schon 1932 vom NSDAP-Organ „Völkischer Beobachter" als „Tochter eines Beduinenscheichs" verunglimpft.

Dennoch: Ferdinand Lassalle, am 11. April 1825 in Breslau geboren, und die aus Elberfeld* stammende Else Lasker-Schüler, die am 11. Februar 1869 das Licht der Welt erblickte, haben trotz ihres unterschiedlichen Wirkens viel miteinander zu tun. Sie gelten als Brückenbauer zwischen dem schlesischen Breslau und dem bergischen Wuppertal, obwohl Liegnitz/Lignice und nicht Breslau/Wrocław seit 1993 mit Wuppertal städtepartnerschaftlich eng verbunden ist.

Obwohl kaum bekannt, setzte sich Lassalle bereits 1863 für die nationale Befreiung des vom russischen Zaren unterdrückten Polen ein. So hieß es in einer sechs Punkte umfassenden Resolution seines Allgemeinen Deutschen Arbeitervereins (ADAV) unmissverständlich:

> „*Die Polen haben durch ihren jetzt schon durch ein Jahrhundert fortgesetzten Kampf gegen Russland das Beispiel eines Heroismus und einer Ausdauer ohne Gleichen gegeben. Sie haben allen Nationen das glorreiche Vorbild gegeben, welcher Opfer ein Volk fähig sein muss, wenn es sich um seine nationale Existenz handelt.*" (1)

Kein Wunder, dass in den achtziger Jahren des 19. Jahrhunderts illegale Übersetzungen auch der Werke von Lassalle und anderer Denker der sozialistischen Bewegung in Westeuropa immer häufiger den Weg nach Polen fanden (2).

Ferdinand Lassalle fühlte sich übrigens im Wupper-Tal, der Hochburg seines Arbeitervereins, wie zu Hause. Als Präsident des ADAV kam er wiederholt gern zu öffentlichen Kundgebungen in den Wupperstädten, in denen er mit starkem Engagement für seine politischen Vorstellungen warb – zuletzt am 22. Mai 1864 im heutigen Wuppertaler Stadtbezirk Ronsdorf. Seine Ansprache vor rund 2000 Anhängern ist als „Ronsdorfer Rede" in die Geschichte der deutschen Arbeiterbewegung eingegangen.

Der später nach Amerika ausgewanderte Arbeiter Hermann Enters erinnerte sich an das Auftreten von Lassalle:

„... das ganze Arbeitervolk des Wupper-Tals wurde aus seiner Lethargie aufgerüttelt. Es hieß, ein neuer Christus wäre aufgestanden. Eines Sonntags sprach Lassalle in Ronsdorf, und scharenweise pilgerten die Wuppertaler Arbeiter die Ronsdorfer Straße hinauf nach Ronsdorf, um Lassalle zu hören. Die Begeisterung für den Mann verblüffte das ganze Fabrikantentum des Wupper-Tales." (3)

Tausende von Arbeitern hatten Lassalle am Elberfelder Bahnhof mit Hochrufen begrüßt, bevor er auf der girlandenbespannten Chaussee nach Ronsdorf herauffuhr.

„Sie hatten die Spitze der Steigung erreicht. Der Wagen hielt an. Ein Meilenstein verkündete: Ronsdorf"

– so Stefan Heym in seinem 1979 erschienenen Lassalle-Roman.

„Die Abhänge zur Rechten und zur Linken waren übersät von Menschen. Lassalle erhob sich, stand stumm, las die Inschrift auf dem Transparent, das quer über die ganze Breite der Chaussee hing: Willkommen dem Dr. Ferdinand Lassalle viel tausendmal im Ronsdorfer Tal." (4)

Ronsdorf war damals ein Zentrum des Arbeitervereins, der dort 523 Mitglieder (von insgesamt 4600 in ganz Deutschland) zählte. Wenn man davon ausgeht, dass Ronsdorf seinerzeit rund 8000 Einwohner hatte, so gehöre immerhin jeder 16. Bürger dem Arbeiterverein, der Keimzelle der SPD, an.

Nur wenige Monate später, am 31. August 1864, starb der 39jährige Ferdinand Lassalle nach einem Duell um eine Frau. Er wurde auf dem Jüdischen Friedhof in seiner Heimatstadt Breslau beigesetzt. Seine Ideen aber lebten weiter, und er selbst wurde zu einem Idol der Arbeiterschaft.

Else Lasker-Schüler war bis zum XI. Forum der nach ihr benannten Gesellschaft vom 12. bis 19. Oktober 2003 in Wrocław in Polen weitgehend unbekannt. Es war der polnische Schriftsteller Wilhelm Szewczyk, der sie zum erstenmal mit einer Kurzbiographie in seinem Werk „Literatura niemiecka w XX wieku" (Deutsche Literatur im 20. Jahrhundert, 1962, Kattowice) vorstellte.

Das ist umso unbegreiflicher, weil die Autorin durchaus eine Beziehung zu Polen hatte. Sie liebte, wie sie selbst einräumte, die Klaviermusik von Frederic Chopin und nahm Anteil an dem tragischen Schicksal der polnischen Juden unter der deutschen Besatzungsherrschaft.

„Ich danke für das herrliche Konzert", schrieb Lasker-Schüler am 2. April 1943 an Leo Kestenberg, einem engen Mitarbeiter des Verlegers Paul Cassirer, und an seine Frau Margarete. *„Ich betete in der Zeit für die armen 93 Mädchen in Warschau"* (5). Diese Zahl bezog sich höchstwahrscheinlich auf Opfer des Aufstandes des Warschauer Ghettos gegen die SS.

Else Lasker-Schüler, die am 22. Januar 1945 in ihrem Jerusalemer Exil starb und auf dem Ölberg ihre letzte Ruhe fand, bekannte in einem ihrer Gedichte: *„Meine Freiheit soll mir niemand rauben."*(6)

Ich denke, dass Ferdinand Lassalle dieser treffenden Aussage uneingeschränkt zugestimmt hätte.

Quellen:

(1) Arbeiter-Programm. Über den besonderen Zusammenhang der gegenwärtigen Geschichtsperiode mit der Idee des Arbeiterstandes, Berlin 1863

(2) Stanislaw Arnold/Marian Zychowski: Abriss der Geschichte Polens, Warszawa 1967

(3) Klaus Goebel/Günther Voigt: Die kleine, mühselige Welt des jungen Hermann Enters. Erinnerungen eines Amerika-Auswanderers an das frühindustrielle Wuppertal, Wuppertal 2002

(4) Stefan Heym: Lassalle. Roman, München 1979

(5) Wo ist unser buntes Theben. Briefe von Else Lasker-Schüler. Zweiter Band, München 1969

(6) Else Lasker-Schüler und Wuppertal. Auswahl und Kommentar von Dr. Wolfgang Springmann, Wuppertal 1965

* Elberfeld wurde 1929 im Zuge einer kommunalen Neuordnung in Preussen mit der Schwesterstadt Barmen und anderen Gemeinden Teil der neuen Stadt Wuppertal.

Kurt Schnöring,

Journalist, 1964–1968 Redakteur der Deutsch-Polnischen Hefte und der Nachfolgezeitschrift „Begegnung mit Polen“, 1969 Redakteur der Neuen Rhein-Zeitung, Köln, 1969–1973 Redaktionsleiter Wuppertaler Stadt-Anzeiger, 1974 bis zum Eintritt in den Ruhestand 2003 Redakteur und stellvertretender Leiter des Presseamtes der Stadt Wuppertal. Autor zahlreicher und zumeist lokal- und regionalhistorischer Bücher.

HAJO JAHN

Warum Breslau?

Optimismus aus der Geschichte vorleben

Gewiss ging es beim XI. Forum auch darum, die Verbundenheit Else Lasker-Schülers mit Dichtern aus Schlesien aufzuzeigen: Dichter, die später eine wichtige Rolle in Berlin gespielt haben. Etwa Franz Jung und Max Herrmann-Neiße, die ebenfalls eine Rolle in der Ausstellung „Liebes- und Musengeschichten" spielen. Und sowieso ging es um die besondere Beziehung der Dichterin zu dem Berliner aus Breslau, zu Alfred Kerr.

Die Poetin aus Wuppertal im Bergischen Land war wahrscheinlich mindestens einmal in Breslau, nämlich während einer Lesereise, die am 19. November 1922 begann. Ihr Auftritt in der „Breslauer Funkstunde" gilt als gesichert.

70 Jahre später, 1992, finanzierte die Lasker-Schüler-Gesellschaft Taschenbücher mit Übersetzungen der Lyrik dieser Dichterin für Schulen und ein interessiertes Publikum in Polen.

Die Gesellschaft hat Mitglieder im Nachbarland wie den Dichter Ryszard Krynicki und den Germanistikprofessor Marek Zybura. Oder den Übersetzer und Autor Eugeniusz Wachowiak, mit dem sie im Vorfeld des Forums einen Lyrikwettbewerb für polnische Schüler und Studenten von Posen aus organisierte. Als Hommage an Else Lasker-Schüler. Fast einhundert Teilnehmer bewarben sich mit 575 Gedichten. Lyrik hat eben in den slawischen Ländern selbst unter der Jugend noch immer einen hohen Stellenwert.

Und schließlich beteiligte sich die Else-Lasker-Schüler-Stiftung „Verbrannte und verbannte Dichter/Künstler" in Krakau am internationalen Jiddisch-Workshop „Erinnern für die Zukunft". Dieser einwöchige Lehrgang endete mit einem Konzert in Breslau, geleitet von Manfred Lemm. Der Wuppertaler Musiker hat sich bereits an Foren in Deutschland und Israel beteiligt. Im Mittelpunkt standen dabei seine Lyrikvertonungen von Mordechai Gebirtig. Dieser jiddische Dichter, der aus der alten Königsstadt Krakau stammt, ist 1942 von den Deutschen umgebracht worden. Seine Lieder, die der Tischler Gebirtig ursprünglich nur für seine Familie geschrieben hatte, wurden zum Abschluss des Forums von Jugendlichen aus Israel, Tschechien, der Slowakei, Polen und Deutschland gesungen: Im Sendesaal von Radio Wrocław, in dem einst vermutlich Else Lasker-Schüler gelesen hat. Dass ein Deutscher den Polen einen Dichter wie Gebirtig vor dem Vergessen bewahrt hat, ist eine Erfolgsgeschichte.

Aber warum gingen wir wirklich nach Breslau/Wrocław?

Natürlich auch, weil diese Stadt auf vielfältige Art Deutschland mit Polen verknüpft, dem mit 312.685 Quadratkilometern und 38 Millionen Einwohnern größten neuen EU-Mitglied. Der Schweizer Schriftsteller Max Frisch hat nach einem Besuch unseres Nachbarlandes in seinem Tagebuch 1946–49 resignierend festgestellt: „Die Tragödie der Polen ist ihre Geographie". Aber vielleicht liegt darin im vereinten Europa seine Chance. Und ist nicht die gemeinsame Kultur Ausdruck auch von Würde und Verpflichtung? Polen hat von allen Beitrittsländern vielleicht die längste Liste von Schriftstellern, Musikern und anderen Berühmtheiten: Mehr als „nur" Frédéric Chopin, Lech Wałęsa oder Papst Johannes Paul II., der 1920 als Karol Woytiła in Wadowice geboren wurde, und Rosa Luxemburg, die mit Else Lasker-Schüler befreundet war und 1871 in Zamość zur Welt kam. Oder Klaus Kinski, 1902 in Zappol bei Danzig und der Rennfahrer Hans Stuck, 1900 in Warschau geboren. In der polnischen Hauptstadt leben so viele Menschen wie in Hamburg, nämlich 1,6 Millionen. Im Ghetto von Warszawa vegetierten zwischen November 1940 und April 1943 mehr als 450.000 Juden. Die meisten von ihnen wurden von der deutschen Besatzungsmacht umgebracht. Viele Opfer und einige der Täter dürften aus Breslau gewesen sein.

Diese Stadt ist Sinnbild für die Erfahrungen und Wunden des 20. Jahrhunderts: Krieg und Vertreibungen. Konfrontationen während des Kalten Krieges. Politische und kulturelle Einflüsse keltischer, germanischer, slawischer und jüdischer Siedler und Bürger in einer Stadt mit wechselnden Namen und Identitäten: Wrotizla, Presława und Breslau bis zum heutigen Wrocław, das der in beiden Kulturen beheimatete Autor Matthias Kneip „Bresław" nennt.

In Elberfeld – das heute zu der 1929 durch kommunale Neuordnung entstandenen Stadt Wuppertal gehört – wurde am 16. Oktober 1886 der Publizist Armin T. Wegner geboren, zufälligerweise sogar in dem Viertel, in dem Else Lasker-Schüler aufgewachsen ist, bevor sie der geistigen Enge des Tals durch Heirat nach Berlin zu entkommen versuchte. Seine Jugend verbrachte Wegner in Breslau. Bekannt wurde er wegen seines Engagements gegen den Genozid an den Armeniern durch die Türken im Ersten Weltkrieg und seinen flammenden Brief vom 19. April 1933 an den frisch gewählten Reichskanzler Adolf Hitler. Darin warnte Armin T. Wegner prophetisch vor den Folgen des Antisemitismus für Deutschland. Vergeblich.

Mit Breslau und dem nahen Kreisau verbindet sich der Widerstand gegen den Nationalsozialismus: Untrennbar verknüpft mit den Namen des Pfarrers Dietrich Bonhoeffer und des Grafen Moltke.

Verbindungen zu Else Lasker-Schüler sind in Breslau Edith Stein und Ferdinand Lassalle. Der Gründer der Sozialdemokratie weilte mehrfach im „deutschen Manchester" an der Wupper. Die Nonne Edith Stein, eine Schwester im Geiste von Else Lasker-Schüler, und Ferdinand Lassalle sind Juden wie die Dichterin. Die jüdische Gemeinde Breslaus zählte zu den bedeutendsten in Deutschland – noch heute sichtbar in dem als städtisches Museum erhaltenen jüdischen Friedhof und der restaurierten Synagoge „Zum Weißen Storch".

Der aus einem assimilierten, liberalen Elternhaus in Elberfeld stammenden Künstlerin Lasker-Schüler dürfte bekannt gewesen sein, dass Breslau mit seinem Rabbinerseminar ab 1856 Ausgangspunkt des Reformjudentums war, dessen Tradition heute in New York weitergepflegt wird. Der ehemalige Staatsarchivar Israels, Paul Alsberg, und seine Frau Betti haben dort studiert, beide stammen aus Wuppertal. Professor Alsberg, der nach kurzem KZ-Aufenthalt glücklicherweise freikommen konnte, hatte sich nach Palästina retten können. In Jerusalem begegnete er der Dichterin Else Lasker-Schüler, deren Nachlass er seit vielen Jahren verwaltet. Paul Alsberg ist zudem Mitherausgeber eines achtbändigen Werks über den Eichmann-Prozeß („The Trial of Adolf Eichmann“).

In Breslau hat Hans Sahl studiert, geboren am 20. Mai 1902 in Dresden, Ehrenmitglied der Else Lasker-Schüler-Gesellschaft und Teilnehmer der Dichterlesungen in Asylbewerberheimen am 9. November 1992. Nur wenige Monate später, am 27.April 1993, starb dieser Schriftsteller, dem das deutsche Theaterpublikum die von ihm im Exil übersetzen Theaterstücke amerikanischer Dramatiker wie Thornton Wilder und Tennessee Williams verdankt, mit denen er befreundet war. Der Journalist, Schriftsteller und Lyriker Hans Sahl gehörte zum Berliner Freundeskreis Else Lasker-Schülers. In seinen „Memoiren eines Moralisten“ hat Sahl überliefert, daß er in Breslau die Schauspieler Carola Neher – die erste Poli in der „Dreigroschenoper“, ermordet in einem Stalin-Gulag –, Peter Lorre und Herta Pauli kennen lernte.

Im Oktober 1943, also 60 Jahre vor dem Forum in Polen, tagte die letzte Synode der Bekennenden Kirche in Breslau. Tagungsort war die Salvator-Kirche, die gegen Ende des Krieges zerstört wurde. Der Breslauer Theologe Dietrich Bonhoeffer, der 1945 im KZ Flossenburg erhängt wurde, organisierte diese vielleicht politischste aller Synoden noch kurz vor seiner Festnahme. Er stellte sie unter das 5. Gebot *Du sollst nicht töten*. Die Synode wurde ihrem Auftrag gerecht. Hier wurde erstmals und wohl auch letztmals von einer deutschen Kanzel deutlich der Holocaust kritisiert. Dabei wurde ausgesprochen, was damals sonst niemand öffentlich in Deutschland zu sagen wagte: „Das Leben aller Menschen gehört Gott. Es ist ihm heilig, auch das Leben des Volkes Israel... Begriffe wie ‚ausmerzen', ‚liquidieren' und ‚unwertes Leben' kennt die göttliche Ordnung nicht."

Der deutsche Generalkonsul in Wrocław, Peter Ohr, nannte das in einem Grußwort „einen Abschluss dessen, was 1934 in der Geburtsstadt Else Lasker-Schülers mit der ersten Synode in Barmen begonnen hat".

Das aber alles ist, mehr oder weniger, bergisches und schlesisches und Berliner Lokalkolorit. Womit wir wieder bei unserer Frage wären:

Die Else-Lasker-Schüler-Gesellschaft ging erstmals in ein europäisches Nachbarland in dem Jahr, in dem die EU-Erweiterung beschlossen wurde. Ebenso wie mit dem XII. Forum im Oktober 2004 in Prag soll(te in Wrocław) gezeigt werden, dass Aufklären eine Alternative zum Verdrängen ist. Als am 1. Mai 2004 Polen und Tschechien, Ungarn und die baltischen Länder Mitglieder der Europäischen Union wurden, geschah das 15 Jahre nach dem Fall der Mauer in Berlin und des Eisernen Vorhangs in Europa.

Die Wiedervereinigung Deutschlands ist formal abgeschlossen – die Wiedervereinigung des in Ost und West gespaltenen Europas noch lange nicht. Die Nachkriegsgenerationen müssen mühsam lernen, dass Polen, Tschechien und Ungarn geografisch wie historisch nicht zu Ost-, sondern zu Mitteleuropa gehören. Und dass der Aufbruch im kommunistischen Ostblock 1968 in Prag, 1980 in Polen und 1989 in Ungarn begonnen hat.

1989 stand der deutsche Außenminister Hans-Dietrich Genscher auf dem Balkon der deutschen Botschaft in Prag, um den DDR-Flüchtlingen die erhoffte Nachricht von der freien Ausreise in die Bundesrepublik zu verkünden. H.-D. Genscher ist Schirmherr des XII. Forums in der Hauptstadt Tschechiens und Kuratoriumsmitglied der Stiftung „Verbrannte und verbannte

Dichter – für ein Zentrum der verfolgten Künste und Intellektuellen".

Die Else-Lasker-Schüler-Foren werben für ein solches internationales Zentrum. Dieses Projekt, das Gegner und Opfer der Naziregimes und des zweiten deutschen Totalitarismus vorstellt, will damit Moral ganz praktisch erfahrbar machen und vorbildhafte Persönlichkeiten wieder ins Bewusstsein rücken, vor allem den jungen Generationen. Das Vorhaben, 1994 in Wuppertal initiiert beim Forum „Exil ohne Ende", wird mitgetragen vom PEN-Zentrum deutschsprachiger Autoren im Ausland, dem „Exil-PEN" in London. Das Zentrum wäre eine europäische Institution, die professioneller noch als ehrenamtlich organisierte Foren arbeiten würde. Gegen Fremdenfeindlichkeit und Antisemitismus. Mit Bezügen zur Gegenwart – etwa der allgegenwärtigen Bedrohung demokratischer Rechte wie der Pressefreiheit – wäre eine solche interdisziplinäre Einrichtung nicht rückwärts gerichtet, sondern ein Beitrag zu einer zukunftsorientierten Kultur der Erinnerung, die Gehirne nicht vernebelt, sondern die Dinge beim Namen nennt, verbunden mit authentischen Persönlichkeiten statt abstrakter, weil unfassbarer Opferzahlen.

Über Zahlen vermitteln sich keine Anliegen. Wohl aber über sinnlich erfassbare Lebensgeschichten. Über Namen von mutigen, widerständigen Menschen wie in der Ausstellung „Liebes- und Musengeschichten (im Exil)": Menschen voller Lebenslust in lebensgefährlicher Zeit, denen steinerne Denkmäler nicht gerecht werden. Ohne Kunstwerke, zumal „der Literatur der Verfolgten, Verjagten und Ermordeten, ja, oder nur der per Zensur zum Schweigen gebrachten, erführen wir nichts anderes als statistische Fakten, als dokumentarisch belegte grauenhafte Verhältnisse. Die Literatur jedoch, indem sie die ‚menschliche Seite' aufblättert, berührt unsere Emotionalität, ohne welche jedes Erinnern farblos bleiben muss", schrieb der DDR-Dissident und Schriftsteller Günter Kunert in dem von der Else-Lasker-Schüler-Stiftung herausgegebenen Buch „Gewissen gegen Gewalt".

Heutige Bewohner von Wrocław, so haben wir erfahren, sind neugierig auf das kulturelle Erbe ihrer Stadt. Die Deutschen in der Bundesrepublik wissen davon wenig, weil die Behandlung des Themas als revanchistisch galt und weil Auschwitz so nahe liegt.

Es ist ein gemeinsames Erbe, das über Veranstaltungen wie die Else-Lasker-Schüler-Foren und eine Einrichtung wie das erwähnte Zentrum der verfolgten Künste und Intellektuellen dazu beitragen könnte, nationale Würde zurückzugewinnen. Aus dem einzigartigen Verbrechen und der Katastrophe des Holocaust, aber auch aus den Greueltaten des Stalin-Bolschewismus, lässt sich „kein Selbstgefühl pflanzen", so der Historiker Arnulf Baring. Deshalb „muss man den Optimismus aus der Geschichte vorleben."

Das haben wir in „Bresław" versucht.

Hajo Jahn
geb. 1941 in Berlin, ehemaliger Bergarbeiter. 1959–1966 Volontär/Redakteur der „Westfälischen Rundschau", Dortmund. Danach Korrespondent des Westdeutschen Rundfunks. 1970 –2000 WDR-Studioleiter in Wuppertal, Reporter, Hörfunk- und Fernsehmoderator.
1992/93 organisierte er mit Jürgen Serke „Dichterlesungen in Asylbewerberheimen" nach Anschlägen auf Ausländer. Mit dem PEN-Zentrum deutschsprachiger Autoren im Ausland, London, initiierte er 1994 den von Salman Rushdie, Günter Grass u.a. Autoren unterzeichneten Aufruf zur Gründung der Stiftung „Verbrannte und verbannte Dichter/KünstlerInnen – für ein Zentrum der verfolgten Künste" (im Internet unter „Exil-Archiv.de" seit Januar 2004 realisiert).
Organisator der Else-Lasker-Schüler-Foren: „Der blaue Jaguar", 1993; „Exil ohne Ende", 1994; „Das Morgenland im Abendland – das Abendland im Morgenland", 1995; „Frauen im Hebräerland", 1996; „Flucht in die Freiheit", 1997; „Dichter, die eigenmächtig blieben in der DDR", 1998: „Letzte Enklave der Poesie – Dichtung, Musik und Malerei in Theresienstadt", 1999; „...dann kreiste zurück die Jahrhundertuhr", 2000; „Die Reise nach Jerusalem", 2001 in Israel; „Mein blaues Klavier", 2002; „Güte ist unsterblich", 2003 (Breslau/Wrocław); „Manchmal habe ich Sehnsucht nach Prag", 16.-24.10.2004, Prag.

Herausgeber der Bücher
„Gewissen gegen Gewalt. Für ein Zentrum der verfolgten Künste" (Edition Künstlertreff, Wuppertal; 2. Auflage, 2000); *„Zwischen Theben und*

Shanghai. Jüdische Exilanten in China – Chinesische Exilanten in Europa" (Oberbaum Verlag, Berlin, 1998) „*Momente in Jerusalem*" (Bleicher Verlag, 2002); „*Meine Träume fallen in die Welt*" (hrg. mit Sarah Kirsch und Jürgen Serke, Almanach II, 1995); „*Fäden möchte ich um mich ziehen*" (hrg. mit Hans Joachim Schädlich, Almanach IV, 2000); „*In meinem Turm in den Wolken*" (hrg. mit Ulla Hahn, Almanach V, 2002). Almanach I – V: Peter Hammer Verlag, Wuppertal.

ELFRIEDE JELINEK

Liebeserklärung an Else Lasker-Schüler

(Rede aus Anlass der Verleihung des ELS-Dramatikerpreises des Landes Rheinland-Pfalz am 20. November 2003 in Mainz an Elfriede Jelinek)

Als Schülerin habe ich eine bunte, exotische, extravagante Gestalt geliebt: Else Lasker-Schüler. Ich wollte solche Gedichte schreiben wie sie, und ich habe sie, als ich noch Gedichte geschrieben habe, sicher oft nachgeahmt. Ich wollte interessant angezogen sein und wunderbare Sachen schreiben. Aber so herumzulaufen wie sie, mit Glöckchen an den Knöcheln, im Gewahrsam einer Prinzentracht, gleichzeitig vor der Öffentlichkeit geschützt und ihr bis zum Parodiertwerden ausgeliefert, das habe ich mich nicht getraut. Da wollte ich lieber hübsch aussehen. Dieser Dichterin hat das, wie wunderbar sie auch geschrieben hat, wie verrückt sie auch angezogen war und herumgezogen ist, keine Zugehörigkeit zur deutschen Heimat beschert, sosehr sie auch darum gekämpft hat, anziehend zu sein. Bis zur endgültigen grauenhaften Bescherung nicht, wo nicht mehr geschenkt, sondern nur mehr genommen wurde. Es hat nie einen Anschluß für sie gegeben, wie „gewagt" für ihre Zeit sie auch aufgetreten ist, wie immer sie über die Gegenwart geschrieben hat und die Vergangenheit. Sie war immer eine Ausgeschlossene. Und das Entsetzliche, das Tragische ist, daß sie immer wieder, verzweifelt fuchtelnd wie eine selber längst irregeleitete Verkehrspolizistin, immer noch etwas regeln wollte, einen Weg weisen wollte, wie man zu sein hätte, sozusagen einen Weg zum Wesen des Menschen, wie sie ihn sich vorgestellt hatte: zum Beispiel wie ihren Vater. Allein die verzweifelte Idylle, die sie, trotz aller drohenden Schrecknisse und Belästigungen des jüdischen Kindes und seiner Familie, in ihrem Stück „Arthur Aronymus und seine Brüder" beschworen hat! Etwas beschwören heißt es herholen, es aber auch gleichzeitig wieder verstoßen, verbannen können, durch eigene Kraft. Nur durch das Denken. Aber was verstoßen wurde, wurde nicht von ihr verstoßen, und was hergeholt wurde oder nicht, war, obwohl ein Lebewesen unter Lebewesen, das sich selber denken und nicht nur untersuchen, erforschen kann, was es aber trotzdem viel lieber und immer wieder gerne tut (zum Beispiel die Gefrierschnitte der Gehirne ermordeter Kinder!), das war auf einmal also zur Vernichtung bestimmt. Abfall. Die letzten Reste der menschlichen Gehirn-Abfälle sind erst vor wenigen Wochen bestattet worden. Daß das geschehen ist, dagegen hat die Dichterin nichts tun können. Als wäre es nicht wahr, daß das Zusammengehören von Lebewesen (also zur belebten Welt im allgemeinen Gehören) diese als Seiendes unter anderen Seienden definieren, ihren Seinsanspruch bestimmen würde. Doch gerade aufgrund ihres Seins wurden diejenigen, die sie so liebevoll in ihren Werken fassen wollte, die Juden, ihre Familie, von ihrem Sein sozusagen getrennt, sie wurden umgebracht, und zwar eben dadurch, daß sie waren was sie waren. Nicht wie sie waren. Was sie waren. Da ist sie mit all ihren Beschwörungen nicht durchgekommen. Sie ist ja selber grade eben noch so durchgekommen.

Indem die Dichterin also ihren Vater in diesem Stück „Arthur Aronymus" ehrt, das mich immer so rührt, weil es, gerade im Wissen, daß nichts stimmen kann, alles stimmen läßt, indem sie aus ihrem Vater, den sie als Kind zeigt, einen schlimmen, vernünftigen, gescheiten kleinen Buben macht, der alle Gegensätze zusammenbringt in eine Art Einheit, die der Zauberstab der Dichtung, sonst aber nichts, hervorholt und damit: herstellt. Aber schau (ja, schau nur hin, du wirst, wenn der Zauberer gut ist, nicht merken, wie er es macht, diesmal aber doch!), da ist, obwohl der Stab geschwungen wurde, das weiße Kaninchen schon unten herausgefallen, und der Sternenmantel ist heruntergerutscht und hat ein Skelett auf einem apokalyptischen Pferd enthüllt, allerdings in einer Herrenreiter-Uniform mit glänzenden Stiefeln dazu, und der Himmel ist sofort untergegangen – , und was ist das überhaupt für ein unfähiger Stab, das Dichten, lächerlich, den kann ja ein Hauch zerbrechen, und, nachdem der Hauch das geübt hat, kann dann jede Menge Atem ausgeblasen werden, und die Windstille ist gleichzeitig schon der Sturm selbst. Der Stab kann das nicht aufhalten; also wie ist das mit dem Sein von Lebewesen, die alle zusammengehören, wo nicht einmal die Juden, die Ausländer, die Schwachen, die Armen, nicht einmal die etwas sonderbar Gekleideten dazugehören? Manchmal wird man in Wien sogar lächerlich gemacht und mit dem Spott der Rotte markiert, wenn man als Frau einen anderen als einen Trachtenhut trägt.

Man kann viel beschwören und auch viel von einer Gemeinschaft der Lebewesen sprechen, man kann viel Richtiges darüber sagen und viel Falsches, was man dann immer noch zur Dichtung erklären kann, ohne es wirklich erklären zu müssen oder zu können. Aber damit unterstellt man den Menschen, daß sie ihrer Natur nach, wie alle Wesen, zum Leben gehörig sind, auch wenn sie sich noch so ungehörig aufführen, aber zum Leben gehören sie eben nicht mehr, seit man weiß, wozu sie fähig sind. Und alles, wozu sie fähig sind, haben sie auch gemacht, und sie könnten es jederzeit wieder tun. Daran kann man verzweifeln, und ich glaube, daran ist die Dichterin, nach der dieser Preis benannt ist, verzweifelt. Wie schön wäre es, wenn der Mensch ein Tier wäre, dann könnte man ihn wenigstens manchmal ein bißchen liebhaben, oder? Nein, vom Tier unterscheiden wir uns natürlich, und diese Differenz wollen wir uns auch gern gönnen, so wie wir uns manchmal einen guten Schluck oder ein gutes Essen gönnen. Oder einen Theaterbesuch. Dann setzen wir uns in die letzte Reihe, bevor man uns dorthin verweist, weil wir vorne gestört haben, wir setzen uns lieber gleich nach hinten, damit wir stören können und dabei nicht gleich entdeckt werden, und wir versuchen, uns als Geist zu setzen, der es nie gewesen sein kann, weil er ja nur gedacht hat. Weil wir uns als ihn gedacht haben. Das haben wir uns so gedacht! Und gedacht war er als, ach, ich weiß nicht was. Gedacht hat Else Lasker-Schüler des lieben Namens ihres gottseligen Vaters, der, ein Kind noch, mit seiner ganzen großen Familie, dazu einem katholischen Bischof und einem Kaplan, den

Sederabend zu Beginn des Pessachfestes feiert, und zwar mit allen gemeinsam. So hat sie es im Arthur Aronymus geschrieben. Und nichts paßt zusammen, obwohl sie so sehr wollte, daß es zusammenpaßt. Obwohl sie sogar Legenden und fromme Lügen über sich und ihre Familie erfunden hat, damit es wenigstens auf dem Papier zusammenpaßt. Schüchtern hat da der Mensch dem anderen auf die Schulter geklopft und auf sein Sein hingewiesen, das dazugehört, egal was dieser Mensch auch tut. Da war sogar jede Möglichkeit, jede Station, die die Vernunft einem noch zum Einsteigen, und wärs im letzten Moment, gelassen hätte, längst abgebrochen oder abgereist. Nein, sie hat zuvor nicht auf christliche Weise für ihre Sünden gebüßt, sie mußte gar nicht büßen, sie hat, als Subjekt des Büßens, halt einfach gemacht was sie wollte, na, einfach war es nicht, aber sie hat es trotzdem gemacht, die Frau Vernunft, und zwar weil sie, als Vernunft, immer anwesend war und bis zu ihrer endgültigen Abreise nicht nein gesagt hat. Sie war schon abwesend, während sie noch da war. Ich kann ja selber nichts dazu sagen, denn auch ich verstehe nichts. Aber ich habe keinen Grund, nichts zu verstehen, während die Dichterin jeden Grund hatte, auch nichts zu verstehen. Sie hätte das gern bewahrt, dieses Abendmahl, das gleichzeitig auch ein christliches Osteressen sein könnte, wenn es nur wollte, nur ohne Verrat und ohne Wandlung, die zu dem Zweck erfolgt, damit man einen Gott buchstäblich als Fleisch und Blut zu sich nehmen kann. Aber nicht weil der Mensch ein Mensch ist, wie Brecht sagt, hätte die Dichterin diese Einheit von allen gerne gewahrt gewußt, sondern weil der Mensch ichweißnichtwas ist, ich will auch nicht sagen, daß er kein Mensch wäre, also weil er ist was er ist, und ich weiß nicht, was das ist, und die Lasker-Schüler hat es auch nicht gewußt, und deshalb, weil er das ist, was ich nicht weiß, kann der Mensch nicht bewahren was er selber ist. Und er will offenbar auch niemanden sonst bewahren, weil er es bei sich selber auch nicht schafft. Er kann das, was er ist und was ich eben nicht weiß und nicht kenne, nicht als sein Wesen bewahren und nicht als seine Bestimmung, egal, ob er allein ist oder zu mehreren, zu vielen (dann ist er besonders gefährlich!), und er hat auch das Recht verwirkt, sich als irgendetwas auch nur zu denken, obwohl er sich doch als so ziemlich einziges Wesen eben: denken kann (aber als was er sich nur allzu gern denken würde, das kann man sich schon denken!), er ist in der Dichtung der Else Lasker-Schüler nicht, war es nicht und wird es nie sein: aufgehoben. Die Dichtung kann sich sowieso nichts aufheben für später. Sie wird vielleicht aufgehoben, aber selber aufheben kann sie sich nicht. Und von meiner Arbeit will ich gar nicht erst reden, ich will mir ja genauso wenig aufheben, weil ich weiß, daß nichts es wert ist. Nachdem das Unwerte als Unwertes auch deutlich erklärt worden ist, seither ist überhaupt alles aufgehoben, diesmal nicht im Sinn von geborgen oder bewahrt, sondern: aufgegeben, annihiliert, ausradiert, soviel Aufhebens auch immer es von sich und seinen Produkten auch machen möchte. Und es ist nie aufgehoben, auch wenn diese Dichtung der Lasker-Schüler, die es nicht schafft, sich etwas aufzuheben, das letzte ist, was bleibt. Ihr Gegenstand ist ihr längst durch die Finger geronnen, und er müßte jedem durch die Finger rinnen, weil er sich nicht fassen läßt, und ich weiß nicht einmal, was es ist, das da zu fassen wäre. Ich weiß nichts. Das kann ich immerhin sagen. Ich bin zwar einbetoniert in meine Existenz als Mensch, aber es gibt so starke Maschinen, die holen einen da heraus wie nichts, die Existenz ist in Sekundenschnelle zertrümmert, und nicht einmal, wenn ich die Trümmer sehe, weiß ich, wo ich da eingelassen war, denn ich war zwar in Beton eingelassen, aber niemand hat mich wirklich eingelassen, und niemand wird je wieder jemanden einlassen dürfen, egal worauf er sich da wieder einläßt.

http://www.elfriedejelinek.com
Zweitadresse: elfriede@compuserve.com

CLAUDIUS LÜNSTEDT

Die Warum-schreibst-du-Frage

Rede zur Verleihung des ELS-Stücke-/Förderpreises am 20. 11. 2003 in Mainz

Sehr geehrter Herr Ministerpräsident Beck, sehr geehrte Jury, sehr geehrte Damen und Herren – im Juni bekam ich Ihren Anruf, Frau Prof. Roeder, und ich möchte, dass Sie alle wissen, wie sehr ich mich über diesen Anruf gefreut habe: den Else-Lasker-Schüler-Stückepreis heute zu erhalten, ist mir eine große Ehre. Außerdem geben Sie mir die Möglichkeit, mich zu konzentrieren, um an dem, was ich begonnen habe, weiterzuarbeiten. Ich danke Ihnen, dass Sie mich fördern.

Spätestens mit der ersten Lesung oder Autorenwerkstatt ist der Schritt vom Schreibtisch an die Öffentlichkeit endlich getan – es ist soweit: der Schreibende heißt jetzt „junger Autor". Ob er sich tatsächlich „jung" fühlt, ist zwar nebensächlich, aber trotzdem zweifelhaft, denn sobald er vor sich ein ehrliches, also kompromissloses Bekenntnis zur Existenz als Autor abgelegt hat, steht er am Anfang eines nie endenden Prozesses – an dessen Beginn er sich älter und ernster fühlt als vielleicht angenommen oder es ihm gelegentlich selbst lieb sein mag. Aber das Prädikat „junger Autor" verspricht oft per se eine erhöhte Aufmerksamkeit der Außenwelt, die sich wiederum bezeugt in Fragen an den Schreibenden – schließlich will man wissen, wer der „junge Neue" ist. Besonders hartnäckige, also regelmäßig wiederkehrende Fragen ließen sich dabei auch als „Standardfragen" bezeichnen. Das Fatale an den Standardfragen ist natürlich, dass sie das Risiko von Standardantworten in sich bergen. Und so kann es dem „jungen neuen Autor" passieren, zum Beispiel aus Freude über die ihm zugetane Aufmerksamkeit bei gleichzeitiger Angst, um eine spontane Antwort verlegen zu sein, dass er sich plötzlich beim Sprechen selbst beobachtet, neben sich steht, verständnisvoll mit dem Kopf nickt, tief erstaunt über die eigene geschmeidig und routiniert vorgetragene Position, bis es ihm mit einem Schlag bewusst wird: er ist in eine Falle getappt. Eine dieser Fallen ist die Standardfrage:

Warum schreibst du?

Jeder kennt sie. Es gibt wohl kaum einen Schreibenden, dem sie nicht irgendwann einmal gestellt wurde. Die Antworten variieren in Koketterie und Komplexität – ausgetretene Pfade gipfeln zum Beispiel in „ich schreibe, weil ich schreiben muss“ oder „ich schreibe, weil ich sonst nix kann“ oder „ich schreibe, um mein Geld zu verdienen“ und so weiter. Unterm Strich steht zweierlei fest. Zum einen sind die Antworten nicht nur uninteressant, sondern auch unzuverlässig, weil, wie es der Else-Lasker-Schüler-Preisträger 1999 (Rainald Goetz) einmal aufgeschrieben hat, das in jedem Wort ausgeschlossene, von jedem Satz dadurch auch ausgeschlossen mitgesagte GEGENTEIL sich Terrain zu erobern beginne, in genau dem Augenblick, in dem die Setzung des Gegenteils-Gegenteils durch den ersten Satz, das erste Wort fixiert werde, und sei es nur gedanklich, auch im internen begrifflichen Prozess. Kurz gesagt: die Antithese der Warum-schreibst-du-Behauptung ist so wahr wie ihre These. Zum anderen aber ist die Warum-schreibst-du-Frage gar keine schlichte Standardfrage, sondern einfach eine Zumutung. Die Warum-schreibst-du-Frage verlangt dem Schreibenden nämlich eine Rechtfertigung ab, die es überhaupt nicht geben kann. Und es kann sie deshalb nicht geben, weil der Warum-schreibst-du-Fragende, der dem Warum-schreibst-du-Befragten gegenüber sitzt, in eine „Welt der Stille“ (wie Rainald Goetz sie nennt) hineinruft. Der Warum-schreibst-du-Fragende will dem Warum-schreibst-du-Befragten eine hörbare Erklärung ablauschen, aber wen oder was in der „Welt der Stille“ will er zum Sprechen bringen? Einen Echoeffekt? Die Warum-schreibst-du-Frage ist eine Frage, die falsch adressiert ist. Falsch adressiert mitunter in der heimlichen oder offensichtlichen Sehnsucht, den „jungen neuen Autor“ zu etikettieren, ihn für kurze Zeit zu stilisieren oder ihm, das wäre noch der aufregendste Fall, spätestens posthum, also nach seinem (am besten frühen) Tod, einen Mythos zu stricken.

Die Warum-schreibst-du-Frage möchte ich lieber durch die Warum-schreibt-sie-oder-er-Frage ersetzen. Die Warum-schreibt-sie-oder-er-Frage hat für den Schreibenden einen handfesten Vorteil: er darf stumm bleiben. Das darf er, weil die Warum-schreibt-sie-oder-er-Frage in einen Text hineingerufen wird und dieser Text ist es, der dem Fragenden hoffentlich eine, vielleicht individualpoetische, Antwort flüstern wird. Das Paradoxon wäre perfekt: der Mensch bleibt stumm und der Text spricht. Was aber, wird man einwenden, für den Fall der Fälle, dass der Mensch stumm bleibt und der Text ebenso? Dann ließe sich zunächst der Warum-schreibt-sie-oder-er-Fragende durch einen zweiten Warum-schreibt-sie-oder-er-Fragenden auswechseln und der zweite durch einen dritten und der dritte durch einen vierten und der vierte durch einen fünften und so weiter – in dieser Prozedur ließe sich unendlich fortfahren, irgendwann muss es schließlich klappen. Falls aber nicht, was dann? Jetzt wird es brenzlich, denn die unendliche Masse aller ratlosen Warum-schreibt-sie-oder-er-Fragenden wird sie wieder auspacken wollen – die Warum-schreibst-du-Frage – und sie dem Schreibenden zu Recht um die Ohren hauen, so dass sie am Ende keine Standardfrage mehr ist und auch keine Zumutung, sondern sich deshalb zur Bedrohung gemausert hat, weil sie den Schreibenden ans Messer liefert, ihn zum Schafott führt. Weil es aber gar keine unendliche Masse ratloser Warum-schreibt-sie-oder-er-Fragender geben kann, bleibt diese Variante natürlich eine Spielerei und die Renaissance der Warum-schreibst-du-Frage ein Irrtum.

Fragen Sie mich also nicht, warum ich schreibe. Oder doch. Fragen Sie. Ich hätte jetzt eine Antwort parat. Eine geliehene Antwort, genauer ich leihe mir etwas als eine Antwort. Fragen Sie ruhig. Warum schreiben Sie? Warum ich schreibe?

ich atme innerlich
aber die nasenlöcher
habe ich außen.

Vielen Dank Ernst Jandl, denn damit wäre eigentlich alles gesagt. Oder nein. Ich leiste mir noch eine zweite Antwort. Eine zweite geliehene. Fragen Sie ruhig. Es macht mir jetzt nichts mehr aus. Warum schreiben Sie? Warum ich schreibe?

Lieber Herwarth!

Mein Herz ist sehr krank
oder fühlt es übergroß?
Wenn es übergeht,
glaubt man ja immer so kleinlich,
man ist krank.
Das hat man noch so von den Ärzten überliefert.
Herwarth,
gestern abend war mein Herz granatrot,
ich konnte die Farbe im Mund vernehmen,
kosten.
Mein Herz war das Abendrot und ging unter.
Draußen kann es in der trüben Winterstimmung
nicht mehr geschehn;
ich starb am Abendrot.
Kannst Du das fassen,
konnte je ein Mensch fassen,
wenn ich von den Sternen sprach,
wie von meinen Brüdern,
den Mond geleitete durch die Wolken,
der ein lustiger, beruhigender Herr ist,
Berncastle Doktor,
alter Baldrian
edele Auslese?
O, ich scherze nicht,
ich will Dich und Euch nicht
amüsieren,

aber mich immer retten
mit Tyll Eulenspiegel Spielen.
Ich wäre Clown geworden,
Herwarth,
wenn ich Dich nicht dadurch beleidigt hätte.

Vielen Dank Else-Lasker-Schüler und Ihnen, liebe Elfriede Jelinek, sehr herzlichen Glückwunsch zum Else-Lasker-Schüler-Preis.

Nach Redaktionsschluss
Breslauer Reflexionen

Lieber Hajo Jahn!

Ich hatte Ihnen zugesagt, einiges über die Stadt Breslau, die ich mit meiner Frau im letzten Oktober 2003 zusammen mit der Else-Lasker-Schüler-Gesellschaft besucht hatte, zu schreiben.

Im Folgenden gehe ich auf Beobachtungen ein, die nicht zu meinem bisherigen Geschichtsbild passen.

Bis zum Vorjahr hatte ich als in Stettin Geborener es abgelehnt, in die ehemals deutschen Ostprovinzen zu fahren. Vor allem störte mich, dass das kommunistische Polen die Bedeutung und das Wirken der Piastenherzöge überbewertet und damit die Geschichte einseitig interpretiert und verfälscht hatte.

Zu meiner Überraschung bekennt sich das heutige Breslau zu seiner österreichischen Vergangenheit (bis etwa 1750 – Annexion Schlesiens durch Friedrich den Großen –) und zu seiner folgenden deutschen und – seit 1945 – der polnischen Geschichte.
Diese Bekenntnis seit der Wende äußert sich in vielen Punkten:

- Die Breslauer Universität feierte im Jahre 2003 ihr 300-jähriges Bestehen und bezieht sich damit auf die Gründung durch den österreichischen Kaiser Leopold, nach dem auch die prachtvolle Aula benannt ist.
- In der Universität werden die deutschen Nobelpreisträger aus Breslau in Schaukästen vorgestellt und geehrt. Im Rathaus findet man Bilder großer deutscher Persönlichkeiten, die sich um die Stadt verdient gemacht oder Hervorragendes geleistet haben, u.a. auch Gerhart Hauptmann.
- Das Breslauer Wappen bis 1937 ist seit 1990 wieder das Stadtwappen.
- Auf Postkarten findet man wieder den Namen Breslau. Vor 1990 durfte er nirgends gebraucht werden.
- Es gibt seit der Wende mehrere Denkmäler, die eine polnische

und deutsche (daneben auch englische und teilweise auch jüdische) Inschrift tragen, so das Denkmal für die aus Befehl von Stalin in Katyn und anderen Orten ermordeten polnischen Offiziere, das Denkmal für die Opfer des Stalinismus und das Denkmal zur Erinnerung an die von den Nationalsozialisten deportierten Juden (nahe der im Aufbau begriffenen Synagoge „Zum Weißen Storch“).

- Die deutsche Volksgruppenarbeit wird nicht nur geduldet, sondern auch gefördert. Die Gruppen müssen sich allerdings auf eine sogenannten „sozial-kulturelle“ Tätigkeit beschränken. So fand im Vorjahr in der Breslauer Jahrhunderthalle das „Kulturfestival aller deutschen Minderheiten in Polen“ statt. In der Festschrift wird von 3,2 Millionen vertriebener (nicht „ausgesiedelter“) Deutscher gesprochen.
- Die zweisprachige Zeitschrift „Niederschlesien/Dolny Slask“ brachte in ihrer Ausgabe Nr. 5/2003 auf der Titelseite und innen eine Großaufname von Herbert Hupka – was vor 1990 undenkbar gewesen wäre – und Ausführungen von ihm mit Kommentierung.

Als Lektüre zur Geschichte der Stadt im vorigen Jahrhundert eignet sich insbesondere:

- Maciej Lagiewski, Breslauer Juden 1850–1944, Wrocław 1996, ISBN 83-905227-1-3, – ein prachtvoller Text- und Bildband –.
- Gregor Thum, Die fremde Stadt Breslau 1945, Berlin 2003. bei der Präsentation des Buches durch den Autor in der Breslauer Universität war ich zugegen; DIE ZEIT hat das Buch zu Recht ungewöhnlich positiv beurteilt, allerdings einen Nachteil unerwähnt gelassen, nämlich das Fehlen eines Sach- und Personenregisters –.

Mit freundlichen Grüßen

Dietrich Gafert
Wuppertal, Mitglied der Else-Lasker-Schüler-Gesellschaft